Grundzüge der makroökonomischen Theorie

von

Prof. Dr. Egon Görgens
Ordinarius für Volkswirtschaftslehre
an der Universität Bayreuth

Prof. Dr. Karlheinz Ruckriegel
Georg-Simon-Ohm-Fachhochschule Nürnberg

8. überabeitete und erweiterte Auflage

Verlag P.C.O. Bayreuth

Die Deutsche Bibliothek – CIP-Einheitsaufnahme

Görgens, Egon:
Grundzüge der makroökonomischen Theorie /
von Egon Görgens; Karlheinz Ruckriegel. – 8. Auflage –
Bayreuth : Verl. PCO, 2002
  ISBN 3-936299-10-2

ISBN 3-936299-10-2

Alle Rechte, insbesondere das Recht der Vervielfältigung und Verbreitung
sowie der Übersetzung, werden vorbehalten. Kein Teil des Werkes darf in
irgendeiner Form (durch Fotographie, Microfilm oder ein anderes Verfahren)
ohne schriftliche Genehmigung des Verlages reproduziert oder unter
Verwendung elektronischer Systeme verbreitet werden.

Copyright © 2002 by Verlag P.C.O., Bayreuth

Produktion: Verlag P.C.O.
Umschlaggestaltung: Pocino Pocobo
Druck und Bindung: Rosch-Buch, Scheßlitz

Printed in Germany

Vorwort zur achten Auflage

Trotz wesentlicher Änderungen und Ergänzungen wurde auch für diese Neuauflage an der Grundkonzeption eines komprimierten Einführungstextes festgehalten. Änderungen wurden zum einen durch die fortgeführte Anpassung des deutschen Gesamtrechnungssystems an das Europäische System Volkswirtschaftlicher Gesamtrechnungen von 1995 (ESVG 1995) erforderlich. Da mittlerweile die Konturen der europäischen Geldpolitik klarer geworden sind, wurde zum anderen die Darstellung des konzeptionellen und instrumentellen Kerns der Geldpolitik des Eurosystems neu gefaßt. Wenn dieses Lehrbuch auch in Grundzügen die makroökonomische Theorie vermittelt, so verfolgt es doch zugleich ein wirtschaftspolitisches Anliegen, nämlich Theorie-Bausteine für die Wirtschaftspolitik zu liefern.

Erstmals haben wir exemplarisch Übungsaufgaben zu den verschiedenen Problembereichen und Lösungen in das Lehrbuch aufgenommen, um den Studierenden das Durchdringen der Materie zu erleichtern. Eine Fülle von Fallbeispielen zur Erschließung gesamtwirtschaftlicher Zusammenhänge findet sich beispielsweise im Übungsbuch von Thomas Pfahler („Angewandte Makroökonomik").

Vielen, die uns mit Anregungen und kritischen Hinweisen geholfen haben, sagen wir herzlichen Dank. Besonderen Dank schulden wir Frau Heidi Frohnhöfer, die nicht allein mit Umsicht und Sorgfalt das Schreiben besorgte, sondern auch maßgebliche Gestaltungsarbeit geleistet hat.

Bayreuth, Nürnberg
im Sommer 2002

Egon Görgens
Karlheinz Ruckriegel

Prof. Dr. E. Görgens, Lehrstuhl für Volkswirtschaftslehre II
(Wirtschaftspolitik), Universität Bayreuth, 95440 Bayreuth,
e-mail: egon.goergens@uni-bayreuth.de

Prof. Dr. K. Ruckriegel, Fachbereich Betriebswirtschaft,
Georg-Simon-Ohm-Fachhochschule Nürnberg, Bahnhofstr. 87, 90402 Nürnberg,
e-mail: karlheinz.ruckriegel@fh-nuernberg.de

Vorwort zur ersten Auflage

Das vorliegende Lehrbuch basiert auf Lehrveranstaltungen des volkswirtschaftlichen Grundstudiums an der Universität Bayreuth. Es ist jedoch nicht nur gedacht für das Studium an Universitäten, sondern kann ebenfalls von Studierenden an Fachhochschulen, Verwaltungsakademien und verwandten Bildungseinrichtungen genutzt werden.

Dieses Buch verfolgt vorrangig das Anliegen, das Denken in gesamtwirtschaftlichen Zusammenhängen zu fördern. In einem ersten Schritt dient diesem Ziel die Darstellung des volkswirtschaftlichen Rechnungswesens. Diese Darstellung geht mit Bedacht über den in makroökonomischen Einführungstexten üblichen Umfang hinaus, um die Verbindung zwischen der mikroökonomischen Basis und den makroökonomischen Aggregaten deutlich hervortreten zu lassen (ein Ersatz für die Spezialliteratur kann und soll dieses Kapitel gleichwohl nicht sein).

Kernstück des Lehrbuches ist selbstverständlich die makroökonomische Theorie. Wir haben darauf verzichtet, die heute in der makroökonomischen Theorie vorherrschenden klassisch/ neoklassischen und keynesianischen Denkrichtungen in gesonderten Blöcken darzustellen. Statt dessen werden die unterschiedlichen Sichtweisen an konkreten Fragestellungen und Problemlösungsversuchen verdeutlicht. In einem einführenden Lehrbuch ist es nicht möglich, aktuelle Entwicklungen und Verzweigungen der makroökonomischen Theorie auszubreiten, die sich im Monetarismus und der Neuen klassischen Makroökonomie einerseits und in der Ungleichgewichtstheorie und im Postkeynesianismus andererseits finden. Gleichwohl werden exemplarisch Brücken zwischen den ursprünglichen klassisch/neoklassischen sowie keynesianischen Ansätzen und ihren heutigen Nachfahren geschlagen, um den Studierenden den Zugang zur aktuellen theoretischen und wirtschaftspolitischen Diskussion zu erleichtern.

Ein besonderer Dank gilt Frau Andrea Zettner, die die verschiedenen Versionen des Manuskripts mit Sorgfalt geschrieben und in eine druckfähige Form gebracht hat.

Bayreuth,
im Frühjahr 1989

Egon Görgens
Karlheinz Ruckriegel
Karl-Wilhelm Giersberg

I. Kapitel 1
Problemstellung der Makroökonomik 1

II. Kapitel 6
Rechnerische Erfassung makroökonomischer Zusammenhänge in der Volkswirtschaftlichen Gesamtrechnung 6

1. Grundzüge der Kreislaufanalyse 7
   1.1 Arten von Transaktionen 9
   1.2 Kontenmäßige Erfassung 10
2. Aktivitäten von Unternehmen, privaten und öffentlichen Haushalten 13
   2.1 Einzelwirtschaftliche Ebene 13
      2.1.1 Aktivitätskonten eines Unternehmens 13
      2.1.2 Aktivitätskonten eines privaten Haushaltes 16
      2.1.3 Aktivitätskonten eines öffentlichen Haushaltes 18
   2.2 Sektorale Aggregation 21
   2.3 Gesamtwirtschaftliche Aggregation 22
      2.3.1 Produktionskonto 24
      2.3.2 Einkommenskonto 25
      2.3.3 Vermögensänderungskonto 25
      2.3.4 Finanzierungskonto 26
   2.4 Inlandsprodukt versus Nationaleinkommen 28
   2.5 Ex-post-Identitäten 32
      2.5.1 Geschlossene Volkswirtschaft 32
      2.5.2 Offene Volkswirtschaft 33
3. Kritik an der Volkswirtschaftlichen Gesamtrechnung 34
4. Ergänzungen und Erweiterungen zur VGR 38
   4.1 Input-Output-Rechnung 38

4.2 Vermögens- und Finanzierungsrechnung 40

4.3 Zahlungsbilanz 41

III. Kapitel **50**

Ex-post-Analyse und makroökonomisches Gleichgewicht **50**

1. Ex-post-Identität vs. makroökonomisches Gleichgewicht 51

2. Anpassungsprozesse bei Ungleichgewichten 55

IV. Kapitel **61**

Bestimmungsgründe des Produktions- und Einkommensniveaus **61**

1. Faktoren auf der Angebotsseite 61

2. Die Gesamtnachfrage und ihre Komponenten 63

   2.1 Konsumgüternachfrage der privaten Haushalte 64

      2.1.1 Absolute Einkommenshypothese 66

      2.1.2 Relative Einkommenshypothese 69

      2.1.3 Permanente Einkommenshypothese 71

      2.1.4 Lebenszyklushypothese 73

      2.1.5 Nachfrage nach langlebigen Konsumgütern 74

   2.2 Investitionsgüternachfrage 75

      2.2.1 Die Rolle von internem Zins und Marktzins 75

      2.2.2 Tobin's q 83

      2.2.3 Akzelerator 84

   2.3 Nachfrage des Staates 85

   2.4 Nettonachfrage des Auslandes (Außenbeitrag) 86

      2.4.1 Devisenmarkt, feste und flexible Wechselkurse 87

      2.4.2 Bestimmungsgründe des Außenbeitrags bei festen Wechselkursen 90

      2.4.3 Außenbeitrag bei flexiblen Wechselkursen 93

   2.5 Einkommensmultiplikator und Gleichgewichtseinkommen 95

   2.6 Anpassungsprozesse an Nachfrageänderungen in der klassischen Theorie ... 99

V. Kapitel 103
Die Rolle des Geldes 103

1. Funktionen und Arten des Geldes 103
2. Geldangebot 105
   - 2.1 Akteure des Geldangebotsprozesses 105
   - 2.2 Determinanten der multiplen Geld- und Kreditschöpfung 109
   - 2.3 Exkurs: Buchungstechnische Darstellung des Geldschöpfungsprozesses 113
3. Geldnachfrage 120
   - 3.1 Klassische Theorie der Geldnachfrage 120
   - 3.2 Keynesianische Theorie der Geldnachfrage 122
4. Strategie und geldpolitisches Instrumentarium des Eurosystems 126
   - 4.1 Geldpolitische Strategie des Eurosystems 126
   - 4.2 Geldpolitische Instrumente 132
     - 4.2.1. Mindestreservepolitik 132
     - 4.2.2 Offenmarktgeschäfte und ständige Fazilitäten 133

VI. Kapitel 135
Simultane Erfassung von Güter- und Geldmarkt 135

1. IS-Kurve 135
2. LM-Kurve 141
3. Zusammenspiel von Güter- und Geldmarkt 153
4. Zur Wirksamkeit von Geld- und Fiskalpolitik 154
5. Vom IS/LM-Modell zur gesamtwirtschaftlichen Nachfragefunktion 157
6. Die gesamtwirtschaftliche Nachfragefunktion der klassischen Theorie 161

VII. Kapitel 164
Die gesamtwirtschaftliche Angebotsfunktion 164

1. Vertikale Angebotsfunktion 165
2. Horizontale Angebotsfunktion 166

3. Preiselastische Angebotsfunktion 167

VIII. Kapitel 169
Angebot und Nachfrage am Arbeitsmarkt 169

1. Das Modell des aggregierten Arbeitsmarktes 169
2. Funktionsprobleme des Arbeitsmarktes 173
   2.1 Vollbeschäftigungsinkonforme Reallöhne 173
   2.2 Die Bedeutung von Teilarbeitsmärkten 175

IX. Kapitel 180
Makroökonomische Totalanalyse: Sozialprodukt, Beschäftigung und Preisniveau 180

1. Gleichgewicht bei Vollbeschäftigung in der klassischen Theorie 180
   1.1 Wirkungen fiskalpolitischer Impulse 182
   1.2 Wirkungen geldpolitischer Impulse 184
2. Keynesianische Erklärungen von (andauernder) Arbeitslosigkeit 187
   2.1 Preis- und Lohnrigiditäten 187
   2.2 Anomale Verhaltensweisen auf dem Geldmarkt und dem Gütermarkt ... 193
      2.2.1 Vollkommen zinselastische Geldnachfrage („Liquiditätsfalle") 193
      2.2.2 Vollkommen zinsunelastische Investitionsgüternachfrage 195
      2.2.3 Zur Neoklassischen Kritik 197
   2.3 Wirtschaftspolitische Schlußfolgerungen zur Überwindung der Unterbeschäftigung 198
      2.3.1 Vermeidung von Nominallohnsenkungen 198
      2.3.2 Forderung nach einer expansiven Wirtschaftspolitik 199
   2.4 Probleme keynesianischer Nachfragesteuerung 199
3. Produktivitätswachstum und Beschäftigung im gesamtwirtschaftlichen Zusammenhang 202
4. Von Keynes zurück zur Klassik 204
   4.1 Verhaltensspielräume 205

4.2 Kurzfristige versus längerfristige Änderungen 207

5. Binnenwirtschaftliches und außenwirtschaftliches Gleichgewicht 209

X. Kapitel **214**
Inflation **214**

1. Inflationserklärungen 214

    1.1 Nachfragesogtheorien 215

    1.2 Angebotsdrucktheorien 218

    1.3 Erwartungsinduzierte Inflation 223

2. Inflationswirkungen 225

    2.1 Beschäftigungswirkungen 226

        2.1.1 Inflation als Preis für Beschäftigung 226

        2.1.2 Politikineffektivität bei rationalen Erwartungen 229

    2.2. Verteilungswirkungen 231

    2.3. Wachstumswirkungen 232

    2.4. Beeinträchtigung der internationalen Wettbewerbsfähigkeit 233

XI. Kapitel **234**
Konjunkturschwankungen und Wirtschaftswachstum **234**

1. Erfassung und Erklärung konjunktureller Schwankungen 234

2. Wirtschaftswachstum 240

Übungsaufgaben **246**

Weiterführende Literaturhinweise: **269**

Stichwortverzeichnis: **270**

I. Kapitel

Problemstellung der Makroökonomik

Eine geläufige Unterteilung der Volkswirtschaftslehre in wirtschaftswissenschaftliche Themenbereiche ist die in Mikroökonomik und Makroökonomik. Die *Mikroökonomik* beschäftigt sich mit einzelwirtschaftlichen Sachverhalten. Sie untersucht die Verhaltensweisen in Haushalten (z. B. Konsumentscheidungen) und Unternehmen (z. B. Güterangebot), das Zusammentreffen von Angebot und Nachfrage auf einzelnen Märkten, die dort stattfindende Preisbildung und über die Preisrelationen die Verknüpfungen zwischen den einzelnen Märkten. Ihr zentrales Problem ist die Frage, wie die knappen Mittel auf alternative Einsatz- und Verwendungsmöglichkeiten aufgeteilt werden; dies wiederum hängt eng zusammen mit dem Problem der Bestimmung von Preisen und Mengen auf den vielen einzelnen Märkten einer Volkswirtschaft.[1]

Die *Makroökonomik* beschäftigt sich hingegen mit gesamtwirtschaftlichen Sachverhalten; sie geht von Aggregaten aus, d.h. einzelwirtschaftliche Kategorien werden zu globalen Größen zusammengefaßt. Die Nachfrage eines Haushalts nach einem einzelnen Gut in der Mikroökonomik wird in der Makroökonomik zur Nachfrage aller Haushalte nach allen Konsumgütern. Analog wird die Produktion eines Gutes durch ein Unternehmen zur Gesamtproduktion des Unternehmenssektors.

Mikroökonomik und Makroökonomik unterscheiden sich also hinsichtlich des Gegenstandes ihrer Analyse; es handelt sich nicht um verschiedene oder gar konfligierende ökonomische Theorien. Wenn die Mikroökonomik das Geschehen auf einem einzelnen Markt untersucht, kann sie dabei vereinfachend einzelne Aggregate wie etwa das Nationaleinkommen oder das Beschäftigungsniveau als gegebene Größen unterstellen. Auf der anderen Seite kann (und muß) die Makroökonomik beispielsweise bei der Analyse von Veränderungen des Nationaleinkommens auf die Berücksichtigung unterschiedlicher Verhaltensweisen der Vielzahl von Einzelwirtschaften verzichten und statt dessen von einem „Durchschnittsverhalten" ausgehen.

Will man einen Überblick über die wirtschaftliche Lage eines Landes gewinnen, so ist dies unmöglich durch Sammeln und Aneinanderreihen von einzelwirtschaftlichen Fak-

---

[1] Zu Fragestellungen der Mikroökonomie vgl. etwa U. Fehl, P. Oberender, Grundlagen der Mikroökonomie, 8. Auflage, München 2002.

ten zu erreichen. Um überschaubar zu werden, müssen Zusammenfassungen vorgenommen werden. Bei der Aggregation verschwinden jedoch die Ursprungsgrößen - und damit Informationen. So befaßt sich die Makroökonomik beispielsweise mit dem Gütermarkt, der als Zusammenfassung aller angebotenen und nachgefragten Güter und Dienstleistungen zu verstehen ist. Weder die Heterogenität der Produkte noch spezifische wettbewerbliche oder monopolistische Produktionsbedingungen werden in der gesamtwirtschaftlichen Analyse gesondert berücksichtigt. Die Berücksichtigung solcher Detailinformationen wäre auch unmöglich. Wenn die einzelwirtschaftlichen Besonderheiten im Untersuchungszeitraum jedoch hinreichend stabil sind, stören sie die gesamtwirtschaftliche Analyse nicht.

Auch bei dem monetären Teilmarkt, dem sogenannten Geldmarkt, handelt es sich um eine Aggregation. Dem gesamtwirtschaftlichen Geldangebot, das aus dem Zusammenwirken von Notenbank und Geschäftsbanken erwächst, wird die gesamtwirtschaftliche Geldnachfrage privater Wirtschaftssubjekte gegenübergestellt. Besonderheiten einzelner monetärer Märkte gehen ebenso im Aggregat unter wie individuell unterschiedliches Geldnachfrageverhalten.

Analoges gilt auch für den makroökonomischen Arbeitsmarkt. Er ist ein gedachter Markt für die Summe der angebotenen und nachgefragten Arbeitsleistungen. Selbstverständlich haben wir es in der Realität mit einer Vielzahl einzelner Arbeitsmärkte etwa in beruflicher, qualifikatorischer oder regionaler Hinsicht zu tun. Der Verzicht auf die (unüberschaubaren) Detailinformationen (über heterogene Teilarbeitsmärkte) ist zur Klärung der Frage nach dem Beschäftigungsniveau jedoch hinnehmbar, wenn davon ausgegangen werden kann, daß die Strukturen und Reaktionsweisen sich im Untersuchungszeitraum nicht deutlich ändern. Die Vorgehensweise in der Makroökonomik ist der von Lebensversicherungen vergleichbar. Sie kennen die Lebenserwartung eines einzelnen dreißigjährigen Versicherungsnehmers nicht; es genügt ihnen völlig, die durchschnittliche Lebenserwartung dieser Altersgruppe zu kennen.

Indem sich die Makroökonomik mit dem Verhalten hoch aggregierter Größen beschäftigt, wird sie zur wichtigsten theoretischen Grundlage der Wirtschaftspolitik. Deckt die makroökonomische Theorie Ursache-Wirkungszusammenhänge auf (wie etwa die Geldmenge auf das Preisniveau wirkt), nutzt die (Theorie der) Wirtschaftspolitik diese Erkenntnisse zur Lösung von Ziel-Mittel-Beziehungen (wie etwa Preisniveaustabilität durch die Geldpolitik gewährleistet werden könnte). Die wirtschaftspolitischen Ziele, wie sie beispielsweise in der Bundesrepublik Deutschland im Stabilitäts- und Wachstumsgesetz von 1967 angeführt werden, (Stabilität des Preisniveaus, hoher Beschäftigungsgrad, außenwirtschaftliches Gleichgewicht, stetiges und angemessenes Wirtschaftswachstum) sind ausschließlich makroökonomische Kategorien.

Für diese Vorgabe gesamtwirtschaftlicher Größen ist die ordnungspolitische Grundentscheidung zugunsten der Marktwirtschaft maßgebend. Wenn Märkte die Koordinations- und Steuerungsaufgaben übernehmen sollen, können nicht bestimmte Güterpreise Ziel der Wirtschaftspolitik sein. Die freie Beweglichkeit der Einzelpreise ist unabdingbare Voraussetzung für die Funktionsfähigkeit einer Marktwirtschaft. Ziel kann deshalb nur der (gewogene arithmetische) Durchschnitt der Einzelpreise sein, und diese Größe kann nicht durch Eingriffe in die Einzelpreisbildung zu erreichen versucht werden, sondern ebenfalls nur durch globale Instrumente wie etwa die Geld- oder Fiskalpolitik.

Nicht anders verhält es sich bei den übrigen wirtschaftspolitischen Zielen und den zuzuordnenden Instrumenten. Freie Produktions- und Beschäftigungsentscheidungen der Unternehmen einerseits und freie Arbeitsplatzwahl der Arbeitnehmer andererseits sind unvereinbar mit Festlegungen detaillierter Beschäftigungsziele und entsprechender Eingriffe in Teilarbeitsmärkte. Ordnungspolitisch möglich ist wiederum nur die Beeinflussung der allgemeinen (Beschäftigungs-) Bedingungen. Ebensowenig ist es mit einer Marktwirtschaft vereinbar, das außenwirtschaftliche Ziel durch einzelne Export- und Importkategorien oder das Wachstumsziel durch bestimmte Gütergruppen zu konkretisieren. Aufgabe der Wirtschaftspolitik kann es nur sein, die Voraussetzungen für die Zielrealisierung zu schaffen, nicht aber eine einzelwirtschaftliche Fixierung.

Inwieweit es der Wirtschaftspolitik gelingt, diese Aufgaben zu lösen, ist vor allem eine Frage der Leistungsfähigkeit der makroökonomischen Theorie. Sie hat beispielsweise zu klären, wovon Niveau und Änderung der Produktion, der Beschäftigung oder des Preisniveaus abhängen und welche Interdependenzen möglicherweise zwischen den makroökonomischen Größen bestehen. In der um Klärung dieser Fragen bemühten wissenschaftlichen Diskussion lassen sich zwei Konzeptionen (Paradigmen) unterscheiden:

– die Klassisch-Neoklassische und

– die Keynesianische

Mit klassischer Theorie sind die vorherrschenden Auffassungen der Ökonomen des 18. und 19. Jahrhunderts gemeint; als *Neoklassik* wird die Weiterentwicklung dieser Sichtweise seit Ende des 19. Jahrhunderts bezeichnet. Die klassisch-neoklassischen Vorstellungen wurden seit den 30er Jahren dieses Jahrhunderts durch den Keynesianismus, der die Wirtschaftspolitik vieler Länder in der Zeit nach dem zweiten Weltkrieg prägte, zurückgedrängt. Der Einfluß des sogenannten „Monetarismus" wie auch die ungelösten wirtschaftspolitischen Probleme führten seit den 70er Jahren zu einer Wiederbelebung der klassisch-neoklassischen Theorie.

Eine Kernaussage dieser Theorie ist die *inhärenter Stabilität* marktwirtschaftlicher Systeme. Wenn sich auf irgendeinem Markt etwa die Nachfrage erhöht, werden sich die Nachfrager überbieten. Der Preis steigt. Dies regt einerseits die Anbieter zur Mehrproduktion an, einige Nachfrager andererseits werden wegen des gestiegenen Preises ihre ursprüngliche Kaufabsicht fallenlassen. Über die Preisänderung kommt es zum Ausgleich von Angebot und Nachfrage. Dieser Ausgleichsmechanismus gilt nach Ansicht der Klassiker/Neoklassiker generell, gleichgültig, ob es sich um Güter- oder Arbeitsmärkte handelt.

Temporäre Störungen des Gleichgewichts sind durchaus möglich, denn selbstverständlich benötigen Märkte Zeit, um Änderungen auf der Angebots- oder Nachfrageseite aufzufangen. Kurzfristige Schwankungen können jedoch hingenommen werden, da die Marktkräfte bewirken, daß sich auf längere Sicht stets wieder ein gesamtwirtschaftliches Gleichgewicht einpendelt.

In wirtschaftspolitischer Hinsicht folgt aus diesen Überlegungen die Forderung nach Sicherung einer wettbewerblichen Marktwirtschaft. Eingriffe in den Wirtschaftsprozeß sind nicht nur nicht erforderlich, sondern eher schädlich, weil sie für die Volkswirtschaft Anpassungsprobleme hervorrufen.

Eine völlig andere Sichtweise vertritt der *Keynesianismus*. Danach benötigen Marktwirtschaften wegen ihrer *inhärenten Instabilität* eine wirtschaftspolitische Beeinflussung des Wirtschaftablaufs. Zwar werden die Gleichgewichtstendenzen in Marktwirtschaften nicht geleugnet; sie kommen jedoch nicht durch (nach unten) flexible Preise und Löhne, sondern durch Mengenanpassungen zustande. Nachfragerückgänge werden danach nicht durch Preissenkungen aufgefangen, sondern führen zu Produktions- und Beschäftigungsrückgängen. Die Folge ist ein Gleichgewicht bei Unterbeschäftigung. Instabilitäten werden nach keynesianischer Ansicht zudem dadurch in das System getragen, daß die private Investitionstätigkeit wegen der zwangsläufig unsicheren Zukunftsaussichten unstetig verläuft. Die Wirtschaftpolitik muß deshalb, je nach Ausgangssituation, die gesamtwirtschaftliche Nachfrage beeinflussen, wobei die Manipulation der staatlichen Ausgaben und Einnahmen als besonders geeignet angesehen wird.

Der langfristigen Orientierung der Klassisch-Neoklassischen Theorie steht die kurzfristige Ausrichtung des Keynesianismus gegenüber, der den Marktkräften mißtraut. Selbst für den Fall, daß die Marktkräfte ein Gleichgewicht mit Vollbeschäftigung herbeiführen könnten, müßte mit derartig langen Anpassungsfristen gerechnet werden, daß die zwischenzeitlichen politischen und sozialen Belastungen nicht tragbar wären.

Bevor diesen theoretischen und wirtschaftspolitischen Fragen nachgegangen wird, sind zunächst jedoch einige informationelle Voraussetzungen zu schaffen. Ehe Maßnahmen zur Beeinflussung der gesamtwirtschaftlichen Produktion und Beschäftigung ergriffen werden, muß die Ausgangssituation bekannt sein. Wir müssen wissen, welche Produktion von Gütern und Dienstleistungen mit den Ressourcen der Volkswirtschaft geschaffen wurde, welche Wirtschaftssubjekte daran beteiligt waren und wozu diese Produktion verwendet wurde. Es ist also zunächst ein Rechenwerk erforderlich, das uns über die bisherige Leistung der Volkswirtschaft informiert. Dieses Rechenwerk ist die Volkswirtschaftliche Gesamtrechnung (VGR).

II. Kapitel

Rechnerische Erfassung makroökonomischer Zusammenhänge in der Volkswirtschaftlichen Gesamtrechnung

Die Volkswirtschaftliche Gesamtrechnung (VGR) hat zum Ziel, das Wirtschaftsgeschehen einer Volkswirtschaft für eine abgelaufene Periode zu erfassen. Diese Informationen sind sowohl für die wirtschaftspolitischen Entscheidungsträger als auch für die Weiterentwicklung des gesamtwirtschaftlichen (makroökonomischen) Theoriegebäudes unverzichtbar. Jede effiziente Wirtschaftspolitik bedarf nämlich einer Datenbasis, die zum einen aufzeigt, wo die Wirtschaft gegenwärtig steht, inwieweit also die wirtschaftspolitischen Ziele (Preisniveaustabilität, Wachstum etc.) erreicht sind, und ob ggf. wirtschaftspolitischer Handlungsbedarf besteht.[2] Zum anderen soll sie den wirtschaftspolitischen Entscheidungsträgern, wie z. B. Regierung und Zentralbank, Ansatzpunkte für wirtschaftspolitische Maßnahmen aufzeigen und zugleich auch erkennen lassen, ob in der Vergangenheit ergriffene wirtschaftspolitische Maßnahmen zum Erfolg führten. Die VGR muß also so aufgebaut sein, daß sie die Träger der Wirtschaftspolitik über den Stand und die Veränderung der für die Wirtschaftspolitik entscheidenden gesamtwirtschaftlichen Schlüsselgrößen (Investitionstätigkeit, Konsum, Export etc.) möglichst zeitig informiert. Schließlich bilden diese Informationen auch wichtige Orientierungsgrundlagen beispielsweise für die Lohnpolitik der Tarifparteien wie auch für Investitions-, Produktions- und Beschäftigungsentscheidungen von Unternehmen.

Eine nicht minder wichtige Funktion kommt der VGR aber auch bei der Weiterentwicklung der makroökonomischen Theorie zu. Die VGR liefert nämlich auch die Datenbasis, um Hypothesen über gesamtwirtschaftliche Ursachen-Wirkungszusammenhänge zu prüfen. Nur auf diese Weise nämlich gelangt die Wirtschaftspolitik erst zu einer brauchbaren, d. h. wirklichkeitsnahen, theoretischen Grundlage. Nur eine Theorie, die sich bei der empirischen Kontrolle bewährt hat, kann den Entscheidungsträgern Hand-

---

[2] Als konkretes Beispiel sei eine wichtige Kennziffer im Vertrag von Maastricht (1991) und von Amsterdam (1997) sowie im Stabilitäts- und Wachstumspakt (1997) erwähnt. Danach spielt (u. a.) der Finanzierungssaldo des Staatshaushalts im Verhältnis zum nominalen Bruttoinlandsprodukt eine maßgebliche Rolle, und zwar sowohl als sog. Konvergenzkriterium für den Beitritt zur Europäischen Währungsunion als auch für die künftige Haushaltspolitik der Mitgliedsstaaten.

lungsgrundlage zur Bewältigung konkreter wirtschaftspolitischer Probleme (Inflation, Arbeitslosigkeit etc.) liefern.

Den theoretischen Hintergrund der volkwirtschaftlichen Gesamtrechnung bildet die *Kreislaufanalyse*, die die Güter- und Geldbewegungen (= reale und monetäre Ströme) zwischen den Wirtschaftseinheiten einer Volkswirtschaft abbildet. Die empirisch-statistische Auffüllung dieser Beziehungen zwischen den inländischen Wirtschaftssubjekten (private Haushalte, öffentliche Haushalte, Unternehmen) und zwischen diesen und dem Ausland erfolgt dann in der Volkswirtschaftlichen Gesamtrechnung, die schließlich das Ergebnis dieser Wirtschaftsprozesse festhält.

1. Grundzüge der Kreislaufanalyse

Als Entdecker der Kreislaufanalyse gilt Francois Quesnay (1694 - 1774), der Leibarzt von König Ludwig XV. Er übertrug das Vorstellungsbild des Blutkreislaufs auf ökonomische Zusammenhänge und konnte so die Verflechtung wirtschaftlicher Aktivitäten systematisieren. In heutiger Terminologie läßt sich dies folgendermaßen illustrieren:

In einer dezentralisierten und arbeitsteiligen Wirtschaft wird im Laufe einer Periode eine Vielzahl von Tauschvorgängen getätigt. Diese lassen sich als Kreislauf von gegenläufigen *Stromgrößen* interpretieren. In einer sehr einfachen Form ist ein solches Kreislaufmodell im nachfolgenden Schaubild dargestellt.

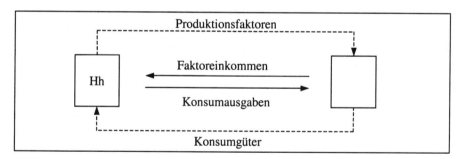

Die privaten Haushalte (Hh) beziehen als Gegenleistung für die Zurverfügungstellung von Produktionsfaktoren (Arbeit, Kapital, Boden) Faktoreinkommen von den Unternehmen (U). Letztere verwenden sie wiederum, um Konsumgüter bei den Unternehmen nachzufragen. In diesem einfachen Kreislaufmodell wird deutlich, daß die Haushalte und Unternehmen über Ströme miteinander in Verbindung stehen. Die gestrichelten Linien kennzeichnen *reale Ströme*, die durchgezogenen Linien *monetäre Ströme*. In der VGR werden nur die monetären Ströme erfaßt, d. h. es wird nicht beschrieben, was im einzelnen an Gütern, z. B. 1.000 Kühlschränke der Marke X, von den Haushalten gekauft wurde, sondern nur deren Gegenwert in Geldeinheiten, z. B. 500.000 €.

Ströme sind Bewegungen innerhalb eines Zeitraums. Nicht ersichtlich aus der VGR sind hingegen Bestände (*Bestandsgrößen*[3]). Ströme bewirken zwar eine Bestandsveränderung, die Höhe des Bestandes zu einem bestimmten Zeitpunkt läßt sich mittels der VGR aber nicht ermitteln. So wird aus der VGR zwar ersichtlich, wie hoch das Sparaufkommen während einer Periode war, nicht jedoch der absolute Bestand an Ersparnissen zum Ende dieser Periode. Eine Bestands- oder Vermögensrechnung ist somit ergänzend notwendig.

Aktiva	Vermögenskonto	Passiva
Finanzvermögen (Forderungen)	= Bruttovermögen	Verbindlichkeiten
Sachvermögen		Reinvermögen (Nettovermögen)

Auf der Aktivseite stehen das Sachvermögen und das Finanzvermögen (= Forderungen), z. B. Bargeld, Guthaben bei Banken, Wertpapiere etc. Die Addition ergibt das Bruttovermögen. Auf der Passivseite werden die Verbindlichkeiten ausgewiesen. Übersteigt das Bruttovermögen die Verbindlichkeiten, bleibt als Saldo das Reinvermögen. Im anderen Fall ist das Wirtschaftssubjekt überschuldet.

Bevor der Aufbau der VGR näher erläutert werden kann, sind einige Begriffsabgrenzungen vorzunehmen. In der VGR werden die ökonomischen Aktivitäten von Wirtschaftssubjekten erfaßt. Unter ökonomischer Aktivität versteht man dabei Tätigkeiten, die direkt oder indirekt auf eine Bedürfnisbefriedigung mit Hilfe von Gütern und Dienstleistungen abzielen.

Als Träger ökonomischer Aktivitäten können drei Arten[4] von Wirtschaftssubjekten unterschieden werden:

- Unternehmen

---

[3] Das Statistische Bundesamt verwendet den Begriff „VGR" in der Mehrzahl und schließt darin Bestandsrechnungen ein. Hier wird der Begriff „VGR" in der Einzahl benutzt und bezieht sich nur auf Stromrechnungen.

[4] Auf „Private Organisationen ohne Erwerbszweck" (z. B. Kirchen und Gewerkschaften), die einen eigenen Sektor in der Statistik bilden, soll aus Gründen der Vereinfachung nicht weiter eingegangen werden.

- öffentliche Haushalte
- private Haushalte

Die einzelnen Wirtschaftssubjekte stehen durch *Transaktionen* miteinander in Verbindung. Unter Transaktionen versteht man die Übertragung eines Objektes (Gegenstand der Transaktion) von einem Wirtschaftssubjekt auf ein anderes. Gegenstand von Transaktionen können Güter und Dienstleistungen, Faktorleistungen und Forderungen sein. Unter Faktorleistungen werden die Leistungen der Produktionsfaktoren verstanden, also die der menschlichen Arbeit, des Bodens und des Kapitals.

1.1 Arten von Transaktionen

Die Vielzahl von Transaktionen kann nach unterschiedlichen Gesichtspunkten systematisiert werden.

a) Markttransaktionen und fiktive Transaktionen

Um die Wirtschaftsleistung einer Volkswirtschaft korrekt berechnen zu können, müßten alle Transaktionen erfaßt, datiert und bewertet werden. Beobachtbar sind allerdings nur *Markttransaktionen*, d. h. Transaktionen, die über Märkte abgewickelt werden. Hier stellt die Erfassung prinzipiell kein Problem dar, da der Marktpreis bekannt ist und als Grundlage der Bewertung genommen werden kann.

Eine Anzahl wirtschaftlicher Vorgänge findet jedoch keinen Niederschlag in Markttransaktionen. Um diese Vorgänge dennoch erfassen zu können, werden Transaktionen unterstellt (*fiktive Transaktionen*). Die Notwendigkeit für ein solches Vorgehen leuchtet unmittelbar ein, wenn man sich klarmacht, daß ein Unternehmen etwa eine Maschine kaufen (Markttransaktion) oder selber erstellen kann (keine Markttransaktion). Will man die Wirtschaftsleistung während eines Zeitraums erfassen, so müssen beide Alternativen berücksichtigt werden.

b) Einseitige und zweiseitige Transaktionen

Hier wird danach unterschieden, ob mit der Transaktion eine Gegenleistung verbunden ist. *Zweiseitige Transaktionen* sind meistens Markttransaktionen, und die Gegenleistung besteht in der Bezahlung. *Einseitige Transaktionen* sind demgemäß Übertragungen von Gütern, Faktorleistungen oder Forderungen ohne Gegenleistung, z. B. Schenkungen und Transferzahlungen.

c) Leistungs- und Finanztransaktionen

Der Unterschied zwischen Leistungs- und Finanztransaktionen besteht darin, daß *Leistungstransaktionen* eine Veränderung der Nettoposition eines Wirtschaftssubjektes bewirken, bei Finanztransaktionen hingegen ändert sich allenfalls die Struktur der Nettoposition, nicht jedoch deren Höhe. Unter *Nettoposition* versteht man die Differenz zwischen Forderungen und Verbindlichkeiten. Übersteigen die Forderungen die Verbindlichkeiten, ist die Nettoposition positiv; im anderen Fall ist sie negativ. Kauft z. B. ein Unternehmen eine Maschine auf Ziel, so steigt beim Käufer das Sachvermögen. Gleichzeitig nehmen seine Lieferantenverbindlichkeiten zu, wodurch die Nettoposition sinkt. Beim Verkäufer dagegen steigen die Kundenforderungen, d. h. seine Nettoposition steigt. Es handelt sich somit um eine Leistungstransaktion.

Bei *Finanztransaktionen* verändert sich - wie erwähnt - die Höhe der Nettoposition nicht. Wird die Maschine im obigen Beispiel bezahlt, so sinken beim Käufer sowohl die Lieferantenverbindlichkeiten als auch die Bankguthaben (= Forderungen). Es ändert sich folglich nur die Struktur, nicht jedoch die Höhe der Nettoposition. Beim Verkäufer hingegen vermindern sich die Kundenforderungen, während die Bankguthaben zunehmen. Die Unterscheidung zwischen Leistungs- und Finanztransaktionen ist deshalb wichtig, weil nur Leistungstransaktionen die Wertschöpfung eines Landes beeinflussen, reine Finanztransaktionen hingegen nur die Struktur von Forderungen und Verbindlichkeiten berühren. Selbstverständlich können Finanztransaktionen ohne jegliche Leistungstransaktionen vorkommen: Kauft etwa ein inländisches Unternehmen festverzinsliche Staatspapiere aus einer Neuemission, so steigen einerseits die Forderungen dieses Unternehmens; dieser Forderungszunahme steht aber eine betragsgleiche Abnahme von Bankguthaben (Forderungsabnahme) gegenüber, da das Unternehmen den Gegenwert der Wertpapiere mittels Banküberweisung begleicht.

1.2 Kontenmäßige Erfassung

Alle Transaktionen, die während einer Periode getätigt werden, lassen sich mit Hilfe von vier Aktivitätskonten, und zwar dem Produktions-, dem Einkommens-, dem Vermögensänderungs- und dem Finanzierungskonto abbilden. Alle Transaktionen werden dabei nach dem System der „doppelten Buchführung" jeweils mit Buchung und Gegenbuchung erfaßt.

Auf dem *Produktionskonto* wird die Produktion von Gütern und Dienstleistungen festgehalten.

S	Produktionskonto	H
Kosten (Input)	Erlöse (Output)	
Saldo: Gewinn		

Auf der Sollseite werden die Kosten (Input) des Produktionsprozesses, auf der Habenseite die Erlöse (Output) ausgewiesen. Übersteigen die Erlöse die Kosten, so ergibt sich als Saldo der Gewinn.

Das *Einkommenskonto* bildet die Einkommensbezüge und deren Verwendung ab.

S	Einkommenskonto	H
Einkommensverwendung	Einkommensbezüge	
Saldo: Sparen		

Im Haben stehen alle Einkommensbezüge der Periode, im Soll die Einkommensverwendung. Als Saldo ergibt sich das *Sparen*.

Das *Vermögensänderungskonto* enthält den Sachvermögenserwerb und dessen Finanzierung. Reichen eigene Mittel zur Finanzierung des Sachvermögenserwerbs nicht aus, so ergibt sich ein Finanzierungsdefizit, anderenfalls ein Finanzierungsüberschuß (*Finanzierungssaldo*).

S	Vermögensänderungskonto[5]	H
Erwerb von Sachvermögen	Finanzierung von Sachvermögen aus eigenen Mitteln	
Saldo: Finanzierungs		
-defizit (−)		
-überschuß (+)		

---

[5] Von Vermögensübertragungen wird im folgenden aus Gründen der Vereinfachung abgesehen.

Auf dem *Finanzierungskonto* werden die Zu- und Abnahmen in den Beständen an Forderungen und Verbindlichkeiten erfaßt.

S	Finanzierungskonto	H
Veränderung der Forderungen	Veränderung der Verbindlichkeiten	
	Saldo: Finanzierungs -defizit (−) -überschuß (+)	

Als Saldo ergibt sich wieder ein Finanzierungsdefizit bzw. -überschuß, der betragsmäßig mit dem des Vermögensänderungskontos übereinstimmen muß.

Bei den folgenden Ausführungen wurden die wichtigsten Änderungen, die sich durch das „Europäische System Volkswirtschaftlicher Gesamtrechnungen (ESVG 1995)" ergeben, berücksichtigt.[6] Das *ESVG 1995* ist für alle EU-Mitgliedsländer verbindlich. Es wurde in enger Abstimmung mit dem *System of National Accounts* (SNA) der Vereinten Nationen aus dem Jahre 1993 erarbeitet und stellt eine weitgehende methodische Überarbeitung des früheren Rechenwerkes dar. Das Hauptziel des ESVG 1995 besteht darin, die Vergleichbarkeit der gesamtwirtschaftlichen Daten innerhalb der EU zu verbessern und wichtige statistische Informationen für die wirtschaftspolitischen Akteure rascher als bisher zur Verfügung zu stellen. Das vom Statistischen Bundesamt verwendete Kontensystem geht dabei über das im folgenden vorgestellte Grundschema hinaus. Eine Erweiterung erfolgt sowohl im Hinblick auf eine stärkere Differenzierung der inländischen Sektoren,[7] als auch im Hinblick auf die Untergliederung der Konten, da im Bereich der Einkommensentstehung und -verteilung ein größerer Informationsbedarf besteht. Das Datenmaterial bezieht die VGR neben *Primärstatistiken* auch aus *Sekundärstatistiken*, also Statistiken, deren Ausgestaltung auf andere Fragestellungen (z. B. Ein-

---

[6] Zu den Einzelheiten siehe etwa Bleses, P., Revision der Volkswirtschaftlichen Gesamtrechnung 1999 - Anlaß, Konzeptänderungen und neue Begriffe, in: Wirtschaft und Statistik, Heft 4, April 1999, S. 257-281.

[7] So gibt es etwa nicht den Unternehmenssektor als solchen, sonder er ist aufgeteilt in Finanzielle Kapitalgesellschaften (im wesentlichen Kreditinstitute, Versicherungsunternehmen sowie Zusatzversorgungseinrichtungen von Bund, Ländern und Gemeinden) und in Nichtfinanzielle Kapitalgesellschaften

kommens- und Umsatzsteuerstatistik) gerichtet ist. Darüber hinaus wird auf Unternehmenserhebungen, Haushaltsbefragungen, Preisstatistiken u. a. zurückgegriffen.

Damit sich der Rechenzusammenhang in der VGR besser erschließt, soll in drei Stufen vorgegangen werden: Zunächst findet eine Zuordnung der bereits angesprochenen Aktivitätskonten auf die einzelnen Wirtschaftssubjekte statt (einzelwirtschaftliche Ebene). Die einzelwirtschaftliche Ebene wird allerdings aus rein didaktischen Gründen eingeführt, da die amtliche VGR erst auf der sektoralen Ebene ansetzt. Um die sektorale Ebene zu erreichen, werden dann die Aktivitätskonten der einzelnen Wirtschaftssubjekte zu Sektoren zusammengefaßt. Der Unternehmenssektor umfaßt Kapitalgesellschaften (einschließlich Quasikapitalgesellschaften wie z. B. KG und OHG),[8] während die übrigen Unternehmen ohne eigene Rechtspersönlichkeit (u. a. Freiberufler und Einzelkaufleute) internationalen Gepflogenheiten folgend mit ihren unternehmerischen Aktivitäten dem (erweiterten) Sektor Private Haushalte zugeordnet werden.[9] Auf sektoraler Ebene wird schließlich das Auslandskonto, das die Gegenbuchungen der Transaktionen mit dem Ausland (Rest der Welt) abbildet, eingeführt. In der dritten Stufe werden sodann die sektoralen Aktivitätskonten zu gesamtwirtschaftlichen Aktivitätskonten aggregiert (gesamtwirtschaftliche Ebene).

2. Aktivitäten von Unternehmen, privaten und öffentlichen Haushalten

2.1 Einzelwirtschaftliche Ebene

2.1.1 Aktivitätskonten eines Unternehmens

Im Rahmen der VGR rechnen zu Unternehmen alle Institutionen, die vorwiegend Waren und Dienstleistungen produzieren bzw. erbringen und diese gegen Entgelt verkaufen, wobei in der Regel zumindest eine Gewinnerzielungsabsicht besteht.

---

[8] Aus Gründen der didaktischen Vereinfachung werden im folgenden alle Kapitalgesellschaften zum Unternehmenssektor zusammengefaßt; die im ESVG 1995 vorgesehene Unterteilung in Finanzielle und in Nichtfinanzielle Kapitalgesellschaften unterbleibt also.

[9] Die VGR nimmt also keine fiktive Trennung zwischen dem Einzelunternehmer und seinem Haushalt mehr vor und betrachtet den Unternehmerhaushalt als organisatorische Einheit.

Das oben nur in seiner Grobstruktur vorgestellte Produktionskonto hat in detaillierter Form folgendes Aussehen:

S	Produktionskonto	H
Vorleistungsverbrauch		Verkäufe
Abschreibungen		Lagerbestandsveränderungen (an Erzeugnissen aus *eigener* Produktion)
Indirekte Steuern -Subventionen		
Entgelte für Faktorleistungen a) Löhne und Gehälter b) Zinsen c) Mieten[10] und Pachten d) verteilter Gewinn e) unverteilter Gewinn	WSch	Selbsterstellte Anlagen

Neben dem Verbrauch von *Vorleistungen*, also den Einsatz von Roh-, Hilfs-, Betriebsstoffen und Zwischenprodukten, die von anderen Unternehmen bezogen werden, fallen als Kosten des Produktionsprozesses *Abschreibungen* als Gegenleistung für den Werteverzehr an dauerhaften Produktionsmitteln sowie Faktorentgelte für die Inanspruchnahme von *Faktorleistungen* (*Faktoreinkommen*) an. Dies sind Löhne und Gehälter, Zinsen, Mieten und Pachten sowie, wenn die Erlöse die Kosten übersteigen, der Gewinn. Dieser wiederum wird aufgeteilt in verteilten (z. B. Dividende) und unverteilten bzw. einbehaltenen Gewinn.

Bei den Erlösen dominieren in der Regel die Verkäufe; ihnen liegen Markttransaktionen zugrunde. Verkäufe können an private Haushalte, an öffentliche Haushalte, an andere Unternehmen oder ans Ausland (Exporte) erfolgen. Bei Lagerbestandsveränderungen aus eigener Produktion sowie den selbsterstellten Anlagen werden Transaktionen fingiert; die Bewertung erfolgt zu Herstellungskosten.

Erläuterungsbedürftig ist noch die Position „Indirekte Steuern minus Subventionen". *Indirekte Steuern* (= *Produktions- und Importabgaben*) sind für die Unternehmen zwar nur durchlaufende Posten; da sie aber in den Verkaufserlösen enthalten sind, müssen sie

---

[10] In der amtlichen Statistik werden Mieten im Produktionskonto nicht mehr unter Entgelte für Faktorleistungen, sondern unter Käufe von Vorleistungen erfaßt.

auf der Sollseite angesetzt werden. *Subventionen* stellen Kostenentlastungen dar, die in der Form von Preisermäßigungen in die Verkaufserlöse eingegangen sind; sie werden mit den Indirekten Steuern saldiert.[11] Die *Wertschöpfung* (WSch) wiederum ist identisch mit dem Entgelt für Faktorleistungen und stellt den Wert dar, den das Unternehmen tatsächlich „neu" in einer Periode geschaffen hat.

Eine einfache Gestalt hat das Einkommenskonto. Auf der Habenseite steht als einzige Einkommensquelle nur der Posten unverteilter Gewinn. Nach Abzug der Direkten Steuern (*Einkommens- und Vermögenssteuern*) bleibt als Saldo das Sparen.

S	Einkommenskonto	H
Direkte Steuern	unverteilter Gewinn	
Sparen (= *verfügbares Einkommen*)		

Beim Vermögensänderungskonto steht auf der Sollseite der Erwerb von Sachvermögen, auf der Habenseite die Finanzierung des Sachvermögenserwerbes.

S	Vermögensänderungskonto	H
Bruttoanlageinvestitionen	Abschreibungen	
a) Käufe von Sachanlagen und immateriellen Anlagegütern	Sparen	
b) Selbsterstellte Sachanlagen und immaterielle Anlagegüter	Finanzierungs	
Lagerbestandsveränderungen	-defizit	(+)
a) bei Erzeugnissen aus eigener Produktion	-überschuß	(−)
b) bei fremdbezogenen Erzeugnissen		

Prinzipiell können die Unternehmen den Sachvermögenserwerb durch Sparen, Abschreibungen oder durch Kreditaufnahme finanzieren. Abschreibungen können insofern als Finanzierungsquelle angesehen werden, als sie in den Verkaufspreisen einkalkuliert

---

[11] Zur Vereinfachung sei - sofern nicht ausdrücklich davon abgewichen wird - im folgenden unterstellt, daß Indirekte Steuern von den Unternehmen nur an den Staat fließen und die Unternehmen Subventionen nur vom Staat erhalten.

sind und so den Unternehmen wieder zufließen. Eine echte Finanzierung ist aber nur dann möglich, wenn die Abschreibungen auch wirklich verdient worden sind.

Der Sachvermögenserwerb teilt sich in *Bruttoanlageinvestitionen* und Lagerbestandsveränderungen (*Vorratsänderungen*) auf. Nach dem ESVG 1995 umfaßt der Begriff der Anlageinvestitionen neben Sachanlagen (Bauten, Ausrüstungen, Nutztiere und Nutzpflanzen) nun auch Ausgaben für (produzierte) immaterielle Anlagegüter, wie z. B. Urheberrechte oder erworbene oder selbsterstellte Computersoftware. Bei den *Lagerbestandsveränderungen* wird nach Veränderungen aus eigener und fremder Produktion unterschieden. Die Summe aus Bruttoanlageinvestitionen und Lagerbestandsveränderungen ergibt die *Bruttoinvestitionen*. Zieht man davon die Abschreibungen ab, so verbleiben die *Nettoinvestitionen*. Reichen Ersparnis und Abschreibungen zur Finanzierung nicht aus, kommt es zu einem Finanzierungsdefizit (= Kreditaufnahme), das sich spiegelbildlich auf dem Finanzierungskonto niederschlägt.

S	Finanzierungskonto	H
Veränderungen in den Forderungen	Veränderungen in den Verbindlichkeiten	
	Finanzierungs -defizit (−) -überschuß (+)	

2.1.2 Aktivitätskonten eines privaten Haushaltes

Private Haushalte treten am Markt als Anbieter von Faktorleistungen (Arbeit, Boden, Kapital) sowie als Nachfrager nach Konsumgütern auf. Die Aktivitätskonten eines privaten Haushaltes unterscheiden sich von denen der anderen Wirtschaftssubjekte dadurch, daß kein Produktionskonto existiert. Zwar ist offensichtlich, daß Hausarbeit der Hausfrau oder des Hausmannes eine Produktion von Dienstleistungen darstellt; wegen der Probleme der statistischen Erfaßbarkeit (keine Markttransaktionen!) werden sie jedoch vernachlässigt.[12]

---

[12] Lediglich die Tätigkeit einer Hausgehilfin oder eines Butlers (Markttransaktion!) wird erfaßt. Davon wird hier zur Vereinfachung abgesehen.

S	Einkommenskonto		H
Direkte Steuern		Faktoreinkommen	
Sozialbeiträge (Sozialabgaben)		Transfereinkommen	
Konsumausgaben	verfügbares		
Sparen[13]	Einkommen		

Aus folgenden Quellen können Haushalte Einkommen beziehen:

- aus unselbständiger Tätigkeit
- aus selbständiger Tätigkeit (verteilter Gewinn, Mieteinnahmen)
- aus Vermögen (Zinsen, Dividenden)
- aus Transfers (z. B. Rente, Sozialhilfe)

Zieht man von dem gesamten Einkommen die Direkten Steuern (*Einkommens- und Vermögenssteuern*) und die *Sozialabgaben*[14] ab, so ergibt sich das *verfügbare Einkommen*. Dieses können die Haushalte entweder konsumieren oder sparen. Alles was nicht konsumiert wird, stellt also Sparen dar.

S	Vermögensänderungskonto	H
Finanzierungs		Sparen
-defizit (−)		
-überschuß (+)		

Da ein privater Haushalt gemäß Konvention nicht produziert, kann er auch nicht investieren. Deshalb stellt auch der Erwerb von *dauerhaften Konsumgütern*, wie z. B. Kühlschränke oder Kraftfahrzeuge immer Konsum der laufenden Periode dar, obwohl die Güter längerfristig nutzbar sind, also Investitionscharakter haben.[15]

---

[13] Wir folgen hier aus Gründen der Vereinfachung der traditionellen (früheren) Ermittlung. Das ESVG 1995 bezieht darüber hinaus die Zunahme der betrieblichen Versorgungsansprüche der privaten Haushalte mit ein. Dementsprechend erhöht sich das Sparen der privaten Haushalte, das Sparen der Unternehmen vermindert sich hingegen entsprechend.

[14] Beiträge zur Arbeitslosen-, Kranken-, Pflege-, Renten- und Unfallversicherung einschließlich Arbeitgeberanteile.

[15] Eine Ausnahme bilden lediglich die wohnungswirtschaftlichen Aktivitäten der privaten Haushalte, die nach dem ESVG 1995 nun direkt diesem Sektor zugerechnet werden.

Fließt einem Haushalt mehr Einkommen zu, als er für Konsumzwecke verausgabt hat, entsteht ein Finanzierungsüberschuß gegenüber anderen Wirtschaftssubjekten, was per Saldo eine Zunahme der Forderungen auf dem Finanzierungskonto zur Folge hat.

2.1.3 Aktivitätskonten eines öffentlichen Haushaltes

Ein öffentlicher Haushalt zeichnet sich primär dadurch aus, daß er Dienstleistungen für die Allgemeinheit erbringt, die er in der Regel unentgeltlich zur Verfügung stellt. Die Finanzierung erfolgt weitgehend über Zwangsabgaben. Zum anderen vollzieht sich über die öffentlichen Haushalte der überwiegende Teil der Einkommensumverteilung in der Volkswirtschaft. Zu den öffentlichen Haushalten zählen die Gebietskörperschaften und die Sozialversicherungen. Alle öffentlichen Haushalte bilden den Sektor *Staat*.

S	Produktionskonto	H

Vorleistungen
Abschreibungen[16]
Entgelte für Faktorleistungen
  a) Löhne und Gehälter
  b) Zinsen
  c) Mieten und Pachten
	Unentgeltliche Bereitstellung
	öffentlicher Güter
	(= Konsumausgaben des Staates)
	
	Verkäufe	

Die Habenseite des Produktionskontos eines öffentlichen Haushalts ist dadurch gekennzeichnet, daß der Staat zum einen Verkäufe vornimmt (z. B. Erbringung staatlicher Leistungen gegen Gebühren) und zum anderen seine Produktion unentgeltlich bereitstellt. Bei Letzterem spricht man von *Konsumausgaben des Staates*. Damit soll der Schwierigkeit Rechnung getragen werden, daß öffentliche Güter nicht gegen Entgelt transferiert werden. Zum einen sind die Empfänger der Leistung häufig nicht bekannt. Öffentliche Güter wie z. B. Landesverteidigung, Polizeidienste und Bildung werden der Allgemeinheit ohne direktes Entgelt zur Verfügung gestellt. Einzelne sollen oder können

---

[16] Zivil nutzbare militärische Ausrüstungen und Bauten (z. B. Lastwagen und Militärkrankenhäuser) gehören nach dem ESVG 1995 zu den Anlageinvestitionen (früher Vorleistungen) und erhöhen wegen der hierauf anfallenden Abschreibungen die aktuellen Konsumausgaben des Staates. Die Abschreibungen fallen gegenüber früher auch deshalb höher aus, weil gemäß ESVG 1995 auf die öffentlichen Tiefbauten wie Straßen, Brücken, Wasserstraßen usw. nun auch Abschreibungen zu berechnen sind; somit werden jetzt bei allen Anlagegütern (Tiere ausgenommen) Abschreibungen vorgenommen.

von der Nutzung solcher Güter nicht ausgeschlossen werden. Zum anderen kommt die Schwierigkeit der Bewertung der staatlichen Leistungen hinzu. Da keine Marktpreise existieren, wird die Bewertung zu Herstellungskosten vorgenommen.

Aus dieser Vorgehensweise ergeben sich für das Produktionskonto eines öffentlichen Haushalts zwei Besonderheiten:

- Es können keine Lagerbestandsveränderungen entstehen, da die vom Staat produzierten Dienstleistungen - wie Dienstleistungen schlechthin - nicht lagerfähig sind, sondern vielmehr bei ihrer Entstehung verbraucht werden.
- Durch die Ermittlung der Konsumausgaben des Staates als Restgröße (Kosten – Verkäufe = Konsumsausgaben des Staates) kann das Produktionskonto keinen Gewinn ausweisen.

Als weiterer Unterschied zum Produktionskonto eines Unternehmens kommt hinzu, daß ein öffentlicher Haushalt für seine „Verkäufe" keine Steuern in Rechnung stellt und im Regelfall auch keine Subventionen enthält.

Einkommen bezieht ein öffentlicher Haushalt durch Direkte und Indirekte Steuern, Sozialbeiträge sowie durch Faktoreinkommen, z. B. Erträge aus Unternehmensbeteiligungen.[17] Das Einkommen verwendet er für *Transferzahlungen* an die privaten Haushalte (*Sozialleistungen*), an Unternehmen (*Subventionen*) und an das Ausland (z. B. Entwicklungshilfe). Nach Abzug dieser Position ergibt sich das verfügbare Einkommen des öffentlichen Haushalts, das er ähnlich dem privaten Haushalt nur für den Konsum verwenden oder sparen kann.

---

[17] Von Einkommen, die im Rahmen des Finanzausgleichs innerhalb des staatlichen Sektors anfallen, sei zur Vereinfachung abgesehen.

S	Einkommenskonto		H

Transferzahlungen
  an private Haushalte
  an Unternehmen
  (= Subventionen)
  an das Ausland
		Direkte Steuern
		  von Unternehmen
		  von privaten Haushalten
		Indirekte Steuern
		Sozialbeiträge	

Konsumausgaben[18] Sparen	verfügbares Einkommen	Faktoreinkommen	

Der Aufbau des Vermögensänderungskontos ist identisch mit dem eines Unternehmens, mit der Ausnahme, daß aus den erwähnten Gründen keine Lagerinvestitionen getätigt werden können. Auch fällt auf, daß der öffentliche Haushalt selbst keine Anlagen erstellen kann, d. h. seine Bruttoanlageinvestitionen sind allesamt fremdbezogen, weil Staatsunternehmen wie z. B. Post, Bahn etc. bei den Unternehmen und nicht bei den öffentlichen Haushalten erfaßt werden. Die Finanzierung des Sachvermögenserwerbes bringt keine Neuerungen, weswegen - wie auch beim Finanzierungskonto - auf eine eingehendere Darstellung verzichtet werden kann.

S	Vermögensänderungskonto	H

Bruttoanlageinvestitionen	Abschreibungen
	Sparen
	Finanzierungs
	  -defizit (+)
	  -überschuß (−)	

---

[18] Wir folgen hier dem sog. *Ausgabenkonzept*, wonach die sozialen Sachtransfers (unentgeltlich zur Verfügung gestellte Waren und Dienstleistungen vor allem des Gesundheits- und Erziehungswesens) bei dem Sektor nachgewiesen werden, der für sie gezahlt hat. Sie sind damit Teil der Konsumausgaben des Staates. Das ESVG 1995 sieht aber auch parallel dazu einen Ausweis nach dem Verbrauchskonzept vor, demzufolge die sozialen Sachtransfers bei den tatsächlichen Letztverbrauchern, also bei den privaten Haushalten, ausgewiesen werden. Bei der Darstellung der Einkommensverwendung nach dem Verbrauchskonzept werden die Bezeichnungen Individualkonsum und Kollektivkonsum verwendet. Der Kollektivkonsum entspricht dem Konsum des Staates ohne soziale Sachtransfers; der Individualkonsum den Konsumausgaben der privaten Haushalte zuzüglich der sozialen Sachtransfers.

2.2 Sektorale Aggregation

In einer zweiten Stufe werden die Aktivitätskonten der einzelnen Wirtschaftssubjekte zu Sektoren aggregiert. Es entsteht somit je ein Produktions-, ein Einkommens-, ein Vermögensänderungs- und ein Finanzierungskonto für den Unternehmenssektor, den Sektor „Öffentliche Haushalte" (Staat), sowie für den Sektor „Private Haushalte" (Haushaltssektor), wobei diesem Sektor nach dem ESVG 1995 ein großer Teil der Unternehmen (z. B. Freiberufler und Einzelkaufleute) sowie die wohnungswirtschaftlichen Aktivitäten der privaten Haushalte zugeordnet werden. Der Haushalts**sektor** weist somit auch ein ganz „normales" Produktionskonto auf. Im Haushaltssektor entstehen etwa Faktoreinkommen, es fallen Abschreibungen an und es kommt zu Investitionen. Durch die Aggregation gehen wegen der Aufrechnung gleichartiger Transaktionen zwischen den Wirtschaftssubjekten eines Sektors (*Konsolidierung*) jedoch Informationen verloren. So ist danach beispielsweise nicht mehr bekannt, welche Transaktionen im einzelnen zwischen den Unternehmen stattgefunden haben, anders wäre aber die Informationsflut nicht mehr verarbeitbar. Neu eingeführt werden muß an dieser Stelle allerdings das Auslandskonto.

Auf dem Auslandskonto werden sämtliche Transaktionen mit Ausländern als Gegenbuchung zu den entsprechenden Inlandskonten erfaßt, wobei auf der Sollseite die Einnahmen der Inländer (= Ausgaben der Ausländer) und auf der Habenseite die Ausgaben der Inländer (= Einnahmen der Ausländer) verbucht werden. Hierbei zählen Gebietsansässige als Inländer, Gebietsfremde als Ausländer.

S	Auslandskonto		H
Exporte		Importe	
Faktoreinkommen	vom Ausland	Faktoreinkommen	ans Ausland
Transfers		Transfers	
		Änderung der Nettoposition	

Auf der Sollseite stehen die Exporte von Waren und Dienstleistungen. Die Gegenbuchung erfolgt als Verkäufe an das Ausland und wird auf der Habenseite der Produktionskonten erfaßt. Daneben werden hier Faktoreinkommen, die vom Ausland ans Inland fließen (Erwerbs- und Vermögenseinkommen), berücksichtigt. Beispielsweise fallen hierunter die Zinserträge, die Gebietsansässigen aus dem Ausland zufließen. Die Gegenbuchung erfolgt auf dem Einkommenskonto des Haushaltssektors.

Auf der Habenseite stehen zunächst die Importe von Waren und Dienstleistungen und die Faktoreinkommen, die das Ausland vom Inland bezieht. Die Gegenbuchung erfolgt jeweils auf der Sollseite der Produktionskonten. Unter Transfers ans Ausland sind beispielsweise die staatliche Entwicklungshilfe oder Heimatüberweisungen ausländischer Arbeitnehmer zu verstehen; die Gegenbuchung erfolgt hier auf dem Einkommenskonto des Staates bzw. der privaten Haushalte. In dem Falle, daß im Auslandskonto die Soll- und Habenseite betragsmäßig nicht identisch sind, ergibt sich eine Veränderung der *Nettoposition*. Dies ist unmittelbar einleuchtend, wenn man beispielsweise annimmt, daß sowohl die ans Ausland gezahlten Faktoreinkommen als auch die ans Ausland gezahlten Transfers die entsprechenden Zahlungen des Auslands an das Inland übersteigen. Der Teil der Exporte, der nicht durch Importe und Faktorleistungen des Auslands „bezahlt" bzw. der dem Ausland nicht geschenkt wurde (Transfers), kann dann nur noch zu einem Zuwachs an Forderungen gegenüber dem Ausland geführt haben, d. h., die Nettoposition (also der Saldo aus Forderungen und Verbindlichkeiten) hat sich entsprechend erhöht.

2.3 Gesamtwirtschaftliche Aggregation

Für viele wirtschaftspolitische Fragestellungen genügt nicht die sektorale Aggregation; man benötigt vielmehr Aussagen auf gesamtwirtschaftlicher Ebene. Hierfür werden die sektoralen Produktionskonten zu einem gesamtwirtschaftlichen Produktionskonto, die sektoralen Einkommenskonten zu einem gesamtwirtschaftlichen Einkommenskonto usw. zusammengefaßt.

Aus Gründen der besseren Übersicht werden für die einzelnen Sektoren bzw. für die einzelnen Ströme im folgenden nachstehende Abkürzungen benutzt:

Sektoren:

Hh	=	Haushaltssektor
U	=	Unternehmenssektor
St	=	Staatssektor
A	=	Ausland („übrige Welt")

Ströme:

C_{Hh}, C_{St}	=	Konsumausgaben Hh, St
S_{Hh}, S_U, S_{St}	=	Sparen Hh, U, St
FE_U^{Hh}	=	Faktoreinkommen Hh vom U

FE_{Hh}^{Hh}	=	Faktoreinkommen Hh vom Hh
FE_{St}^{Hh}	=	Faktoreinkommen Hh vom St
FE_{A}^{Hh}	=	Faktoreinkommen Hh vom A
FE_{U}^{A}	=	Faktoreinkommen des A vom U
FE_{U}^{U}	=	unverteilter Gewinn
FE_{I}^{I}	=	Faktoreinkommen des Inlands vom Inland
FE_{A}^{I}	=	Faktoreinkommen des Inlands vom Ausland
FE_{I}^{A}	=	Faktoreinkommen des Auslands vom Inland
D_{Hh}, D_{U}, D_{St}	=	Abschreibungen Hh, U, St
Sozb.	=	Sozialbeiträge der Hh an den St
Tr_{St}^{Hh}	=	Transferzahlungen St an Hh
Tr_{I}^{A}	=	Transferzahlungen des Inlandes an das Ausland
Tr_{A}^{I}	=	Transferzahlungen vom Ausland an das Inland (z. B. an Hh)
Tr_{St}^{A}	=	Transferzahlungen des Staates ans Ausland
$T^{d}_{Hh,U}$	=	Direkte Steuern Hh, U
T^{i}	=	Indirekte Steuern
Ex	=	Exporte
Im	=	Importe
$I^{b}_{Hh,U,St}$	=	Bruttoinvestitionen Hh, U, St
Z	=	Subventionen
VL	=	Vorleistungen (zwischen Inländern)
F	=	Änderung der Nettoposition, wobei gilt $F = \Delta N$
WSch	=	Wertschöpfung
BIP_{M}	=	Bruttoinlandsprodukt zu Marktpreisen
NIP_{M}	=	Nettoinlandsprodukt zu Marktpreisen
NIP_{F}	=	Nettoinlandsprodukt zu Faktorkosten
BNE	=	Bruttonationaleinkommen
NNE	=	Nettonationaleinkommen (Primäreinkommen)

2.3.1 Produktionskonto

Das aggregierte gesamtwirtschaftliche Produktionskonto hat folgende Gestalt:

S	Gesamtw. Produktionskonto vor Konsolidierung	H
VL		VL
Im		$C_{Hh,St} = C$
$D_{Hh,U,St} = D$		Ex
$T^i - Z$		$I^b_{Hh,U,St} = I^b$
$FE_{Hh,U,St}^{Hh,U,St,A}$		

Offensichtlich ist, daß sich die von Inländern an Inländer verkauften Vorleistungen (VL) aufheben, da sie auf der einen Seite „Kosten", auf der anderen Seite „Erlöse" des gesamtwirtschaftlichen Produktionsprozesses darstellen.

In einem nächsten Schritt werden - der gebräuchlichen Vorgehensweise folgend - die Importe auf der Habenseite erfaßt und von den Exporten subtrahiert. Dies hat den Vorteil, daß dann aus dem gesamtwirtschaftlichen Produktionskonto unmittelbar das Bruttoinlandsprodukt zu Marktpreisen (BIP_M) entnommen werden kann. Das gesamtwirtschaftliche Produktionskonto hat somit (nach Konsolidierung) folgendes Aussehen:

	S	Gesamtw. Produktionskonto	H
BIP_M			
NIP_M		$D_{Hh,U,St} = D$	$C_{Hh,St} = C$
		$T^i - Z$	Ex – Im
NIP_F		$FE_{Hh,U,St}^{Hh,U,St,A}$ (= $FE_I^{I,A}$)	$I^b_{Hh,U,St} = I^b$

Auf dem gesamtwirtschaftlichen Produktionskonto wird erfaßt, was im Inland produziert und wie die inländische Produktion verwendet wurde.

2.3.2 Einkommenskonto

Faßt man die sektoralen Einkommenskonten zusammen, erhält man das gesamtwirtschaftliche Einkommenskonto.

S	Gesamtw. Einkommenskonto vor Konsolidierung	H
T^d		T^d
Tr_{St}^{Hh}		Tr_{St}^{Hh}
Sozb.		Sozb.
Tr_I^A		Tr_A^I
$C_{Hh,St} = C$		$T^i - Z$
$S_{Hh,U,St} = S$		$FE_{Hh,U,St,A}^{Hh,U,St}$

Die Direkten Steuern, die Sozialbeiträge der Haushalte an den Staat (die Arbeitgeberbeiträge sind darin eingeschlossen) sowie die Transferzahlungen des Staates an inländische Haushalte fallen durch die Konsolidierung weg, da sie gesamtwirtschaftlich sowohl Einkommensbezug als auch Einkommensverwendung darstellen. Damit wird auch deutlich, daß diese Ströme lediglich eine Einkommensumverteilung bewirken. Saldiert man noch die Transferzahlungen zwischen In- und Ausland, so hat das gesamtwirtschaftliche Einkommenskonto (nach Konsolidierung) folgendes Aussehen:

S	Gesamtw. Einkommenskonto	H
$Tr_I^A - Tr_A^I$		$T^i - Z$
$C_{Hh,St} = C$ — gesamtwirtschaftlich verfügbares Einkommen		$FE_{Hh,U,St,A}^{Hh,U,S}$ (= $FE_{I,A}^I$)
$S_{Hh,U,St,} = S$		

Auf dem gesamtwirtschaftlichen Einkommenskonto wird erfaßt, was von den Inländern an Einkommen bezogen und wie dieses verwendet wurde. Das gesamtwirtschaftlich verfügbare Einkommen ergibt sich aus der Summe von Konsum und Sparen.

2.3.3 Vermögensänderungskonto

Durch Aggregation der sektoralen Vermögensänderungskonten ergibt sich das gesamtwirtschaftliche Vermögensänderungskonto.

S	Gesamtw. Vermögensänderungskonto	H
$I^b_{Hh,U,St} = I^b$		$D_{Hh,U,St} = D$
$F_{Hh,U,St} = F$		$S_{Hh,U,St} = S$

Im Soll stehen die gesamtwirtschaftlichen *Bruttoinvestitionen*, die sich in Anlage- und Lagerinvestitionen aufteilen lassen. Im Haben wird die Finanzierung dieser Investitionen aufgezeigt. Zieht man von den Bruttoinvestitionen die Abschreibungen ab, ergeben sich die *Nettoinvestitionen*. Übersteigt das inländische Sparen die Nettoinvestitionen, dann resultiert daraus ein Finanzierungsüberschuß gegenüber dem Ausland; übersteigen die Nettoinvestitionen das inländische Sparen, so ergibt sich ein Finanzierungsdefizit gegenüber dem Ausland. Die Nettoinvestitionen geben an, um wieviel sich der Kapitalstock in einer Volkswirtschaft in der betrachteten Zeitperiode verändert hat. Nur Nettoinvestitionen führen zu einer Erhöhung des Kapitalbestandes, da Investitionen in Höhe der Abschreibungen lediglich die in der Periode verbrauchten Anlagegüter ersetzen.

2.3.4 Finanzierungskonto

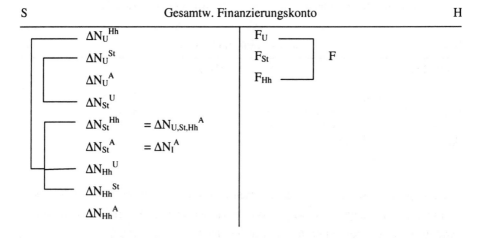

Da $\Delta N_U^{Hh} = -\Delta N_{Hh}^U$, $\Delta N_{St}^{Hh} = -\Delta N_{Hh}^{St}$ und $\Delta N_U^{St} = -\Delta N_{St}^U$ gilt, heben sich diese Größen durch Konsolidierung auf. Dies ist einleuchtend, da der Gesamtwert der Forderungen von Inländern gegenüber Inländern dem Gesamtwert der Verbindlichkeiten von Inländern gegenüber Inländern entsprechen muß. Auf dem gesamtwirtschaftlichen Finanzierungskonto bleibt als Finanzierungssaldo nur noch die Veränderung der Nettoposition gegenüber dem Ausland übrig:

$$\Delta N_I^A = F$$

Der *Finanzierungssaldo* entspricht der Veränderung der *Nettoposition*. Weist das Inland einen Finanzierungsüberschuß auf, so erhöht sich die Nettoposition, weil per Saldo die Forderungen an das Ausland gestiegen sind.

Am Auslandskonto, welches bereits auf der sektoralen Ebene eingeführt wurde, ändert sich auf der gesamtwirtschaftlichen Ebene nichts.

Abschließend seien die wichtigsten Grundstrukturen nochmals im Kontenzusammenhang festgehalten: Da die VGR auf dem System der doppelten Buchführung basiert, findet sich jede einzelne Position auch auf den gesamtwirtschaftlichen Aktivitätskonten beidseitig wieder.

S	Produktionskonto	H
1. D	5. C	
2. $T^i - Z$	6. Ex – Im	
3. FE_I^I	7. I^b	
4. FE_I^A		

S	Einkommenskonto	H
8. Tr_I^A (saldiert)[19]	2. $T^i - Z$	
5. C	3. FE_I^I	
10. S = gesamtw. Sparen	9. FE_A^I	

S	Vermögensänderungskonto	H
7. I^b	1. D	
F = Finanzierungssaldo	10. S	

---

[19] $Tr_I^A > Tr_A^I$

S	Auslandskonto	H
6. Ex – Im 9. FE_A^I	4. FE_I^A 8. Tr_I^A (saldiert) ΔN = Änderung der Nettoposition	

Die Veränderung der Nettoposition (ΔN) entspricht, wie bereits erwähnt, dem gesamtwirtschaftlichen Finanzierungssaldo (F).

2.4 Inlandsprodukt versus Nationaleinkommen[20]

Bei der Berechnung der gesamtwirtschaftlichen Aktivität lassen sich zwei Ansätze unterscheiden. Zum einen das *Inlandskonzept*, welches der Frage nachgeht, was in den räumlichen Grenzen eines Staates von In- und Ausländern erwirtschaftet wurde; zum anderen das *Inländerkonzept*, mit dessen Hilfe erfaßt werden soll, was von den Inländern im In- und Ausland erwirtschaftet wurde. Ob jemand als Inländer zählt, ist dabei nicht von dessen Staatsangehörigkeit, sondern von dessen ständigem Wohnsitz abhängig. Dem Inlandskonzept folgen die verschiedenen Kategorien des Inlandsprodukts, dem Inländerkonzept hingegen die des Nationaleinkommens. Bei internationalen Vergleichen hat sich mittlerweile das Inlandskonzept durchgesetzt.

<u>Inlandsprodukt</u>

Das *Bruttoinlandsprodukt zu Marktpreisen* (BIP_M) umfaßt die im Inland erbrachte Wirtschaftsleistung; es ist dem gesamtwirtschaftlichen Produktionskonto zu entnehmen. Knüpft man an der Sollseite an, ergibt sich das Bruttoinlandsprodukt aus folgenden Positionen:

$$BIP_M = D + T^i - Z + FE_I^I + FE_I^A$$

Der Zusatz „zu Marktpreisen" erinnert daran, daß die Wertansätze (im wesentlichen) Marktpreise sind. Die Indirekten Steuern und die Subventionen sind nach oben und unten korrigierend in die Marktpreisbildung eingegangen.

---

[20] Im Zuge der Umsetzung des ESVG 1995 wurde die Terminologie an den angelsächsischen Sprachgebrauch angepaßt, so daß der Begriff Sozialprodukt durch den Begriff Nationaleinkommen (national income) ersetzt wurde.

Nach Abzug der Abschreibungen erhält man das *Nettoinlandsprodukt zu Marktpreisen* (NIP_M).

$$NIP_M = BIP_M - D$$

Durch Abzug des Saldos aus Indirekten Steuern und Subventionen gelangt man zu dem *Nettoinlandsprodukt zu Faktorkosten* (NIP_F).

$$NIP_F = NIP_M - (T^i - Z)$$

Das NIP_F ist gleichbedeutend mit der inländischen Wertschöpfung und stellt den Wert der im Inland durch die Produktion von Gütern und Dienstleistungen entstandenen Faktoreinkommen dar.

<u>Nationaleinkommen</u>

Grundlage des Nationaleinkommens ist das Inländerkonzept. So stellt das *Bruttonationaleinkommen (BNE)* auf das Einkommen aller Inländer ab. Um das Bruttonationaleinkommen zu ermitteln, muß das Bruttoinlandsprodukt um den Saldo der Primäreinkommen zwischen Inländer und der übrigen Welt bereinigt, d. h., um die vom Ausland erhaltenen Faktoreinkommen (FE_A^I) und die von der Europäischen Union empfangenen Subventionen (Z_{EU}^I) erhöht und um die ans Ausland geleisteten Faktoreinkommen (FE_I^A) und die an die Europäische Union geleisteten Produktions- und Importabgaben ($T_I^{i\,EU}$) - also um die Zolleinnahmen aus dem Handel mit Drittländern, die Einnahmen im Rahmen der gemeinsamen Agrarpolitik und die Mehrwertsteuereigenmittel - vermindert werden.[21] Anknüpfungspunkt ist das gesamtwirtschaftliche Einkommenskonto. Während nämlich das gesamtwirtschaftliche Produktionskonto die Produktion im Inland abbildet, erfaßt das gesamtwirtschaftliche Einkommenskonto das Einkommen, das den Inländern zugeflossen ist.

$$BNE = BIP_M + FE_A^I + Z_{EU}^I - FE_I^A - T_I^{i\,EU}$$

Durch Subtraktion der Abschreibungen ergibt sich das *Nettonationaleinkommen* (NNE),

---

[21] Vgl. hierzu R. Bleses, Revision der Volkswirtschaftlichen Gesamtrechnungen 1999 – Anlaß, Konzeptänderungen und neue Begriffe, in: Wirtschaft und Statistik, Nr. 4 (1999), S. 264. In der VGR werden die von der Europäischen Union empfangenen Subventionen (Z_{EU}^I) als vom Ausland empfangene Faktoreinkommen, die an die Europäische Union geleisteten Produktions- und Importabgaben ($T_I^{i\,EU}$) als aus Ausland geleistete Faktoreinkommen interpretiert.

welches auch als *Primäreinkommen* bezeichnet wird:

$$NNE = BNE - D$$

In der deutschen VGR wird weiterhin auch noch das Volkseinkommen ausgewiesen, das im ESVG 1995 nicht beschrieben ist.[22] Zum Volkseinkommen gelangt man, wenn vom Nettonationaleinkommen der Saldo aus Indirekten Steuern und Subventionen abgezogen wird (genauer: Saldo aus Produktions- und Importabgaben minus Subventionen vom Staat). Das Volkseinkommen teilt sich auf in Arbeitnehmerentgelte und Unternehmens- und Vermögenseinkommen.

Das Nationaleinkommen bzw. das Inlandsprodukt sind von Haus aus nominale Größen, d.h. sie ergeben sich, indem die in einer Periode produzierten Güter und Dienstleistungen mit den jeweiligen, aktuellen Preisen bewertet werden. Preisveränderungen, die auf allgemeinen Preiserhöhungen (Inflation) beruhen, gehen also in die Berechnung ein. Stellt man aber auf die Veränderung der Wirtschaftskraft eines Landes im Laufe der Zeit ab, müssen inflationäre Aufblähungen durch einen Preisindex herausgerechnet werden. Allein durch Preiserhöhungen wird der produzierte und verteilbare „Güterberg" nicht größer. Das Statistische Bundesamt ermittelt daher die einzelnen Inlandsprodukts- bzw. Nationaleinkommenskategorien sowohl zu laufenden Preisen des Berichtsjahres (nominale Größen) als auch zu konstanten Preisen eines Basisjahres, derzeit des Jahres 1995 (reale Größen). Bei den realen Größen handelt es sich also um die Güterproduktion im Berichtsjahr (z. B. die Güterproduktion im Jahr 1999) zu den Preisen eines Basisjahres (z. B. zu den Preisen des Jahres 1995). Rein preisbedingte Veränderungen bleiben hier also unberücksichtigt.[23]

Die aus der kontenmäßigen Erfassung gewonnenen Informationen über das Wirtschaftsgeschehen werden vom Statistischen Bundesamt unter drei Gesichtspunkten aufbereitet. Zunächst werden in der *Entstehungsrechnung* die Anteile der einzelnen Wirtschaftsbereiche an der Erstellung des *Bruttoinlandsprodukts* dargestellt. Die *Verwendungsrechnung* hingegen zeigt eine Aufteilung des *Bruttoinlandsprodukts* auf die Endnachfragekategorien. Die *Verteilungsrechnung* schließlich geht der Frage nach, wie sich das Nationaleinkommen bzw. Primäreinkommen auf die einzelnen Sektoren verteilt.

---

[22] Vgl. hierzu H. Essig/N. Hartmann, Revision der Volkswirtschaftlichen Gesamtrechnungen 1991 bis 1998. Ergebnisse und Berechnungsmethoden, in: Wirtschaft und Statistik, Nr. 6 (1999), S. 472.

[23] Teilt man das nominale durch das reale BIP, erhält man den *BIP-Deflator*.

Drei Berechnungsarten in den Volkswirtschaftlichen Gesamtrechnungen
(2001, in Mrd. EUR, lfd. Preise)

I. Entstehungsrechnung		II. Verwendungsrechnung	
23,2	Land- u. Forstwirt., Fischerei	Private Konsumausgaben	1.218,1
483,8	Produz. Gewerbe	+ Konsumausgaben des Staates	393,2
91,0	Baugewerbe	+ Ausrüstungsinvestitionen	167,2
1.322,6	Dienstleistungen	+ Bauinvestitionen	227,0
1.920,6	Bruttowertschöpfung (unbereinigt)	+ Sonstige Anlagen	23,6
− 67,0	Unterstellte Bankgebühr	+ Vorratsveränderungen und Nettozugang an Wertsachen	− 5,2
1.853,6	Bruttowertschöpfung (bereinigt)	+ Exporte von Waren und Dienstleistungen	721,4
+ 209,4	+ Gütersteuern − Gütersubventionen	− Importe von Waren und Dienstleistungen	682,3

2.063,0	=	**Bruttoinlandsprodukt**
− 8,4	±	Saldo der Primäreinkommen mit der übrigen Welt
2.054,6	=	Bruttonationaleinkommen
312,2	−	Abschreibungen

III. Verteilungsrechnung

1.742,4	=	Nettonationaleinkommen (Primäreinkommen)
− 246,3	−	Produktions- und Importabgaben an den Staat
+ 35,0	+	Subventionen vom Staat

1.531,1	=	Volkseinkommen
− 1.110,8		Arbeitnehmerentgelt
902,1		- Bruttolöhne u. Gehälter
208,7		- Arbeitgeberbeträge
420,3	=	Unternehmens- und Vermögenseinkommen

2.5 Ex-post-Identitäten

2.5.1 Geschlossene Volkswirtschaft

Von einer *geschlossenen Volkswirtschaft* wird dann gesprochen, wenn keine wirtschaftlichen Beziehungen zum Ausland existieren. Daraus folgt, daß das Nationaleinkommen gleich dem Inlandsprodukt ist, weil grenzüberschreitende Faktoreinkommensströme entfallen. Daraus folgt auch, daß in einer geschlossenen Volkswirtschaft ex-post immer die *Identität* von Nettoinvestitionen und Sparen gegeben sein muß. Dieser Sachverhalt kann leicht verdeutlicht werden, wenn man sich deren Ermittlung vor Augen führt.

Das gesamtwirtschaftliche Produktionskonto weist auf der Sollseite nach Abzug der Abschreibungen das Nettoinlandsprodukt zu Marktpreisen aus. Auf der Habenseite des Produktionskontos wird die Verwendung der inländischen Produktion angegeben. In einer geschlossenen Volkswirtschaft kann diese sich nur auf Konsum und - nach Abzug der Abschreibungen - auf Nettoinvestitionen verteilen, d. h.

$$NIP_M = C + I^n$$

Das *gesamtwirtschaftliche Sparen* errechnet sich aus dem Einkommenskonto. Hier wird auf der Habenseite das Nettonationaleinkommen ($NNE = FE_I^I + T^i - Z$) ausgewiesen. Das Einkommen kann entweder gespart oder konsumiert werden; es gilt somit

$$NNE = C + S$$

Da in einer geschlossenen Volkswirtschaft NNE und NIP_M identisch sind, folgt daraus

$$C + S = C + I^n \qquad \text{bzw. (nach Kürzung um C)}$$

$$S = I^n$$

Dieses Ergebnis folgt zwingend aus den vorher genannten Definitionen:

Jene Teile des Einkommens, die nicht konsumiert wurden, stellen Ersparnis dar. Jene Teile der Produktion, die nicht verbraucht wurden, stellen (Lager-) Investitionen dar.

Mit dieser Ex-post-Identität ist aber noch keine Aussage darüber getroffen worden, ob die Spar- und Investitionspläne der Wirtschaftssubjekte übereinstimmten und sie diese Pläne realisieren konnten. Es könnte beispielsweise sein, daß die privaten Haushalte mehr sparten als die Unternehmen zu investieren beabsichtigten. Die Unternehmen können dann die Produktion nicht restlos absetzen; sie erhöhen ihre Lagerbestände, tätigen also Investitionen. Die Identität von I^n und S in der VGR ist gewahrt. Die Pläne bleiben jedoch unterschiedlich, so daß Anpassungsprozesse ausgelöst werden.

2.5.2 Offene Volkswirtschaft

Berücksichtigt man zusätzlich die Beziehungen zum Ausland, geht man also von einer *offenen Volkswirtschaft* aus, so sind einige Erweiterungen erforderlich. Wie bereits bekannt, kann auf dem gesamtwirtschaftlichen Vermögensänderungskonto nur ein Finanzierungssaldo gegenüber dem Ausland auftreten, da sich die Finanzierungssalden zwischen den inländischen Wirtschaftssubjekten im Zuge der Konsolidierung aufheben.

Im Falle eines Finanzierungsüberschusses gegenüber dem Ausland ergibt sich aus dem gesamtwirtschaftlichen Vermögensänderungskonto:

(1) $\quad\quad I^b + F = D + S \quad\quad$ oder auf Nettogrößen abgestellt

(2) $\quad\quad I^n + F = S \quad\quad$ bzw.

(3) $\quad\quad F = S - I^n$

Sieht man beim Auslandskonto zunächst von grenzüberschreitenden Transferzahlungen ab, so besteht zwischen den Soll- und Habenposten folgende Beziehung:

(4) $\quad\quad \underbrace{\lfloor Ex + FE_A^I \rfloor}_{X} = \underbrace{\lfloor Im + FE_I^A \rfloor}_{M} + F \quad\quad$ oder

(5) $\quad\quad X = M + F \quad\quad$ bzw.

(6) $\quad\quad X - M = F \quad\quad$ Setzt man (3) in (6), so gilt

(7) $\quad\quad X - M = S - I^n$

Faßt man X − M zum *Außenbeitrag* zusammen, so wird deutlich, daß das inländische Sparen sowohl für Nettoinvestitionen als auch zur Erzielung eines positiven Außenbeitrags verwendet werden kann.

(8) $\quad\quad S = I^n + (X - M)$

Bei Berücksichtigung grenzüberschreitender Transferzahlungen ergibt sich:

(5a) $\quad\quad X + Tr_A^I = M + Tr_I^A + F \quad\quad$ oder

(6a) $(X - M) + (Tr_A^I - Tr_I^A) = F \quad\quad$ Setzt man (3) in (6a), so gilt

(7a) $(X - M) + (Tr_A^I - Tr_I^A) = S - I^n \quad\quad$ oder

(8a) $\quad\quad S = I^n + (X - M) + (Tr_A^I - Tr_I^A)$

(8b) $\quad\quad I^n = S + \underbrace{\lfloor (M - X + Tr_I^A - Tr_A^I) \rfloor}_{\text{Leistungsbilanzsaldo}}$

Nettotransferzahlungen vom Ausland ans Inland ($Tr_A^I > Tr_I^A$) erweitern also ceteris paribus die finanzielle Basis für inländische Investitionen. Weiterhin wird deutlich, daß ein Importüberschuß (M > X) kein Leistungsbilanzdefizit verursacht, wenn in Höhe des Importüberschusses Nettotransferzahlungen vom Ausland erfolgen. Dieser Fall dürfte von nicht unerheblichem Gewicht für die EU-Beitrittsländer sein, wenn durch EU-Nettotransferzahlungen Spielräume für Importüberschüsse eröffnet werden.

3. Kritik an der Volkswirtschaftlichen Gesamtrechnung

Aufgabe der VGR ist die Ermittlung der Wertschöpfung in einer Volkswirtschaft sowie deren Verwendung und Verteilung. Seit einiger Zeit wächst aber die Kritik, daß die VGR dieser Aufgabe nur bedingt gerecht wird. Dabei richtet sich die Kritik auf zwei unterschiedliche Schwerpunkte: Zum einen werden inhaltliche Mängel bei der Erfassung betont; zum anderen wird kritisiert, daß die VGR nur ein „Zahlenhaufen" sei und die eigentlich wichtigen sozialen Indikatoren zur Bewertung der Lage einer Gesellschaft völlig außer acht blieben.

Die Kritik, die sich auf Mängel bei der Erfassung bezieht, weist als erstes darauf hin, daß die traditionelle VGR bestimmte wohlstandsrelevante Vorgänge überhaupt nicht berücksichtigt. Im wesentlichen zielt diese Kritik auf die statistische Behandlung schattenwirtschaftlicher Aktivitäten ab. Die *Schattenwirtschaft* umfaßt alle außerhalb der offiziellen Wirtschaft getätigten Wertschöpfungsprozesse. Zwei Bereiche lassen sich unterscheiden: die Untergrundwirtschaft und die Selbstversorgungswirtschaft. Während internationalen Konventionen folgend von der VGR die Selbstversorgungswirtschaft wegen fehlender Markttransaktionen nicht erfaßt werden soll, sehen diese Konventionen sehr wohl eine Einbeziehung der Untergrundwirtschaft in das Rechenwerk vor, da die dahinter stehenden Aktivitäten (Schwarzarbeit, kriminelle Handlungen) auf Einkommenserzielung ausgerichtet sind. Da hier naturgemäß aber keine offiziellen Zahlen vorliegen, kann die VGR nur versuchen, den Umfang dieser Aktivitäten zu schätzen, wodurch natürlich dem Tatbestand der *Untergrundwirtschaft* statistisch nur bedingt Rechnung getragen werden kann.

Quantitativ bedeutsamer als die Untergrundwirtschaft ist die *Selbstversorgungswirtschaft* der privaten Haushalte. Das Statistische Bundesamt ist in jüngster Zeit bemüht, zumindest einen Teil dieser sehr wohl wohlstandsrelevanten Tätigkeiten in einem Satellitensystem neben der traditionellen VGR zu erfassen. Dieses *Haushaltssatellitensystem* erfaßt denjenigen Teil der Haushaltsproduktion, der mit Preisen bewertet werden kann.

Entscheidend für die Zuordnung ist das Dritt-Personen-Kriterium. Danach werden zur Haushaltsproduktion diejenigen Aktivitäten gerechnet, die auch von Dritten gegen Bezahlung übernommen werden können. Hierzu zählen im wesentlichen hauswirtschaftliche und handwerkliche Tätigkeiten. Zum Bereich der Haushaltsproduktion rechnet das Statistische Bundesamt (1) die Haushaltsproduktion für den eigenen Haushalt, (2) die Netzwerkhilfe (Haushaltsproduktion für dritte Haushalte) und (3) ehrenamtliche Tätigkeiten in sozialen Organisationen.

Erste Zahlen für die Haushaltsproduktion legte das Statistische Bundesamt für 1992 vor. Je nachdem, ob der geschätzte Arbeitseinsatz mit den Lohnsätzen für ausgebildete Hauswirtschafter oder mit den Lohnkosten von Spezialisten (z. B. Erzieherin, Köchin, Handwerker) bewertet wird, erhöht sich die gesamtwirtschaftliche Bruttowertschöpfung in den alten Bundesländern um ein Drittel bzw. fast Dreiviertel; mit anderem Worten: Im Bruttoinlandsprodukt ist ein wesentlicher Teil wohlstandsrelevanter Aktivitäten nicht enthalten. Es macht aber dennoch Sinn, die Haushaltsproduktion außerhalb der VGR abzuschätzen, da das Datenmaterial (Zeitaufwand, Frage der Bewertung) den Anforderungen der VGR nicht genügt.

Erfassungsprobleme bei der Haushaltsproduktion schlagen aber auch auf die internationale Vergleichbarkeit von Ergebnissen der VGR durch. So wird der Vergleich zwischen Industrie- und Entwicklungsländern erschwert, weil gerade in Entwicklungsländern die Selbstversorgung (*Subsistenzwirtschaft*) eine bedeutende Rolle spielt, hierfür aber allenfalls grobe Schätzungen vorgenommen werden. Wirtschaftliche Aktivitäten werden in Industrieländern hingegen weitgehend über Märkte abgewickelt und schlagen sich dementsprechend in der VGR nieder.

Kritik setzt auch - zum Zweiten - daran an, daß die VGR bestimmte wohlstandsrelevante Tatbestände unzureichend oder falsch erfaßt. Im Kern geht es hier einerseits um Bewertungsfragen insbesondere bei staatlichen Leistungen, und um die Behandlung des Produktionsfaktors Umwelt andererseits.

Per Konvention werden in der VGR die staatlich erbrachten Leistungen mit ihren Herstellungskosten bewertet. Diese Inputbewertung wird jedoch als unbefriedigend empfunden. So müssen etwa hohe Ausgaben für das Bildungswesen nicht notwendigerweise für „gute" Bildungsmöglichkeiten stehen, was angesichts mangelndem Wettbewerbs im staatlichen Bereich auch unmittelbar einleuchtet. Die Kritik an der unbefriedigenden Bewertung staatlicher Leistungen betrifft damit aber nur ein Symptom.

Von weitaus größerer Bedeutung ist allerdings die Kritik, die an der statistischen Behandlung des Produktionsfaktors Umwelt ansetzt. Die traditionelle VGR mißt dem Produktionsfaktor Umwelt kaum Bedeutung bei. So kommt es auch, daß etwa Maßnahmen, die dem Schutz der Umwelt dienen, statistisch grundsätzlich zu einer Erhöhung der Wertschöpfung führen. Da ein Großteil dieser Ausgaben aber aufgewendet wird, um bereits entstandene Schäden zu beseitigen, somit lediglich dem Substanzerhalt dienen, handelt es sich hierbei nicht um Wertschöpfung, sondern um Werterhaltung.

Mit Hilfe von Ergänzungsrechnungen oder konzeptionellen Neuerungen wie dem „*Ökoinlandsprodukt*" wollte man diesen Problemen beikommen. Ziel ist es, die Wertminderung, die das nicht-produzierte Naturvermögen als Folge der wirtschaftlichen Aktivität in einer Periode erfährt, mit in die VGR einzubeziehen. Gedanklich steht dahinter die Vorstellung, das Einkommen als den Betrag zu definieren, der bei der Erhaltung des Kapitalbestandes verbraucht werden kann. Der Vermögensbegriff wird im Rahmen der Ermittlung des Ökoinlandsprodukts weit interpretiert: Er schließt auch das *nichtproduzierte Naturvermögen* ein.

Schematisch läßt sich die Beziehung zwischen BIP_M und Ökoinlandsprodukt folgendermaßen skizzieren:

Bruttoinlandsprodukt (BIP_M)
− Abschreibungen auf produzierte Anlagegüter
= Nettoinlandsprodukt (NIP_M)
− Nutzungskosten des nicht-produzierten Naturvermögens
= Ökoinlandsprodukt

Die Nutzungskosten des nicht-produzierten Naturvermögens beziehen sich dabei auf drei Formen der ökonomischen Umweltnutzung:

− Abbau von erneuerbaren oder nicht erneuerbaren Rohstoffen (Pflanzen, Tiere, Bodenschätze, Wasser);

− Nutzung von Landflächen als Standort für ökonomische Aktivitäten und Lebensraum;

− Belastung der natürlichen Umwelt mit Rest- und Schadstoffen.

Die Nutzungskosten korrespondieren mit einem realen Rückgang beim Naturvermögen. Dieses Konzept entspricht der Vorgehensweise bei Abschreibungen auf produzierte Anlagegüter.

Eine Berechnung des Ökoinlandsproduktes scheitert bislang jedoch vor allem an den damit verbundenen Bewertungsproblemen sowie am noch unzureichenden Datenmaterial.

Etwas weniger ehrgeizig ist das vom Statistischen Bundesamt verfolgte Konzept der „Umweltökonomischen Gesamtrechnung". Mit Hilfe der Umweltökonomischen Gesamtrechnung sollen die von den Wirtschaftssektoren verursachten Entnahmen von Ressourcen aus der Natur sowie die Inanspruchnahme der Natur durch Abfälle und Emissionen von Schadstoffen erfaßt werden. Die tatsächlichen Umweltausgaben werden dann den Ausgaben gegenübergestellt, die zur Erreichung eines umweltverträglichen Belastungsniveaus notwendig wären. Doch auch hier sind vorläufig Informationseinschränkungen wegen unzureichend abgesicherter Daten zu berücksichtigen.

Während die bisherigen Kritikpunkte an Erfassungsmängeln der traditionellen VGR ansetzen, aber gleichsam im System der VGR bleiben und Verbesserungen anregen, die in den letzten Jahren auch vielfach in der praktischen Wirtschaftsstatistik zu neuen Überlegungen führten, zielt eine zweite Gruppe von Kritikpunkten faktisch auf eine Abschaffung der VGR nach bisherigem Verständnis ab.

Hier wird argumentiert, daß das Inlandsprodukt/Nationaleinkommen - meist als Pro-Kopf-Größe definiert - weithin als Indikator für den Reichtum einer Nation angesehen werde, dieses jedoch nur quantitative Aussagen über den materiellen Wohlstand mache. So wichtige Bestandteile des sozialen Wohlstands wie z. B. Gesundheits- und Bildungsstandard der Bevölkerung blieben weithin unberücksichtigt.

Diese Grundsatzkritik ist keineswegs unberechtigt, wenn auch die Intensität, mit der sie gelegentlich vorgetragen wird, überzogen erscheint. So darf zunächst nicht vergessen werden, daß das Inlandsprodukt/Nationaleinkommen nicht einfach eine quantitative Größe ist, sondern über Marktbewertungen die qualitativen (Wert-)Vorstellungen der Wirtschaftssubjekte mit in die Berechnung eingehen.

Zutreffend ist auch die Kritik, daß das Inlandsprodukt/Nationaleinkommen nicht explizit informiert über *soziale Indikatoren* wie beispielsweise Ärztedichte eines Landes, Ausstattung mit Bildungseinrichtungen oder Verkehrsinfrastruktur. Es ist jedoch zu berücksichtigen, daß das Inlandsprodukt/Nationaleinkommen in großem Umfang mit solchen sozialen Indikatoren positiv korreliert und insoweit als eine gebündelte Maßgröße für diese herangezogen werden kann. Detaillierte Informationen über die Versorgung der Bevölkerung mit einzelnen Gütern, die als gesellschaftlich wertvoll angesehen werden mögen, kann - und will - die VGR nicht liefern.

4. Ergänzungen und Erweiterungen zur VGR

Obwohl die VGR ein sehr komplexes Rechenwerk darstellt, bleiben dennoch insbesondere für die Wirtschaftspolitik bedeutsame Informationsdefizite bestehen, die durch Ergänzungen und Erweiterungen der VGR zu verringern versucht werden. So sind zur Erhöhung des wirtschaftspolitischen Informationswertes detailliertere Kenntnisse der Verflechtung der einzelnen Produktionsbereiche in einer Volkswirtschaft wichtig. Dieser Aufgabe dienen die Input-Output-Tabellen. Weiterhin werden, wie bereits ausgeführt, im Rahmen der VGR nur Bewegungen während eines Zeitraumes erfaßt. Wirtschaftspolitisch sind jedoch nicht nur solche Bewegungen während eines Zeitraumes interessant, sondern auch die von ihnen beeinflußten Bestände zu einem bestimmten Zeitpunkt, beispielsweise zum Jahresende. Die Aufzeichnung der Bestände erfolgt in der Vermögensrechnung. Im Rahmen der VGR werden ferner die wirtschaftlichen Beziehungen zum Ausland nur unvollständig abgebildet. Insbesondere der wichtige Teilaspekt des Kapitalverkehrs wird im Auslandskonto der VGR vollends ausgespart. Eine vollständige Übersicht der Transaktionen mit dem Ausland kann der Zahlungsbilanz entnommen werden. Schließlich werden die im Rahmen der VGR nur rudimentär erfaßten Finanzierungsvorgänge im Rahmen der Finanzierungsrechnung explizit dokumentiert.

4.1 Input-Output-Rechnung

Bei der Aggregation der Unternehmen zum Unternehmenssektor werden die intrasektoralen Ströme konsolidiert, so daß Liefer- und Empfängerverflechtungen z. B. zwischen Stahlindustrie und Schiffbau nicht erkennbar sind. Um die Abhängigkeiten zwischen Produktionsbereichen (Wirtschaftszweigen) sichtbar zu machen, werden *Input-Output-Tabellen* erstellt. Kernstück solcher Tabellen ist die Vorleistungsmatrix, in der in horizontaler Richtung die Lieferungen, in vertikaler Richtung die Bezüge angeführt werden. Ergänzt wird die *Verflechtungsmatrix* durch zwei Randmatrizen, und zwar in horizontaler Richtung zusätzlich zu den Vorleistungslieferungen die Lieferungen an die Endnachfragekomponenten; in vertikaler Richtung kommen zu den Vorleistungsinputs noch die sog. primären Inputs hinzu.

Die Endnachfragekomponenten sind von der Verwendungsrechnung, die primären Inputs von der Verteilungsrechnung her bekannt. Eine Besonderheit besteht lediglich darin, daß Exporte und Importe nicht als Saldo, sondern - durchaus folgerichtig - getrennt als Endnachfrage- bzw. Inputkomponente ausgewiesen werden. Indem die Input-

Output-Tabelle neben der Einkommensverteilung und -verwendung auch die produktionsbedingten Verflechtungen aufzeigt, ist ihr Informationswert größer als der der VGR.

Schema einer Input-Output-Tabelle für n = 5 Produktionsbereiche

Output an → Input von ↓	Produktionsbereiche 1 2 3 4 5	Nachfrage nach Vorleistungen (1-5) 6	Endnachfrage-komponenten C_{Hh} C_{St} I^b Ex 7 8 9 10	Endnachfrage (7-10) 11	Gesamte Verwendung (6+11) 12
Produktionsbereiche 1					
2					
3					
4					
5					
Inländische Vorleistungen 6			ΣC_{Hh} ΣC_{St} ΣI^b Σ Ex	Endnachfrage insgesamt	Gesamte Verwendung
primäre Inputs: Importe 7		Σ Im			
Abschreibungen 8		Σ D			
Indirekte Steuern – Subventionen 9		$\Sigma (T^{ind} - Z)$			
Brutto Eink. aus unselbst Arbeit 10		Σ L			
Brutto Eink. aus U-Tät. und Verm. 11		Σ G			
Beiträge zum BIP (8-11) 12		BIP			
Gesamtes Aufkommen 6 + 7 + 12 13		BPW			

Bezieht man einzelne Inputfaktoren auf das gesamte Aufkommen (*Input-Koeffizienten*), lassen sich Anhaltspunkte für die erforderlichen Vorleistungen oder primären Inputs je Produktionseinheit gewinnen. Analog können Outputanteile an der gesamten Verwendung (*Output-Koeffizienten*) berechnet werden. Der Zweck solcher Koeffizientenbildung besteht darin, daß man mit ihrer Hilfe beispielsweise abschätzen kann, welche Rückwirkungen die Änderungen einzelner Nachfragekomponenten auf die Produktion vorgelagerter Wirtschaftszweige auslösen.

Gleichwohl stößt der analytische und wirtschaftspolitische Informationswert an wichtige Grenzen. Die Erstellung von Input-Output-Tabellen ist sehr zeitaufwendig, so daß sie nicht dem aktuellen Stand entsprechen können. Dies wäre nicht gravierend, wenn die Input- und Output-Koeffizienten im Zeitablauf annähernd stabil wären. Wegen technischer Fortschritte (z. B. geringerer Kohlebedarf bei der Stahlproduktion) und Nachfrageverlagerungen aufgrund von Veränderungen der Preisrelationen unterliegen die Koeffizienten jedoch schwer prognostizierbaren Schwankungen.

4.2 Vermögens- und Finanzierungsrechnung

Im Rahmen der *Vermögensrechnung* werden Bestände zu einem bestimmten Zeitpunkt, beispielsweise zum Jahresende, erfaßt. Beim Vermögen läßt sich einerseits nach dem immateriellen Vermögen (insbesondere Arbeitsvermögen und Forderungen) und nach dem materiellen Vermögen (materielle und immaterielle Anlagegüter) differenzieren. Letzteres kann man grob wieder in ein reproduzierbares und in ein nicht reproduzierbares materielles Vermögen unterteilen. Das reproduzierbare materielle Vermögen umfaßt dabei einerseits das Produktivvermögen der Unternehmen und des Staates (Vorräte, Anlagen), andererseits das Gebrauchsvermögen der privaten Haushalte. Zum nicht reproduzierbaren materiellen Vermögen zählen natürliche Ressourcen (z. B. Erdölvorkommen) und Wertgegenstände (z. B. Kunstwerke). Aus Gründen der statistischen Erfaßbarkeit werden beim immateriellen Vermögen lediglich Forderungen (= Geldvermögen) dokumentiert. Beim reproduzierbaren materiellen Vermögen hingegen wird neben dem Produktivvermögen mittlerweile auch versucht, das Gebrauchsvermögen statistisch zu erfassen. Beim nicht reproduzierbaren materiellen Vermögen ist die Erfassung auf Grund und Boden begrenzt.

Im Gegensatz zum materiellen Vermögen ist die Analyse des Geldvermögens primär unter dem Aspekt sektoraler Gläubiger- und Schuldnerpositionen aufschlußreich. Gesamtwirtschaftlich verbleibt nach Konsolidierung lediglich die Nettoposition zum Ausland. Letztere und der materielle Vermögensbestand stellen dann auch das Volksvermögen dar.

In Deutschland erfolgt die *Geldvermögensrechung* im Rahmen der *gesamtwirtschaftlichen Finanzierungsrechnung*, die von der Deutschen Bundesbank erstellt wird. Neben dieser Bestandsrechnung, die die Bestände an finanziellen Aktiva (Forderungen) und finanziellen Passiva (Verpflichtungen) nach Sektoren am Anfang und am Ende einer Periode zeigt, umfaßt die Finanzierungsrechnung auch eine Stromrechnung, die laufende Finanzierungsvorgänge zwischen den einzelnen Sektoren während einer Periode dokumentiert. Sie gibt einen umfassenden Überblick darüber, wer in welchem Umfang und in welcher Form finanzielle Mittel bereitstellt, wer sie beansprucht hat und welche Finanzintermediäre sie vermittelt haben.

4.3 Zahlungsbilanz

Die Zahlungsbilanz für Deutschland wird von der Deutschen Bundesbank erstellt. Seit Anfang 1999 wird von der Europäischen Zentralbank (zusätzlich) eine gemeinsame Zahlungsbilanz für den Euro-Währungsraum veröffentlicht. Die hierzu notwendigen Daten werden von den Institutionen geliefert, die für die nationalen Zahlungsbilanzstatistiken zuständig sind.[24]

In der *Zahlungsbilanz* werden die Transaktionen, die während eines bestimmten Zeitraumes (monatlich, vierteljährlich, jährlich) zwischen In- und Ausländern stattfinden, abgebildet. Hierbei gelten Gebietsansässige als Inländer, Gebietsfremde als Ausländer. Die Zahl der Gebietsansässigen ändert sich naturgemäß mit der Abgrenzung des Berichtsgebietes (z.B. Deutschland vs. Euro-Währungsraum).

Entgegen dem traditionell mit dem Begriff „Bilanz" verbundenen Verständnis handelt es sich bei der Zahlungsbilanz nicht um eine *Bestandsrechnung* (Erfassung von Beständen zu einem bestimmten Zeitpunkt), sondern um eine *Stromrechnung* (Bewegungen während eines Zeitraumes). Die Erfassung erfolgt nach dem Prinzip der doppelten Buchführung zu Transaktionswerten. Zweiseitige Transaktionen, die den überwiegenden Teil ausmachen, werden mit Leistung und Gegenleistung erfaßt. Bei einseitigen Transaktio-

---

[24] Da für Zwecke der Finanz-, Wirtschafts-, und Strukturpolitik, die in der Verantwortung der einzelnen Mitgliedsstaaten verbleiben, weiterhin auf nationaler Ebene Informationen über die außenwirtschaftlichen Transaktionen mit Ländern der EWWU erforderlich sind, werden nationale Zahlungsbilanzen weiterhin benötigt.

nen erfolgt die Gegenbuchung bei „Laufenden Übertragungen" bzw. unter der Rubrik „Vermögensübertragungen". Statistisch muß die Zahlungsbilanz als Ganzes folglich immer ausgeglichen sein, d. h. die Salden der einzelnen Teilbilanzen müssen sich zu Null addieren.

	Struktur der Zahlungsbilanz	
	Einnahmen und Kapitalimporte	Ausgaben und Kapitalexporte
LB	Warenausfuhr Dienstleistungen (Einnahmen)	Wareneinfuhr Dienstleistungen (Ausgaben)
	Außenbeitrag zum BIP	
LB	Erwerbs- und Vermögenseinkommen (empfangene Faktoreinkommen)	Erwerbs- und Vermögenseinkommen (geleistete Faktoreinkommen)
	Laufende Übertragungen (empfangen)	Laufende Übertragungen[25] (geleistet)
	Saldo aus Sparen und Nettoinvestitionen	
VÜB	Vermögensübertragungen (empfangen)	Vermögensübertragungen (geleistet)
	Finanzierungssaldo	
KB	Kapitalimporte (Zunahme der Verbindlichkeiten gegenüber dem Ausland bzw. Abnahme von Forderungen an das Ausland)	Kapitalexporte (Zunahme von Forderungen an das Ausland bzw. Abnahme von Verbindlichkeiten gegenüber dem Ausland)
DB	Abnahme der Währungsreserven der Notenbank	Zunahme der Währungsreserven der Notenbank

---

[25] Anders als in der VGR werden Zahlungen an die EU (Zolleinnahmen aus dem Handel mit Drittländern, Einnahmen im Rahmen der gemeinsamen Agrarpolitik sowie die Mehrwertsteuereigenmittel) im Rahmen der Zahlungsbilanzstatistik als laufende Übertragungen behandelt. Von der EU empfangene Subventionen werden in der Regel auch den laufenden Übertragungen zugeordnet. Nur im Ausnahmefall werden Leistungen von der EU als Vermögensübertragungen behandelt (z. B. Zuschüsse für Infrastrukturmaßnahmen).

Grundlage für die Erstellung der Zahlungsbilanz sind die vom Internationalen Währungsfonds formulierten Prinzipien zur Zahlungsbilanzerstellung aus dem Jahre 1993.[26] Um veränderten wirtschaftlichen Bedingungen und erhöhten analytischen Anforderungen Rechnung zu tragen, fand dabei eine Reihe von Neuerungen Eingang in die Zahlungsbilanzstatistik.

In der vorstehenden Darstellung besteht die Zahlungsbilanz aus vier Teilbilanzen: der *Leistungsbilanz* (LB), dem Saldo der *Vermögensübertragungen* (VÜB), der *Kapitalbilanz* (KB) und der *Devisenbilanz* (DB). Die korrespondierenden Salden aus der VGR sind fett hervorgehoben in das Zahlungsbilanzschema eingefügt.

Leistungsbilanz

Die *Leistungsbilanz* wird normalerweise in die vier wiedergegebenen Unterbilanzen unterteilt. Alternativ gebräuchlich ist es mittlerweile aber auch, die Leistungsbilanz in die Positionen Außenhandel (Warenaus- bzw. -einfuhr) und *Saldo der „unsichtbaren" Leistungstransaktionen* aufzuteilen. In letztere (Sammel-) Position gehen die Dienstleistungen, die Erwerbs- und Vermögenseinkommen sowie die Laufenden Übertragungen ein.

Eine erste Änderung in der Aufteilung der Leistungsbilanz gegenüber dem früheren Vorgehen liegt dabei in der Herauslösung der grenzüberschreitenden *Faktoreinkommen* (Kapitalerträge und Einkommen aus unselbständiger Arbeit) aus den Dienstleistungen. Grenzüberschreitende Faktoreinkommen werden nun als *Erwerbs- und Vermögenseinkommen* separat erfaßt.

Eine zweite Änderung wurde bei den Übertragungen vorgenommen. Während früher die Leistungsbilanz alle unentgeltlichen Übertragungen enthielt, wird nunmehr zwischen *Laufenden Übertragungen* (z. B. Zahlungen an den Haushalt der Europäischen Union, Heimatüberweisungen der in Deutschland lebenden ausländischen Arbeitnehmer, Entwicklungshilfe) und Vermögensübertragungen (z. B. Erbschaften, Schuldenerlasse) unterschieden. Nur noch die erste Kategorie wird jetzt der Leistungsbilanz zugeordnet.

---

[26] Vgl. hierzu Internationaler Währungsfonds: Balance of Payments Manual, 5. Auflage, Washington D.C 1993 sowie Deutsche Bundesbank, Änderungen in der Systematik der Zahlungsbilanz, Monatsbericht März 1995, S. 33-43.

Hinter dieser differenzierten Betrachtung der Übertragungen steht der Gedanke, daß nur noch solche Übertragungen im Rahmen der Leistungsbilanz betrachtet werden sollen, die über eine unmittelbare Veränderung des „verfügbaren Einkommens" Einfluß auf Einkommen und Verbrauch haben. Bei *Vermögensübertragungen*, die sich durch einen „einmaligen" Charakter auszeichnen, ist dies nicht direkt der Fall, da diese zunächst nur das Vermögen der beteiligten Länder verändern, nicht jedoch unmittelbar das „verfügbare Einkommen". In einem zweiten Schritt können allerdings „*Vermögenseffekte*" wirksam werden, d. h. eine Änderung der Vermögensposition kann ökonomisch betrachtet auch hier auf das Nachfrageverhalten der Wirtschaftssubjekte und somit auf Einkommen und Verbrauch zurückwirken. Ökonomisch ist die Unterscheidung in Laufende Übertragungen und Vermögensübertragungen also eher zweifelhaft.

Die Notwendigkeit einer Rubrik für Übertragungen ist unmittelbar einsichtig, da bei Transfers sonst keine Möglichkeit zur Gegenbuchung bestünde. Dies soll anhand eines einfachen Beispiels erläutert werden. Angenommen, im Zuge der Entwicklungshilfe erfolgt eine unentgeltliche Lieferung von Transportfahrzeugen. Im Rahmen der Zahlungsbilanz wird dies zunächst als Ausfuhr von Waren erfaßt. Wäre diese Ausfuhr gegen Entgelt durchgeführt worden, so hätte die Gegenbuchung in der Kapitalbilanz erfolgen müssen, und zwar als Kapitalexport (Zunahme der Forderungen gegenüber dem Ausland). Im Falle der unentgeltlichen Lieferung steht der Ausfuhr jedoch kein entsprechender Zuwachs an Forderungen gegenüber. Um diese Gegenbuchung vornehmen zu können, ist vielmehr außerhalb der Kapitalbilanz eine eigene Rubrik notwendig. Der Zunahme der Ausfuhren steht also eine Zunahme der geleisteten Laufenden Übertragungen gegenüber. Anders liegt der Fall, wenn die Bundesregierung Zahlungen an den EU-Haushalt leistet. Diese Transaktion stellt eine geleistete Laufende Übertragung dar, die ihre Gegenbuchung als Kapitalimport findet.

Der *Leistungsbilanzsaldo* entspricht dem Saldo aus gesamtwirtschaftlicher Ersparnis und Nettoinvestitionen. Unter Einbeziehung des Saldos der Vermögensübertragungen gelangt man zum *Finanzierungssaldo*. Ist der Saldo aus Leistungsbilanz und Vermögensübertragungen positiv, so hat dies per Saldo eine Zunahme der Forderungen, also eine Erhöhung der *Nettoposition* gegenüber dem Ausland zur Folge. Im umgekehrten Fall hingegen hat in der Berichtsperiode per Saldo die Zunahme der Verbindlichkeiten überwogen, was zu einem Rückgang der Nettoposition gegenüber dem Ausland führt. Der Finanzierungssaldo ist somit identisch mit der transaktionsbedingten Veränderung der Nettoposition gegenüber dem Ausland oder - anders formuliert – der transanktionsbedingten Veränderungen des *Netto-Auslandsvermögens*.

Kapitalbilanz

Beim Kapitalverkehr („*Kapitalbilanz*") wurde im Zuge der Revision der IWF-Empfehlungen die herkömmliche Unterscheidung in lang- und kurzfristige Transaktionen (weitgehend) aufgegeben. Die Gliederung des Kapitalverkehrs erfolgt nun nach funktionalen Kriterien in Direktinvestitionen, Wertpapieranlagen und Finanzderivate sowie Kreditverkehr (einschl. sonstiger Anlagen).[27]

Unter den Begriff *Direktinvestitionen* werden dabei diejenigen wirtschaftlichen Beziehungen subsumiert, die ihrer Natur nach durch ein besonders intensives, auf anhaltende Einflußnahme gerichtetes unternehmerisches Engagement geprägt sind. Hierunter fallen vor allem Beteiligungen (in Form von Aktien und anderen Kapitalanteilen), aber auch damit zusammenhängende langfristige Darlehen und der Erwerb von Immobilien.[28]

Im Rahmen der Kapitalbilanz werden Kapitalimporte Kapitalexporten gegenübergestellt. Dabei spielt es keine Rolle, ob es sich um Euro- oder um Fremdwährungstransaktionen handelt. Da die deutsche Zahlungsbilanz in Euro erstellt wird, werden *Fremdwährungstransaktionen* - z. B. der Kauf von US-$ Anleihen eines ausländischen Emittenten durch Gebietsansässige oder der Erwerb von US-$ Anleihen, die von einer inländischen Bank emittiert wurden, durch Gebietsfremde mit ihrem Euro-Gegenwert in der Zahlungsbilanz erfaßt.

Unter *Kapitalimporten* versteht man dabei Transaktionen, die entweder zu einer Zunahme der Verbindlichkeiten gegenüber dem Ausland oder zu einer Abnahme der Forderungen an das Ausland führen. Kapitalimporte verändern die Nettoposition (Saldo aus Forderungen – Verbindlichkeiten) gegenüber dem Ausland. Da Kapitalimporte entweder zu einer Zunahme der Verbindlichkeiten gegenüber dem Ausland oder zu einer Ab-

---

[27] Die Gliederung der Kapitalbilanz folgt der von der Deutschen Bundesbank gewählten Abgrenzung bei der Erstellung der Zahlungsbilanz für Deutschland. Die Veränderungen der Währungsreserven werden hier in einer separaten Position außerhalb der Kapitalbilanz erfaßt. Vgl. Deutsche Bundesbank, Zahlungsbilanzstatistik, Statistisches Beiheft zum Monatsbericht 3, Dezember 1999, S. 38. Im Gegensatz dazu werden bei der Erstellung der konsolidierten Zahlungsbilanz für den Euro-Währungsraum durch die Europäische Zentralbank die Veränderungen bei den Währungsreserven als Teil der Kapitalbilanz ausgewiesen. Vgl. Europäische Zentralbank, Monatsbericht Dezember 1999, S. 34*.

[28] Zur Frage der Erfassung von Direktinvestitionen in der Zahlungsbilanz siehe Deutsche Bundesbank, Entwicklung und Bestimmungsgründe grenzüberschreitender Direktinvestitionen, Monatsbericht August 1997, S. 63-82 sowie dieselbe, Die deutsche Zahlungsbilanz im Jahr 1998, Monatsbericht März 1999, S. 59.

nahme der Forderungen gegen das Ausland führen, ziehen Kapitalimporte einen Rückgang der Nettoposition gegenüber dem Ausland nach sich. Bezieht etwa ein deutscher Importeur ausländische Waren auf Ziel, so stellt diese Lieferantenverbindlichkeit ebenso einen Kapitalimport dar wie beispielsweise der Erwerb von Bundesanleihen durch Ausländer oder die Auflösung von Auslandsbeteiligungen durch ein inländisches Unternehmen.

Kapitalexporte hingegen umfassen die Zunahme von Forderungen bzw. die Abnahme von Verbindlichkeiten gegenüber Ausländern. Auch Kapitalexporte verändern die Nettoposition des Inlands gegenüber dem Ausland. Da Kapitalexporte entweder zu einer Zunahme der Forderungen an das Ausland oder zu einer Abnahme der Verbindlichkeiten gegenüber dem Ausland führen, kommt es zu einer Erhöhung der Nettoposition gegenüber dem Ausland. So fällt unter Kapitalexporte z. B. der Lieferantenkredit, den ein inländischer Exporteur seinem ausländischen Kunden einräumt. Analog stellt der Erwerb von Einlagen bei ausländischen Banken durch Inländer sowie die Auflösung von Auslandseinlagen oder eine Kreditaufnahme von Gebietsfremden bei den Geschäftsbanken im Inland einen Kapitalexport dar.

Übersteigen in der Berichtsperiode die Kapitalexporte die Kapitalimporte, so spricht man von *Nettokapitalexporten*, im umgekehrten Fall von *Nettokapitalimporten*.

Kapitalverkehrskontrollen, also staatlich verfügte Beschränkungen des Kapitalverkehrs, richten sich i. d. R. nicht gegen Direktinvestitionen, sondern gegen kurzfristig ausgerichtete Kapitalströme (*Portfolioinvestitionen*), da sich diese Kapitalbewegungen im Gegensatz zu Direktinvestitionen als besonders volatil erwiesen haben, was - bei entsprechenden Größenordnungen - nicht ohne Rückwirkungen auf den Wechselkurs einer Währung bleibt. So kann etwa der Erwerb von Wertpapieren durch Gebietsfremde verboten werden. Die Abschottung gegen bestimmte ausländische Kapitalzuflüsse führt zwar dazu, daß es kein „Material" gibt, welches ausländische Investoren kurzfristig abstoßen können, so daß von dieser Seite kein Druck auf die Währung ausgeübt werden kann. Die Kehrseite der Medaille ist aber, daß sich ein Land mit solchen Maßnahmen Finanzierungsmöglichkeiten im Ausland verschließt, was gerade für Länder mit hohem Kapitalbedarf besonders schmerzlich ist, da dadurch der Industrialisierungsprozeß behindert wird.

Im Rahmen des Kapitalverkehrs werden zwei Arten von Transaktionen erfaßt: zum einen leistungsbilanz- bzw. von Vermögensübertragungen induzierte, zum anderen autonome Kapitalbewegungen, also reine Finanztransaktionen. Während erstere zu einer

Veränderung der Höhe der Nettoposition gegenüber dem Ausland führen, können autonome Kapitalbewegungen, da sie reine Finanztransaktionen darstellen und somit auch ihre Gegenbuchung in der Kapitalbilanz erfolgt, die Höhe der Nettoposition nicht verändern. Angenommen, ein deutsches Unternehmen entschließt sich, im Ausland eine Beteiligung zu erwerben, so hat dies für sich genommen eine Zunahme der Forderungen gegenüber dem Ausland zur Folge, stellt also einen Kapitalexport dar. Auf der anderen Seite muß dieses Unternehmen aber auch eine Gegenleistung erbringen. Diese kann beispielsweise darin bestehen, daß es zur Bezahlung des Kaufpreises Bankguthaben im Ausland abbaut. Damit jedoch nehmen die Forderungen an das Ausland ab, was einen Kapitalimport darstellt. Reine Kapitaltransaktionen (Finanztransaktionen) können also nicht zu einer Veränderung der Nettoposition führen, da beide Seiten der Kapitalbilanz gleichzeitig angesprochen werden.

Devisenbilanz

In der *Devisenbilanz* bzw. in der Rubrik „*Veränderungen der Währungsreserven*" werden nur transaktionsbedingte Veränderungen, nicht hingegen bewertungsbedingte Veränderungen der Währungsreserven der Notenbank erfaßt. Die *Währungsreserven* bestehen dabei aus den Goldbeständen, der IWF-Position und liquiden Fremdwährungsforderungen gegenüber Ansässigen außerhalb des Euro-Währungsgebietes. Im Rahmen der Devisenbilanz werden also Transaktionen abgebildet, die vom Prinzip her der Kapitalbilanz zuzuordenen sind. Nur um auf den ersten Blick Informationen über Veränderungen bei den von der Notenbank gehaltenen offiziellen Währungsreserven zu erhalten, kommt es zu einem separaten Ausweis in der Devisenbilanz. In der Devisenbilanz werden aber nur Veränderungen bei den Währungsreserven[29] der Notenbank, nicht jedoch die Veränderungen der Verbindlichkeiten der Notenbank gegenüber dem Ausland erfaßt. Letztere finden ihren Niederschlag in der Kapitalbilanz.

Kauft die Deutsche Bundesbank Währungsreserven von Gebietsfremden, so nehmen folglich ihre Forderungen an Ausland zu. Andererseits aber steigen zugleich die Verbindlichkeiten der Notenbank gegenüber dem Ausland, da die Deutsche Bundesbank - als Gegenleistung für die Überlassung der Währungsreserven - den Gebietsfremden den

---

[29] Veränderungen bei Forderungen der Notenbank gegenüber dem Ausland, die nicht zu den Währungsreserven zählen (z. B. Kredite an die Weltbank), werden hingegen in der Kapitalbilanz, nicht in der Devisenbilanz erfaßt.

entsprechenden Euro-Gegenwert auf deren Konten bei ihr gutschreiben muß. Die Transaktion findet also Niederschlag in der Devisenbilanz (Zunahme der Währungsreserven der Notenbank) und in der Kapitalbilanz als Kapitalimport (Zunahme der Verbindlichkeiten der Notenbank gegenüber Gebietsfremden). Wenn die Notenbank die Devisen nicht von Gebietsfremden, sondern von Gebietsansässigen, also in der Regel von inländischen Kreditinstituten, erwirbt, so erhöhen sich zwar auch die Währungsreserven der Notenbank (Devisenbilanz). Zugleich aber vermindern sich die Devisenbestände der Geschäftsbanken, d. h. ihre Forderungen gegenüber von Gebietsfremden sinken. In der Zahlungsbilanz erfolgt deshalb die „Gegenbuchung" als Kapitalimport (Abnahme der Forderungen der Geschäftsbanken an das Ausland) in der Kapitalbilanz. Hierbei handelt es sich zahlungsbilanztechnisch allerdings um einen Spezialfall, da bei dieser Transaktion unmittelbar keine Gebietsfremden beteiligt sind.

Zahlungsbilanzen für das Jahr 2001[30]

Die nachstehende Tabelle zeigt die von der Deutschen Bundesbank erstellte Zahlungsbilanz für Deutschland und die von der Europäischen Zentralbank erstellte Zahlungsbilanz für das Euro-Währungsgebiet für das Jahr 2001[31]. Aufgrund von Leistungsbilanztransaktionen und Vermögensübertragungen nahm im Berichtszeitraum transaktionsbedingt die Nettoposition der Bundesrepublik gegenüber dem Ausland (das Netto-Auslandsvermögen) um 1,3 Mrd. Euro, die des Euro-Währungsgebietes gegenüber dem Rest der Welt um 0,2 Mrd. Euro zu.

Allerdings entspricht diese transaktionsbedingte Veränderung nicht zwangsläufig der tatsächlichen Veränderung des Netto-Auslandsvermögens, da dieses auch bewertungsbedingten Einflüssen ausgesetzt ist. Bewertungsbedingte Veränderungen des Netto-Auslandsvermögens, die naturgemäß in Zeiten starker Kursschwankungen auf den Fi-

---

[30] Die Zahlungsbilanz für Deutschland wird jeweils im Monatsbericht März der Deutschen Bundesbank erläutert.

[31] Zur unterschiedlichen Behandlung der Währungsreserven durch die Europäische Zentralbank und die Deutsche Bundesbank vgl. Fußnote 27, S. 45. Die nachstehenden Ausführungen folgen dem Vorgehen der Deutschen Bundesbank.

nanzmärkten (Aktien-, Devisen-, Rentenmärkte) nicht zu vernachlässigen sind, werden im Rahmen der Zahlungsbilanz nicht erfaßt.[32]

Zahlungsbilanz 2001[a] (in Mrd. Euro)	Deutschland	Euro-Währungsgebiet
I. Leistungsbilanz		
1. Außenhandel[b]	+ 89,4	+ 74,1
2. Dienstleistungen	– 47,8	+ 1,5
3. Erw. u. Verm.-Eink.	– 12,6	– 37,7
4. Lauf. Übertrag.	– 26,7	– 47,1
II. Vermögensübertragungen	– 1,0	+ 9,4
III. Kapitalbilanz (Nettokapitalexport: -)		
1. Direktinvestitionen	– 12,8	– 93,9
2. Wertpapiere	– 15,8	+ 40,9
3. Kreditverkehr[c]	– 17,5	– 39,7
IV. Veränderung der Währungsreserven (zu Transaktionswerten) (Zunahme: -)	+ 6,0	+ 17,8
V. Restposten[d]	+ 38,7	+ 74,7

[a] Deutsche Bundesbank, Monatsbericht März 2002, S. 42; Europäische Zentralbank, Monatsbericht März 2002, S. 57* (Rundungsdifferenzen).
[b] einschl. Ergänzungen zum Warenverkehr
[c] einschl. sonstige Kapitalanlagen und Finanzderivate
[d] Da die Angaben, die zur Erstellung der einzelnen Teilbilanzen herangezogen werden, aus verschiedenen nicht aufeinander abgestimmten Quellen stammen und Erfassungslücken, Erfassungsfehler sowie Bewertungsdifferenzen unvermeidbar sind, ist ein Restposten notwendig, um die Zahlungsbilanz statistisch zum Ausgleich zu bringen.

---

[32] Zur Berechnung des deutschen Netto-Auslandsvermögens siehe Deutsche Bundesbank, Der deutsche Auslandsvermögensstatus: Konzeptionelle Anpassungen und neuere Ergebnisse, Monatsbericht März 1998, S. 79-103.

III. Kapitel

Ex-post-Analyse und makroökonomisches Gleichgewicht

In der VGR wird der gesamtwirtschaftliche Rechenzusammenhang abgebildet. Da diese Rechnung sich auf einen abgeschlossenen Zeitraum bezieht, spricht man auch von *Ex-post-Analyse*. Diese Berechnungen zeigen beispielsweise, für welche Zwecke ein in der zurückliegenden Periode erwirtschaftetes Einkommen[33] verwandt wurde. Selbstverständlich muß dieses Aggregat (Angebot) mit der Summe der Verwendungskomponenten (Nachfrage) übereinstimmen.

Die Ex-post-Analyse muß streng unterschieden werden von der *Ex-ante-Analyse* der makroökonomischen Theorie. Letztere befaßt sich mit Wirtschaftsplänen. Während bei den in der VGR ausgewiesenen realisierten Größen notwendigerweise Angebot und Nachfrage übereinstimmen, ist dies bei geplanten Größen der vielen unabhängig agierenden Wirtschaftssubjekte nur sehr zufällig zu erwarten.

Diese Unterschiede sollen mit Hilfe eines einfachen Diagramms verdeutlicht werden:

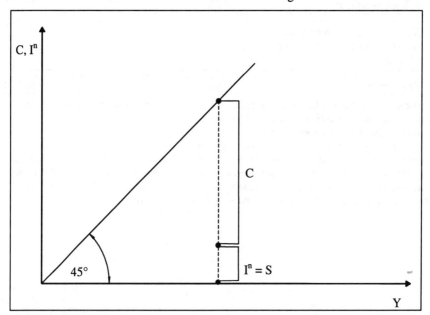

---

[33] Im folgenden werden - wie in der makroökonomischen Literatur üblich - die Begriffe Produktion und Einkommen, kurz Y, synonym verwendet.

In horizontaler Richtung werden die Produktion (Y) bzw. die damit verknüpften Entgelte für die Faktorleistungen (= Einkommen) abgetragen. In vertikaler Richtung werden die beiden Verwendungskomponenten Konsum (C) und Investition (I^n) erfaßt. Bei Produktion und Investition handelt es sich jeweils um Nettogrößen (d. h., Abschreibungen werden in Abzug gebracht). Zudem wird zur Vereinfachung eine Modellwirtschaft ohne staatliche Aktivität und ohne außenwirtschaftliche Verflechtungen angenommen. Die 45°-Linie gibt die Übereinstimmung von Angebot (Produktion) und Nachfrage wieder. Da die Gesamtnachfrage (C + I^n) ex post mit dem Produktions-/Einkommensniveau (Y) übereinstimmen muß, die privaten Haushalte ihre Einkommen aber nur für Konsum- (C) oder Sparzwecke (S) verwenden können, muß auf der 45°-Linie notwendigerweise das Sparen mit dem Investieren übereinstimmen.

Ausgehend von diesen Modellannahmen gilt somit:

$$NNE = NIP_M$$

bzw.

$$C + S = C + I^n$$

bzw.

$$S = I^n$$

Diese Ex-post-Identität kann jedoch verbunden sein mit Abweichungen der Wirtschaftspläne, d. h. die statistisch ausgewiesenen Investitions- und Sparvolumina müssen nicht mit den Investitions- und Sparplänen übereinstimmen. Würden realisierte und geplante Größen übereinstimmen, läge eine Gleichgewichtssituation vor. Von *Gleichgewicht* spricht man in diesem Falle deshalb, weil bei Realisierung der Wirtschaftspläne die Wirtschaftssubjekte keine Veranlassung haben, ihr Verhalten zu ändern. Da wir in der Realität eher mit divergierenden Plänen rechnen müssen, stellen sich die Fragen:

(1) Welche Pläne werden sich bei gegebenem Produktions-/Einkommensniveau als realisierte Größen in der Statistik mutmaßlich niederschlagen?

und

(2) Welche Anpassungsprozesse lösen solche Ungleichgewichtssituationen aus?

1. Ex-post-Identität vs. makroökonomisches Gleichgewicht

An zwei extremen Beispielen soll unter Beibehaltung der oben genannten Modellannahmen die unter (1) aufgeworfene Frage illustriert werden. Zudem wird davon ausgegangen, daß die Bestimmungsgründe der Investitions- und Sparpläne und damit diese Pläne selbst sich im Beobachtungszeitraum nicht verändern. So wird beispielsweise von Preisänderungen wegen ihrer Bedeutung für diese Pläne abgesehen.

Beispiel 1:

Die gesamtwirtschaftliche Nachfrage übersteigt das gesamtwirtschaftliche Angebot. Dies ist gleichbedeutend mit:

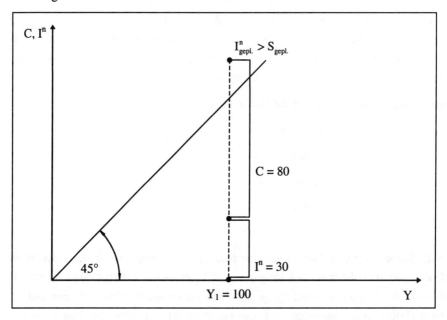

Bei einem Einkommen von $Y_1 = 100$ planen die Haushalte einen Konsum von 80 und dementsprechend ein Sparen von 20. Planen nun gleichzeitig die Unternehmen Investitionen von 30, kann die Gesamtnachfrage aus der vorliegenden Produktion nicht befriedigt werden. Damit stellt sich die Frage, wie sich das tatsächlich produzierte Einkommen ($Y_1 = 100$) verteilt.

Angenommen sei, daß bei der vorliegenden Konstellation die Pläne der Unternehmen dominieren. Die Unternehmen verfügen über ein Produktionsvolumen von 100 Einheiten, jedoch haben sie davon nur 70 Einheiten für die Befriedigung der Konsumgüterwünsche vorgesehen. Die restlichen 30 Einheiten dienen der Investitionsgüternachfrage. Aufgrund der Übernachfrage seitens der Haushalte von 10 erhöhen sich die Lieferzeiten. Bleiben Planänderungen ausgeschlossen, können die Haushalte für 10 Einheiten nicht konsumieren, was bedeutet, daß sie die 10 Einheiten sparen müssen (Zwangssparen).

Bezogen auf die geplanten bzw. realisierten Größen gilt folgendes:

$$C_{Hh\ real.} < C_{Hh\ gepl.}\ bzw.\ S_{Hh\ real.} > S_{Hh\ gepl.}$$

Die Übereinstimmung von $I^n_{real.}$ und $S_{real.}$ läßt sich analytisch dadurch herstellen, daß das geplante Sparen durch ein ungeplantes, ein unfreiwilliges Sparen aufgestockt wird:

$$S_{gepl.} + S_{ungepl.} = S_{real.}$$
$$20 + 10 = 30$$
$$S_{real.} = I^n_{real.}$$
$$30 = 30$$

Beispiel 2:

Die umgekehrte Situation liegt vor, wenn die geplante Investition kleiner als die geplante Ersparnis ist. In diesem Fall ist das gesamtwirtschaftliche Angebot größer als die gesamtwirtschaftliche Nachfrage.

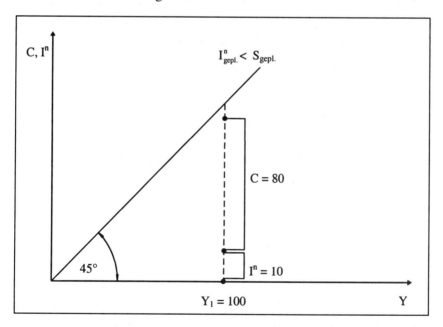

Dem realisierten Produktions-/Einkommensniveau von $Y_1 = 100$ steht nun eine Gesamtnachfrage von lediglich 90 gegenüber. Dominierten im vorigen Beispiel die Unternehmen, so sind es jetzt die Haushalte. Zwar stellen die Unternehmen 90 Einheiten für den Konsum zur Verfügung, jedoch können davon nur 80 an die Haushalte verkauft werden. Die restlichen Einheiten gehen auf Lager, d. h. sie stellen eine ungeplante Lagerinvestition dar. Bezogen auf die geplanten bzw. realisierten Größen gilt jetzt folgendes:

$$I^n_{real.} > I^n_{gepl.}$$

Wiederum kommt die Ex-post-Identität dadurch zustande, daß eine geplante Größe durch eine (ungeplante) Zwangskomponente aufgestockt wird:

$$I^n_{gepl.} + I^n_{ungepl.} = I^n_{real.}$$
$$10 + 10 = 20$$

$$S_{real.} = I^n_{real.}$$
$$20 = 20$$

Aus den Beispielen werden auch die Unterschiede zwischen Ex-post-Idendität und makroökonomischem Gleichgewicht deutlich. Am Ende der Periode, also ex-post, müssen die realisierten Investitionen immer gleich den realisierten Ersparnissen sein. Es herrscht Gleichheit von I^n und S. Diese statistische Gleichheit geht jedoch zu Lasten eines Teils der geplanten Größen, so daß schematisch gilt:

$$I^n_{real.} = I^n_{gepl.} + I^n_{ungepl.}$$
$$\text{bzw.}$$
$$S_{real.} = S_{gepl.} + S_{ungepl.}$$

Von einem *makroökonomischen Gleichgewicht* kann aber nur gesprochen werden, wenn die geplanten Größen auch realisiert werden können, wenn also gilt:

$$S_{gepl.} = S_{real.} \quad \text{und}$$
$$I^n_{gepl.} = I^n_{real.} \quad \text{, so daß auch}$$
$$S_{gepl.} = I^n_{gepl.}$$

In dieser Situation ist die Gleichheit zugleich ein makroökonomisches Gleichgewicht. Gibt man die restriktiven Annahmen unserer bisher betrachteten Modellwirtschaft auf und stellt auf Bruttogrößen unter Einbeziehung staatlicher Aktivitäten und außenwirtschaftlicher Verflechtungen ab, so gilt im makroökonomischen Gleichgewicht:

$$(I^b + X + Tr^I_A)_{gepl.} = (S + D + M + Tr^A_I)_{gepl.}$$

D. h., die in einer offenen Volkswirtschaft gültige Ex-post-Identität muß bereits ex ante erfüllt sein.

Wenn in Bezug auf ein bestimmtes Produktions- und Einkommensniveau die Nachfragepläne nur teilweise realisiert werden können, also ein Ungleichgewicht vorliegt, ist damit zu rechnen, daß die Wirtschaftssubjekte aus der planwidrigen Situation herauszukommen versuchen. Die Ungleichgewichte lösen Anpassungsprozesse aus.[34]

2. Anpassungsprozesse bei Ungleichgewichten

Zur Klärung der oben unter (2) aufgeworfenen Frage nach den Anpassungsprozessen bei Ungleichgewichten bedienen wir uns weiterhin des vereinfachten Modells einer geschlossenen Volkswirtschaft ohne staatliche Aktivität. Hierbei wird in den folgenden Illustrationen - der Realität entsprechend - von einer mit steigendem Einkommen zunehmenden Konsumgüternachfrage ausgegangen, so daß die Gesamtnachfrage ($C + I^n$) ebenfalls eine positive Steigung aufweist.

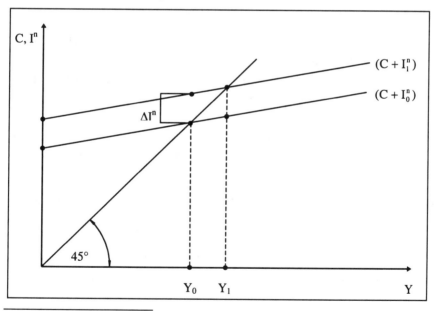

---

[34] Wenn im folgenden Anpassungsprozesse dargestellt werden, die auf ein Gleichgewicht zulaufen, soll damit nicht suggeriert werden, in der Realität gäbe es gleichgewichtige Ruhezustände. In der Realität ändern sich vielmehr fortwährend verhaltensrelevante Variablen, so daß es ein Gleichgewicht strenggenommen nicht gibt. Die Gleichgewichtsvorstellung dient nur als analytischer Orientierungspunkt, um die Reaktionen auf bestimmte Impulse zu verdeutlichen.

Bei Y_0 liegt ein Gleichgewicht vor, da Produktions- und Nachfragepläne übereinstimmen. Wenn nun beispielsweise aufgrund optimistischer Einschätzung der zukünftigen wirtschaftlichen Entwicklung die Unternehmer ihre Investitionspläne nach oben revidieren (ΔI^n) und damit die Nachfragepläne insgesamt auf $(C + I_1^n)$ ausweiten, kann die zusätzliche Nachfrage beim Einkommen Y_0 nicht befriedigt werden. In einem marktwirtschaftlichen System können wir jedoch damit rechnen, daß die Produzenten die verbesserten Absatzmöglichkeiten zu nutzen und entsprechend der neuen Gesamtnachfrage ihre Produktion bis Y_1 auszudehnen versuchen. (Bewegung von Y_0 nach Y_1 in obigem Schaubild).

Die entgegengesetzte Reaktion ist zu erwarten, wenn die Unternehmer feststellen, daß sie bei ihren Produktionsentscheidungen die Nachfrage überschätzt und deshalb ungeplante Lagerinvestition vorgenommen haben. Sie werden die Produktion entsprechend der schlechteren Absatzlage einschränken. Zur Verdeutlichung braucht nur auf die obige Abbildung zurückgegriffen und Y_1 [$(C + I_1^n)$] als Ausgangssituation gewählt zu werden (Bewegung von Y_1 nach Y_0 in obigem Schaubild).

In den beiden Beispielen sind Nachfrageänderungen mit - wenn auch zeitlich verzögert - gleichgerichteten Produktions-/Einkommensänderungen verknüpft. Dies muß jedoch keineswegs immer zutreffen. Die oben skizzierten Ergebnisse hängen entscheidend von der speziellen Ausgangssituation ab. Die Relevanz der Ausgangssituation läßt sich verdeutlichen, wenn man von einem sog. Vollbeschäftigungsgleichgewicht ausgeht. Damit ist ein makroökonomisches Gleichgewicht gemeint, bei dem alle Produktionsfaktoren ausgelastet sind; zu diesem Zeitpunkt sind also die volkswirtschaftlichen Produktionsmöglichkeiten voll ausgeschöpft.

Ausgehend von dem Vollbeschäftigungsgleichgewicht Y_v kommt es etwa wegen der Befürchtung wirtschaftlichen Niedergangs zu vermehrtem Sparen der Haushalte und/oder rückläufiger Investitionstätigkeit der Unternehmen. Die Gesamtnachfrage sinkt auf $(C + I_1^n)$. Das Angebot übersteigt jetzt die Nachfrage; die Anbieter werden mit einer Rücknahme der Produktion reagieren. Produktionsrückgang wiederum ist gleichbedeutend mit Einkommensrückgang. Der Schrumpfungsprozeß dauert solange, bis sich ein neues Gleichgewicht herausgebildet hat (Y_1). Allerdings ist diese Situation durch Unterauslastung des Sachkapitals und durch Arbeitslosigkeit gekennzeichnet. Angebot und Nachfrage stimmen bei Y_1 zwar überein; es ist jedoch ein Gleichgewicht bei Unterbeschäftigung.

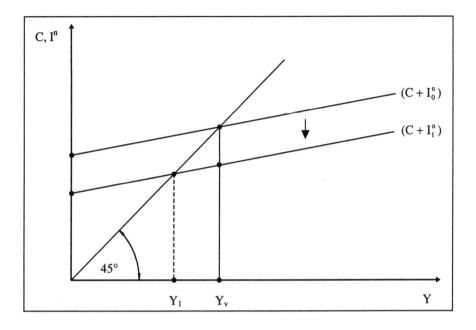

Ausgehend von dem Vollbeschäftigungsgleichgewicht Y_v und einem Ausgangspreisniveau P_0 möge es nun wegen optimistischer Einschätzung zukünftiger Absatzmöglichkeiten zu einer verstärkten Investitionsgüternachfrage kommen. Die Gesamtnachfrage steigt auf $(C + I_1^n)$. Die Nachfrage übertrifft das Angebot. Da Y_v auch die aktuelle gesamtwirtschaftliche Kapazitätsgrenze repräsentiert, kann die zusätzliche Nachfrage nicht durch eine Erhöhung des Angebotes befriedigt werden. Die Anpassung an den Nachfrageüberhang erfolgt durch Preiserhöhungen ($P_0 \rightarrow P_1$). Die wertmäßige Änderung Y_0 auf Y_1 entspricht ausschließlich dieser Preissteigerung, so daß sich Y_0/P_0 und Y_1/P_1 real (= Y_v) nicht unterscheiden. Es handelt sich um Gleichgewichte von Angebot und Nachfrage bei unterschiedlichen Preisniveaus. Bei Y_v (Y_1/P_1) stimmen makroökonomisch wiederum Angebot und Nachfrage überein; in diesem Falle ist das Gleichgewicht jedoch mit einem höheren Preisniveau verknüpft.

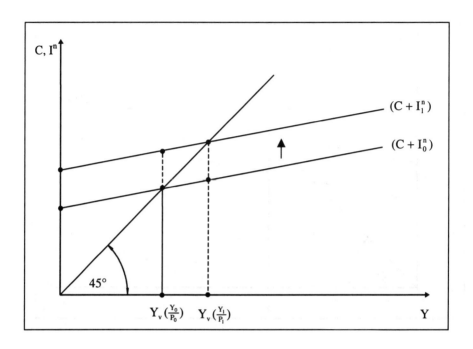

Die zuletzt angesprochenen Konstellationen lassen sich besser durch ein System gesamtwirtschaftlicher Angebots- und Nachfragekurven illustrieren:

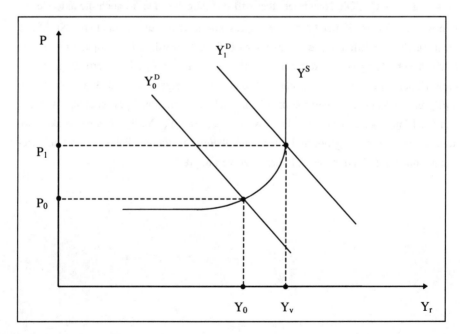

Ohne an dieser Stelle die theoretische Begründung für den Verlauf dieser Kurven geben zu können (vgl. hierzu die Kapitel VI bis VIII), ist es unmittelbar einsichtig, daß der vertikale Ast der Angebotskurve (Y^S) eine Situation der Vollauslastung beschreibt. Während von der Situation P_0/Y_0 ausgehend eine Erhöhung der Gesamtnachfrage auf Y_1^D neben der Preisniveauerhöhung auf P_1 noch mit der (realen) Produktionssteigerung auf Y_v verbunden ist, führt jede weitere Nachfrageausdehnung praktisch nur noch zu weiteren Preisniveauerhöhungen.

Die Frage nach den Anpassungsprozessen, die in Gang gesetzt werden, wenn die Gesamtnachfrage von dem für die Vollauslastung des Produktionspotentials nötigen Niveau abweicht, macht implizit auf bislang vernachlässigte ökonomische Problembereiche aufmerksam. Offenbar kann die gesamtwirtschaftliche Übereinstimmung des Angebots von Gütern und Dienstleistungen mit der Nachfrage sowohl mit Inflation als auch mit Arbeitslosigkeit einhergehen. Letztere Situation läge in der obigen Zeichnung bei Y_0 vor, da diese Produktion unter dem Niveau bei Vollbeschäftigung (Y_v) liegt.[35] Da eine Inflation auf lange Sicht nicht ohne Erhöhung der umlaufenden Geldmenge möglich ist (die Preisniveauerhöhungen müssen ja finanziert werden), stellt sich die Frage nach der Bedeutung des Geldes für die güterwirtschaftlichen Vorgänge. In der abstrakten Sprache der Makroökonomik: Welche Beziehungen bestehen zwischen Gütermarkt und Geldmarkt?

Wenn andererseits ein Gütermarktgleichgewicht auch mit Unterbeschäftigung einhergehen kann, so besagt dies doch, daß im güterwirtschaftlichen Bereich keine Gründe für Planrevisionen vorliegen, zugleich aber auf dem Arbeitsmarkt Arbeitslosigkeit, also ein Ungleichgewicht vorliegt. Auch hier stellt sich die Frage nach den kausalen Verknüpfungen zwischen aggregiertem Gütermarkt und aggregiertem Arbeitsmarkt.

---

[35] Mit Hilfe des gesamtwirtschaftlichen Systems von Angebot und Nachfrage läßt sich auch der simultane Anstieg von Arbeitslosigkeit und Inflation (sog. *Stagflation*) illustrieren. Anhand dieses Kurvensystems ist leicht nachzuvollziehen, daß hierfür Nachfrageschwankungen nicht ursächlich sein können. Es bleiben mithin nur Änderungen auf der Angebotsseite. Infrage kommen insbesondere Kostensteigerungen etwa bei importierten Rohstoffen oder Löhnen und Lohnnebenkosten. Grafisch würde sich dies in einer Verschiebung der Angebotsfunktion nach oben niederschlagen.

Mit diesen drei makroökonomischen Teilmärkten[36] beschäftigen sich die folgenden Ausführungen, und zwar wird zunächst die bereits begonnene Gütermarktanalyse wieder aufgegriffen und vertieft. Anschließend werden der Geldmarkt und seine Verknüpfungen mit dem Gütermarkt untersucht und schließlich unter Einschluß des Arbeitsmarktes zur makroökonomischen Totalanalyse verknüpft.

---

[36] In der makroökonomischen Theorie wird üblicherweise noch der Wertpapiermarkt als vierter aggregierter Teilmarkt unterschieden. Dessen gesonderte Analyse ist jedoch nicht erforderlich. Wenn etwa ein Wirtschaftssubjekt gegen seine Arbeitsleistung ein Einkommen von 1.000,-- € erhalten hat und davon 700,-- € für Güterkäufe ausgegeben und 100,-- € als Sichtguthaben (= Kauf von Geld) gehalten hat, muß es die restlichen 200,-- € für den Kauf von Wertpapieren verwandt haben. Da auch makroökonomisch Käufe und Verkäufe identisch sein müssen, genügt die Kenntnis von drei Teilmärkten, um die Vorgänge auf dem (letzten) vierten Teilmarkt abzuleiten.

IV. Kapitel

Bestimmungsgründe des Produktions- und Einkommensniveaus

1. Faktoren auf der Angebotsseite

Auf dem Gütermarkt wird gewissermaßen das Sozialprodukt gehandelt. Die Höhe des Angebotes hängt ab vom quantitativen Faktoreinsatz und den Faktorqualitäten. Die Zusammenhänge lassen sich durch eine *Produktionsfunktion* beschreiben:

$$Y_r = f(A, K, T)$$

Im Faktor Kapital (K) kann gedanklich auch der Faktor Boden eingeschlossen werden, der in ökologischer Perspektive die Natur als Lieferant von Ressourcen ebenso umfaßt wie als Aufnahmemedium von Umweltbelastungen. Neben den Faktormengen Arbeit (A) und Kapital (K) ist noch eine Variable T einbezogen worden, die als technisch-ökonomisches Wissen die qualitative Bestimmungsgröße des Produktionspotentials widerspiegeln soll. Diese Variable ist in gleichem Sinne zu interpretieren wie *Arbeits-* und *Kapitalproduktivitäten*:

$$Y_r = A \cdot \frac{Y}{A} \quad \text{oder}$$

$$Y_r = K \cdot \frac{Y}{K}$$

Das Niveau des Produktionspotentials erscheint hier als Produkt aus Arbeits- bzw. Kapitalmenge und durchschnittlicher Arbeits- (Y/A) bzw. Kapitalproduktivität (Y/K).

Quantität und Qualität der *Produktionsfaktoren* (Arbeit, Kapital) sind langfristig die entscheidenden Bestimmungsgrößen des Produktions- und Einkommensniveaus. Die Erklärung des Niveaus und der Veränderung dieser Bestimmungsgrößen ist Gegenstand der Wachstumstheorie, die Analyse ihrer Beeinflussungsmöglichkeiten Gegenstand der Wachstumspolitik. Ausdruck findet eine wachstumsorientierte Politik vor allem in einem leistungsfähigen Bildungssektor sowie in einem anreizstimulierenden Steuer- und Transferleistungssystem. In die gleiche Richtung wirkt der Abbau von Regulierungen, sei es etwa durch Abbau beruflicher Marktzugangsbeschränkungen (Befähigungsnachweise) oder sei es etwa in der Form allgemeiner Gewerbefreiheit, die die Investitionstätigkeit und damit die Kapitalbildung belebt. Der Abbau von Regulierungen führt nicht nur zur Ausdehnung des Faktorangebots, sondern durch den intensiveren Wettbewerb über verstärkte qualitative Auslese zu erhöhter Produktivität.

Die erfolgreiche Beeinflussung der Angebotsseite wird in der Regel nicht in wenigen Monaten zu bewerkstelligen sein. Die Sachkapitalausstattung und der Wissensstand über Faktorkombinationsmöglichkeiten lassen sich nicht „von heute auf morgen" erweitern. Die Variationsmöglichkeiten des Faktors Arbeit sind zwar in demographischer Hinsicht ebenfalls sehr begrenzt, sie sind aber z. B. in der Form von Überstunden oder höherer Erwerbsbeteiligung, möglicherweise auch in der Form eines flexiblen Einsatzes ausländischer Arbeitskräfte vergleichsweise größer, so daß dem Faktor Arbeit auf kurze Sicht eine strategische Rolle für die Angebotsänderung zufällt. Bei der Analyse des Arbeitsmarktes (Kapitel VIII) wird hierauf zurückgekommen.

Wenn durch vermehrte und verbesserte Produktionsfaktoren die Produktion steigt, erhöht sich zugleich das Einkommen und damit die Grundlage der Nachfrage. Das Angebot schafft sich also die für den Absatz erforderlichen Nachfrage*voraussetzungen*. Ein Auseinanderfallen von Angebot und Nachfrage kann es zwar bei einzelnen Produkten geben; global scheint dies aber allenfalls ein kurzfristiges Phänomen sein zu können. Diese als *Saysches Theorem* bekannte Vorstellung folgt aus bestimmten Annahmen über die Funktionsweise einer Marktwirtschaft (insbesondere allgemeine Preisflexibilität) und war unter den sog. klassischen und neoklassischen Ökonomen[37] etwa bis Mitte der 30er Jahre dieses Jahrhunderts vorherrschend.

Unstrittig ist, daß Faktoren auf der Angebotsseite die Produktionsmöglichkeiten und damit das potentielle Produktions- und Einkommensniveau bestimmen. Ob dieses Potential realisiert wird, hängt von vielfältigen Bedingungen ab, die kontrovers diskutiert werden. Auf der Angebotsseite könnte der Wettbewerbsdruck zur Ausschöpfung des *Produktionspotentials* unzureichend sein. Möglich ist auch, daß die Unternehmen die Produktionsmöglichkeiten nicht voll nutzen, weil sie wegen unzureichender Nachfrage Absatzprobleme befürchten. Die gesamtwirtschaftliche Nachfrage als limitierender Fak-

---

[37] Die Klassik und die insbesondere eine verfeinerte Analysetechnik (Marginalanalyse) benutzende Neoklassik läßt sich grob bis zum Erscheinungsjahr von J. M. Keynes' "General Theory of Employment, Interest and Money" (1936) datieren. Trotz Keynes' grundlegender Kritik an der klassischen/neoklassischen Theorie, die die weitere Entwicklung der ökonomischen Theorie maßgeblich beeinflußte, spielen Elemente der klassischen/neoklassischen Theorie auch in der aktuellen theoretischen Diskussion (wieder) eine wichtige Rolle. (Im folgenden wird nicht zwischen klassisch und neoklassisch unterschieden und vereinfachend nur von klassisch gesprochen).

tor des Produktions- und Einkommensniveaus spielt eine zentrale Rolle in der Theorie von J. M. Keynes.

2. Die Gesamtnachfrage und ihre Komponenten

J. M. Keynes übte heftige Kritik an den damals vorherrschenden theoretischen Vorstellungen und wies darauf hin, daß die am Markt wirksame Nachfrage hinter der aufgrund der Einkommensentwicklung möglichen zurückbleiben kann. Da die Unternehmer unabsetzbare Läger vermeiden wollen, werden sie ihre Produktionsentscheidungen an der erwarteten Nachfrage ausrichten. Die Produktion wird demnach von der Nachfrage bestimmt:

$$Y^D = f[C, I^b, St, (Ex - Im)]$$

Die Gesamtnachfrage und ihre Komponenten (Konsum, Investition, Staatsnachfrage und Außenbeitrag) rücken als das Angebot limitierende Größen ins Zentrum des Interesses.

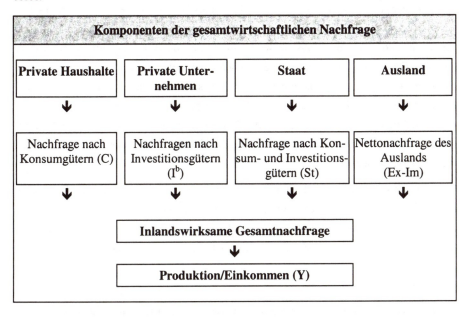

Gehen wir von der möglichen Beobachtung einer Unterauslastung von Produktionsfaktoren wegen zu geringer Nachfrage aus, ist damit noch keine wirtschaftspolitische Problemlösung gefunden. Da in einer Marktwirtschaft außer für die staatliche Nachfrage selbst keine Nachfragegebote oder -verbote erlassen werden können, muß sich die Wirtschaftpolitik damit begnügen, Anreize zur Nachfragebelebung oder -abschwächung zu setzen. Dies setzt aber voraus, daß die unabhängigen Variablen der Nachfragekomponenten bekannt sind.

2.1 Konsumgüternachfrage der privaten Haushalte

Als Bestimmungsgröße der privaten *Konsumgüternachfrage* steht das verfügbare Einkommen im Mittelpunkt.[38] Trotz dieser auch empirisch begründeten Dominanz sollte der mögliche Einfluß anderer Variablen nicht vernachlässigt werden. So wird weithin angenommen, Veränderungen des Vermögensbestandes führten zu gleichgerichteten Anpassungen beim Konsum. Zugrunde liegt die Vorstellung, daß das Erreichen eines gesteckten Vermögenszieles aufgrund der Veränderung des Vermögensbestandes (Finanz- und Sachvermögen) mit weniger bzw. nur mit verstärktem Sparen möglich sei (*Vermögenseffekt*).[39]

Diese Überlegung läßt sich anhand eines einfachen Beispiels illustrieren. Zunächst sei angenommen, das Gesamtvermögen eines Haushalts betrage 100.000,-- €, wobei es sich aus festverzinslichen Wertpapieren, Aktien und Immobilien zusammensetzen soll. Ferner sei angenommen, der Haushalt wolle im Verlauf eines Jahres sein Vermögen um 10.000,-- € auf 110.000,-- € erhöhen. Erreichen kann er dies zunächst dadurch, indem er aus seinem verfügbaren Einkommen 10.000,-- € spart. Kommt es nun zu Kurssteigerungen bei seinen Aktien, festverzinslichen Wertpapieren oder Preissteigerungen bei den Immobilien, so ist zur Erreichung des Vermögensziels nur eine um diesen Wertzuwachs verminderte Sparleistung notwendig. Bei Kursverlusten bzw. Preisrückgängen verhält es sich umgekehrt.

Gelegentlich wird auch dem Realzinssatz (= Marktzinssatz ./. Inflationsrate) Bedeutung für die Höhe der privaten Konsumgüternachfrage beigemessen. Empirische Untersuchungen weisen jedoch i.d.R. keinen signifikanten Einfluß des Realzinssatzes auf die Konsumgüternachfrage aus. Zurückzuführen ist dies möglicherweise darauf, daß der

---

[38] Eingehende ökonometrische Untersuchungen etwa der Deutschen Bundesbank (Die längerfristige Entwicklung des Verbrauchs in Deutschland und seine Bestimmungsgründe, Monatsbericht Juli 1996, S. 23 ff.) bestätigen dies nachhaltig.

[39] Da die privaten Haushalte das verfügbare Einkommen entweder sparen oder konsumieren können, führt eine Erhöhung des geplanten Sparens zu einer Verminderung des geplanten Konsums und umgekehrt.

Einkommenseffekt (Zinseinkommen in der Zukunft) dem *Substitutionseffekt* (Verteuerung des Gegenwartskonsums) entgegenwirkt. Steigt der Zinssatz, so steigt zwar zunächst die Attraktivität des Sparens (Substitutionseffekt), andererseits ist aber aufgrund des höheren Zinsertrages pro gesparter Geldeinheit ein gegebenes Vermögensziel mit geringerem Sparen erreichbar.[40] Durch Zinsänderungen oder andere Einflüsse (etwa Erwartungsänderungen) ausgelöste Vermögenseffekte dürften allerdings dann nicht ohne Wirkung auf den Konsum sein, wenn massive Wertsteigerungen oder Kurseinbrüche – wie in den letzten Jahren auf den Aktienmärkten – auftreten sollten.

Bei der Analyse verschiedener Konsumtheorien, die alle - wenn auch in verschiedener Ausprägung - das *verfügbare Einkommen*[41] als entscheidende unabhängige Variable enthalten, ist sorgfältig zwischen durchschnittlicher und marginaler Konsumquote zu unterscheiden. Bei der *durchschnittlichen Konsumquote* werden die - in der VGR ausgewiesenen - Konsumausgaben einer Periode t (C_t) zu dem der Periode entsprechenden verfügbaren Einkommen (Y_t) in Beziehung gesetzt: C_t/Y_t. Die *marginale Konsumquote* hingegen enthält das Verhältnis der jeweiligen Änderungen: dC_t/dY_t. Da ein privater Haushalt sein verfügbares Einkommen nur konsumieren oder sparen kann, müssen die durchschnittliche Konsumquote und die durchschnittliche Sparquote bzw. die marginale Konsumquote und die marginale Sparquote sich zu 1 addieren. Mit der Konsumfunktion ist also zugleich auch die Sparfunktion bekannt.

Der Unterschied zwischen der durchschnittlichen und der marginalen Konsumquote soll anhand eines einfachen Beispiels verdeutlicht werden. Zwischen Konsumausgaben und Einkommen gelte folgende Beziehung:

$$C_t = a + c \cdot Y_t$$

---

[40] Nach den empirischen Untersuchungen von Hermann-Josef Hansen (Der Einfluß der Zinsen auf den privaten Verbrauch in Deutschland, Volkswirtschaftliche Forschungsgruppe der Deutschen Bundesbank, Diskussionspapier 3/96, Frankfurt 1996) könnte hinter der empirischen Bedeutungslosigkeit des Realzinses für den langfristigen Konsum die Kompensation der beiden Effekte stehen, und zwar in der Weise, daß die kurzfristige Wirkung im Sinne des Substitutionseffekts zeitverzögert durch den Einkommenseffekt ausgeglichen wird. Kompensatorische Effekte könnten sich auch daraus ergeben, daß steigenden Zinserträgen auf der einen Seite zinsbedingte Einkommenseinbußen bei verschuldetem Immobilieneigentum gegenüberstehen. (Siehe hierzu P. Westerheide, Auswirkungen von Zinsänderungen auf den Konsum privater Haushalte, ZEW news, Juli/August 2000, S. 6).

[41] Einkommenskategorien im Rahmen der Konsumfunktion beziehen sich immer auf das verfügbare Einkommen.

Die durchschnittliche Konsumquote (C_t/Y_t) beträgt dann $a/Y_t + c$, und die marginale Konsumquote (dC_t/dY_t) hat den Wert c.

Setzt man für $a = 30$ und für $c = 0,6$, so ergibt sich bei einem verfügbaren Einkommen von $Y_0 = 100$ eine durchschnittliche Konsumquote von 0,9 und eine marginale Konsumquote von 0,6.

Graphisch kann man diesen Zusammenhang folgendermaßen darstellen:

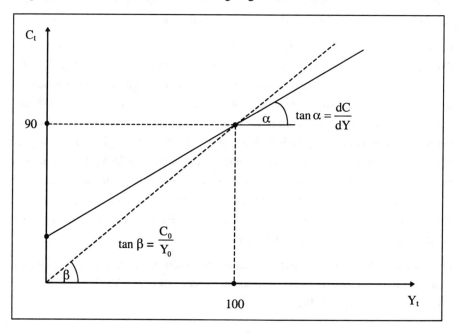

2.1.1 Absolute Einkommenshypothese

Keynes' Aussagen zum Konsumverhalten werden üblicherweise als *absolute Einkommenshypothese* bezeichnet. Sie fußt auf der Überlegung, daß das verfügbare Einkommen der laufenden Periode (Y_t) maßgebend sei für die Konsumgüternachfrage. Den Zusammenhang zwischen Einkommens- und Konsumentwicklung beschreibt Keynes mit dem auf Sättigungsvorstellungen (*Gossen*) basierenden „fundamentalpsychologischen Gesetz": „Die Menschen werden in der Regel und im Durchschnitt willens sein, ihren Konsum zu vermehren, wenn ihr Einkommen steigt, aber nicht soviel wie die Einkommenssteigerung beträgt." Das „fundamentalpsychologische Gesetz" legt die Interpretation nahe, daß nach Keynes bei Einkommenssteigerungen sowohl mit einer Verminderung der durchschnittlichen als auch der marginalen Konsumquote zu rechnen sei.

Nicht zuletzt wegen unklarer Formulierungen von Keynes an anderer Stelle ist jedoch in der Literatur die Interpretation seiner Konsumtheorie im Sinne einer konstanten marginalen aber fallenden durchschnittlichen Konsumquote vorherrschend.

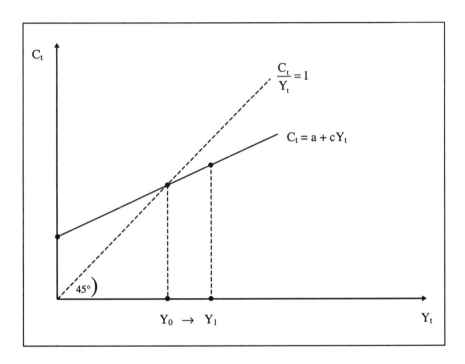

Dieser Zusammenhang entspricht der bereits oben dargestellten funktionellen Beziehung:

$$C_t = a + c \cdot Y_t$$

Ein Sinken der durchschnittlichen Konsumquote bei steigendem Einkommen führt - sofern der Staat nicht die Nachfragelücke ausfüllt - zwangsläufig in eine *Stagnation*, da absehbar ist, daß mit der Zeit die Investitionstätigkeit der privaten Unternehmen mangels Absatzmöglichkeiten erlahmen wird. Empirische Studien widerlegten jedoch an die keynessche Konsumfunktion anknüpfende Stagnationsbefürchtungen. Für die USA konnte vielmehr für bis ins 19. Jahrhundert reichende Untersuchungszeiträume eine langfristig konstante durchschnittliche Konsumquote festgestellt werden (*Kuznets, Goldsmith*). Ähnliche Ergebnisse erhält man für die Bundesrepublik Deutschland. Für den Zeitraum von 1960 bis 1998 besteht zwischen der Entwicklung der Konsumausgaben und des verfügbaren Einkommens folgender Zusammenhang:

$$C_t = -5{,}01 + 0{,}882 \cdot Y_t \,{}^{42}$$

Bei einem verfügbaren Einkommen von über 1.000 Mrd. € in den 90er Jahren wird ersichtlich, daß sich der Einfluß der „autonomen" Größe (−5,01 Mrd.) auf die durchschnittliche Konsumquote in vernachlässigenswerten Größenordnungen bewegt. Auf den gesamten Zeitraum bezogen besagt die Schätzung, daß eine Erhöhung des verfügbaren Einkommens von beispielsweise 1000 € mit einer Erhöhung der Konsumausgaben von 882 € verbunden war.

Im Gegensatz zur langfristigen Stabilität waren bei kurzfristiger Betrachtung durchaus deutliche Veränderungen der durchschnittlichen Konsumquote bei Einkommensänderungen beobachtbar. Dies gilt auch für die jüngere Entwicklung in der Bundesrepublik Deutschland. Die Schätzung der kurzfristigen Konsumfunktion für den Zeitraum von 1987-1990 ergibt:

$$C_t = 104{,}18 + 0{,}794 \cdot Y_t$$

Der „autonome" Konsum hat kurzfristig offenbar einen erheblichen Einfluß auf die durchschnittliche Konsumquote.

Neben solchen Unterschieden zwischen langfristigen und kurzfristigen Konsumfunktionen deuteten Querschnittsuntersuchungen (Budgetstudien) darauf hin, daß Haushalte mit niedrigem Einkommen eine hohe durchschnittliche Konsumquote, Haushalte mit

---

[42] Quelle: Statistisches Bundesamt, Volkswirtschaftliche Gesamtrechnungen, Fachserie 18, Reihe 1.3, Konten und Standardtabellen 1991 und 1998, Wiesbaden 1992 und 1999. Eigene Berechnungen.
Seit der Wiedervereinigung im Jahre 1991 werden die Zeitreihen für das verfügbare Einkommen und den Konsum der privaten Haushalte nur für Gesamtdeutschland ausgewiesen. Im Jahre 1991 entstand hierdurch ein Niveausprung, der für den Konsum deutlich höher als für das verfügbare Einkommen ausfiel. Um diese Verzerrung abzumildern, wurden die bis 1991 für Westdeutschland vorliegenden Zeitreihen mit den gesamtdeutschen Zuwachsraten von 1991 bis 1998 hochgerechnet.
Ignoriert man den Strukturbruch und verwendet die statistischen Daten ohne Korrektur, ergibt sich folgende Schätzgleichung: $C_t = -13{,}9 + 0{,}896 Y_t$. Die Konsumneigung ist (erwartungsgemäß) höher. An der annähernden Konstanz der durchschnittlichen Konsumquote von knapp 90% für den Gesamtzeitraum ändert jedoch auch diese Schätzung nichts.

hohem Einkommen eine niedrige durchschnittliche Konsumquote aufwiesen.[43] Diese empirischen Ergebnisse führten zu intensiven Bemühungen um eine neue Erklärung des Konsumverhaltens. Eine neue Theorie, die auf die spätere Forschung zur Konsumfunktion maßgeblichen Einfluß hatte, ist die *relative Einkommenshypothese* von *Duesenberry*.

2.1.2 Relative Einkommenshypothese

Das Phänomen der langfristig konstanten durchschnittlichen Konsumquote versucht Duesenberry dadurch zu erklären, daß die Haushalte ihren Konsum nicht an der absoluten Höhe ihres Einkommens, sondern an ihrer relativen Stellung in der gesellschaftlichen Einkommenspyramide ausrichteten. Diese Erklärung greift auf sozialpsychologische Erkenntnisse zurück, wonach ein Individuum Entscheidungen nicht isoliert trifft, sondern sich an einer Bezugsgruppe orientiert. Bei gegebener Einkommensverteilung - also gleichbleibenden Einkommensrelationen - bliebe deshalb langfristig die durchschnittliche Konsumquote konstant. Kurzfristig kann es bei Einkommenssteigerungen durchaus zu Verringerungen der durchschnittlichen Konsumquote kommen, sei es, daß die Haushalte fälschlicherweise annehmen, daß sich ihre relative Einkommensposition verbessert hat oder sei es, wie Duesenberry für die zeitliche Dimension unterstreicht, daß sich die Haushalte bei ihrer Konsumgüternachfrage auch am höchsten Vergangenheitseinkommen ($Y^{max.}$) ausrichten. Dahinter steht die Idee, die Haushalte bräuchten Zeit, um sich mit ihrer Konsumgüternachfrage voll auf die neue Einkommenssituation einzustellen (*Beharrungseffekt*).

---

[43] Auf einen weiteren Faktor, der zur Zeit im Rahmen der Probleme der sozialen Sicherung intensiv diskutiert wird, sei an dieser Stelle kurz hingewiesen: die Veränderung der Altersstruktur der Bevölkerung. Wenn sich die rückläufige Geburtenzahl und gleichzeitig steigende Lebenserwartung fortsetzen, ergibt sich eine spürbare Änderung der Altersstruktur. Da Rentnerhaushalte erfahrungsgemäß eine relativ niedrige Sparquote aufweisen, wäre aus diesem Grund mit einem Anstieg der Konsumquote zu rechnen.

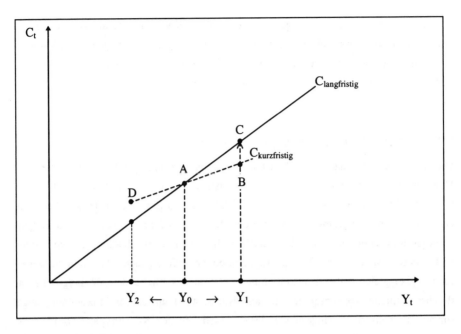

C-Funktion nach Duesenberry:

$$C_t = c \cdot Y_t - b \cdot \frac{Y_t}{Y^{max.}} \cdot Y_t$$

$$\rightarrow \quad \frac{C_t}{Y_t} = c - b \cdot \frac{Y_t}{Y^{max.}}$$

Bei einem Einkommensanstieg von Y_0 auf Y_1 kommt es wegen der Vergangenheitsorientierung kurzfristig zu einem relativ schwachen Anstieg des Konsums (Punkt B in der Grafik); langfristig wird jedoch wieder die ursprüngliche durchschnittliche Konsumquote erreicht (Punkt C).

Auch algebraisch läßt sich dies leicht nachvollziehen.

Ausgangssituation: $Y_t = Y_0 = Y^{max.}$

$$\rightarrow \quad \boxed{\frac{C_t}{Y_t}} = c - b \cdot \frac{Y_0}{Y_0} = c - b \quad \text{(Punkt A in der Grafik)}$$

Nun: $\quad Y_0 \rightarrow Y_1 \quad \rightarrow \quad Y_t = Y_1; \; Y^{max.} = Y_0$

$$\rightarrow \quad \boxed{\frac{C_t}{Y_t}} = c - b \cdot \frac{Y_1}{Y_0} \quad \rightarrow \quad \boxed{\frac{C_t}{Y_t} \downarrow} \quad \text{(Punkt B in der Grafik)}$$

für die nächste Periode gilt jedoch wiederum: $Y_1 = Y^{max.}$

$\rightarrow \boxed{\dfrac{C_t}{Y_t}} = c - b \cdot \dfrac{Y_1}{Y_1} \rightarrow \boxed{\dfrac{C_t}{Y} \uparrow}$ wieder auf alten Wert $c - b$
(Punkt C in der Grafik)

Duesenberrys Konsumfunktion führt bei Einkommenssenkungen zu einer Erhöhung der durchschnittlichen Konsumquote, eine Rückführung auf das langfristige Niveau ist jedoch ausgeschlossen. Ökonomisch impliziert dies die unrealistische Annahme, daß der Einfluß des früheren Höchsteinkommens (= $Y^{max.}$) konstant und unabhängig von der bis zur Gegenwart verstrichenen Zeitperiode ist. Diese Ungereimtheit der Theorie Duesenberrys ist praktisch jedoch nahezu bedeutungslos, weil langfristig Einkommenssenkungen (über zehn und mehr Jahre) empirisch außerordentlich selten sein dürften.

2.1.3 Permanente Einkommenshypothese

Nach *Friedman* ist für den Konsum das Einkommen entscheidend, welches die Wirtschaftssubjekte als dauerhaft (permanent) ansehen. Die Konsumgüternachfrage verhält sich dabei proportional zum permanenten Einkommen (Y^P). Um einen über die Perioden gleichmäßig verteilten Konsum sicherzustellen, werden die Wirtschaftssubjekte sich also an dem Einkommen orientieren, das sie als dauerhaft ansehen.

Es gilt also die Konsumfunktion: $\quad C_t = cY^P$

Wenn sich das Einkommen verändert, müssen die Wirtschaftssubjekte also entscheiden, ob diese Veränderung dauerhafter oder vorübergehender Natur ist. Im Einzelfall mag diese Entscheidung zwar eindeutig möglich sein. Wenn etwa ein Beamter befördert wird, so ist die damit verbundene Erhöhung seiner Bezüge wohl dauerhafter Natur. Fallen hingegen bei einem Handwerker in einem Monat außergewöhnlich hohe Überstunden an, so hat das damit verbundene Einkommen eher einmaligen Charakter, ist also vorübergehender Natur.

Da die Entscheidung, ob eine Veränderung des Einkommens vorübergehender oder dauerhafter Natur ist, aber im allgemeinen nicht mit Bestimmtheit von den Wirtschaftssubjekten getroffen werden kann, wird diese Frage im Rahmen der Friedman'schen Konsumfunktion eher pragmatisch gelöst, indem - im vereinfachten Fall - zur Ermittlung des permanenten Einkommens das Einkommen des letzten Jahres zuzüglich eines Teils der Veränderung des Einkommens vom letzten Jahr gegenüber dem laufenden Jahr zugrunde gelegt wird:

$$Y^P = Y_{t-1} + q(Y_t - Y_{t-1}) \quad 0 \leq q \leq 1^{44}$$
$$= qY_t + Y_{t-1}(1-q)$$

Das permanente Einkommen entspricht somit einem gewichteten Durchschnittseinkommen aus vergangenem und gegenwärtigem Einkommen.

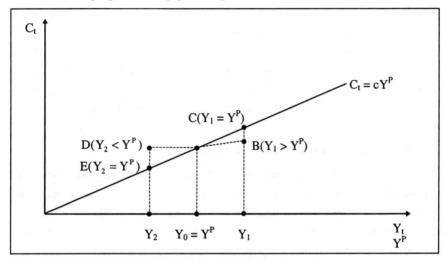

Wie aus der graphischen Darstellung zur permanenten Einkommenshypothese deutlich wird, kommt es also im Normalfall bei einer Veränderung des laufenden Einkommens (Y_t) zunächst zu einer schwächeren Reaktion des Konsums (Punkt B in obiger Graphik). Die durchschnittliche Konsumquote (C_t/Y_t) liegt also unter der langfristigen durchschnittlichen Konsumquote. Erst wenn sich das Einkommen als dauerhaft herausstellt, wenn es also auch im nächsten Jahr wieder erzielt wird, richten sich die Konsumausgaben nach diesem Einkommen (Punkt C in obiger Graphik wird erreicht). Die durchschnittliche Konsumquote steigt auf das langfristige Niveau.

Allerdings darf man diesen Ansatz zur Ermittlung des permanenten Einkommens nicht zu mechanisch interpretieren. Werden etwa von vornherein befristete Zuschläge zur Einkommenssteuer erhoben (z. B. der erste Solidaritätszuschlag nach der deutschen Wiedervereinigung) oder wird gar die Rückzahlung einer Steuererhöhung in späteren Jahren versprochen (wie z. B. bei der 1997 in Italien erhobenen „Eurosteuer"), so kann

---

[44] Je näher q bei 1 liegt, um so größer ist der Teil des Anstiegs des laufenden Einkommens, der von den Wirtschaftssubjekten als dauerhaft (permanent) angesehen wird.

es durchaus sein, daß die Wirtschaftssubjekte darin (nahezu) keine Schmälerung ihres dauerhaften Einkommens sehen und daher nicht mit einer Einschränkung ihrer Konsumausgaben reagieren. Ein solcher Fall ist etwa in Punkt D illustriert (q = 0). Andererseits ist durchaus vorstellbar, daß zunehmende Arbeitsplatzunsicherheit und die Befürchtung sinkender Altersbezüge als Schmälerung des permanenten Einkommens verstanden werden und deshalb zur Konsumeinschränkung führen.

2.1.4 Lebenszyklushypothese

Mit der permanenten Einkommenshypothese eng verwandt ist die *Lebenszyklushypothese* von *Ando*, *Brumberg* und *Modigliani*. Hier werden die (relativ stabilen) Konsumausgaben als Durchschnittsstrom des Lebenseinkommens gedeutet. Konsum und Einkommen werden nicht in allen Lebensphasen übereinstimmen. In frühen Phasen wird ein Haushalt im Vorgriff auf später höhere Einkommen seinen gegenwärtigen Konsum teilweise durch Kreditaufnahme finanzieren. In Phasen höheren Einkommens werden diese Kredite getilgt und zugleich Vermögen gebildet, um den Konsum in der einkommenslosen Altersphase aus Vermögenserträgen und Vermögensauflösung zu finanzieren. Der Konsum ist nach dieser Hypothese nicht vom (kurzfristigen) aktuellen Einkommen abhängig, sondern die finanziellen Möglichkeiten über die gesamte Lebenszeit bestimmen den (relativ gleichmäßigen) Strom konsumtiver Ausgaben (Konsumglättungsmotiv). Sieht man von ererbtem oder zu vererbendem Vermögen ab, bedeutet dies, daß das Lebenseinkommen (einschließlich die Zinseinkommen aus Ersparnis) dem Lebenszeitkonsum entspricht

$$C \cdot Lj = Y^A \cdot Aj \text{ bzw. } C = \frac{Aj}{Lj} \cdot Y^A$$

Der jahresdurchschnittliche Konsum (C) multipliziert mit den Lebensjahren (Lj) ergibt den Lebenszeitkonsum, das durchschnittliche jährliche Arbeitseinkommen (Y^A) multipliziert mit den Arbeitsjahren (Aj) das Lebenszeiteinkommen. Bei - angestrebtem - gleichmäßigem Konsum werden die Individuen Teile ihres während der Erwerbsphase erzielten Einkommens zur Rückzahlung von vor der Erwerbsphase aufgenommenen Krediten (z. B. Studenten-Bafög) verwenden sowie zur Vorsorge für das Rentenalter sparen, damit auch in dieser Phase der Konsumstandard aufrechterhalten werden kann. Wird das Lebenszeiteinkommen durch die Zahl der Lebensjahre dividiert, erhält man die durchschnittliche jährliche Konsumsumme. Entsprechend den Einkommensschwankungen in den einzelnen Lebensperioden ergeben sich altersspezifische Konsumquoten.

Haben die Individuen ein Anfangsvermögen, das nicht auf eigener Arbeitsleistung beruht, schlagen sie einen höheren Konsumpfad ein (Vermögenseffekt). Dieser Anstieg entspricht dem auf die (verbleibende) Lebenszeit verteilten Vermögen zuzüglich der aus diesen Vermögensanlagen fließenden Zinserträge.

Die Lebenszyklushypothese stellt sehr nachdrücklich das empirisch beobachtbare Phänomen des stabilen Konsumverhaltens in Bezug auf die langfristige statt kurzfristige Einkommensentwicklung heraus. Ob die Wirtschaftssubjekte ihre Konsumentscheidungen tatsächlich im Sinne dieser Hypothese treffen, ist hingegen schon wegen der unvermeidlichen Informationsdefizite schwer zu entscheiden. Zudem wird das Lebenseinkommen offenbar häufig nicht voll für Konsumzwecke verwandt, sondern teilweise in akkumulierter Form als Vermögen vererbt. Diese „Überschüsse" als Vorsichtssparen für den Fall unerwartet langer Lebensdauer oder hoher Ausgaben etwa für Pflege im Alter zu interpretieren, kann angesichts heutiger Versicherungsmöglichkeiten nicht überzeugen.

Die Bedeutung der modernen Konsumtheorie besteht nicht allein darin, daß sie das Konsumverhalten besser zu erklären vermag als etwa Keynes. Insbesondere in wirtschaftspolitischer Hinsicht wichtig ist das in allen neueren Konsumtheorien enthaltene Trägheitselement der Konsumgüternachfrage. Die Konsumausgaben (nicht die durchschnittliche Konsumquote!) reagieren auf kurzfristige, mehr oder weniger zufällige Einkommensschwankungen kaum und wirken deshalb stabilisierend. Dies ist einer der Gründe, die Monetaristen gegenüber Keynesianern anführen, um die nach ihrer Meinung *inhärente Stabilität* des privaten Sektors zu belegen.

2.1.5 Nachfrage nach langlebigen Konsumgütern

Die bisherigen Ausführungen zur Konsumfunktion bezogen sich auf die gesamten Konsumausgaben der privaten Haushalte, nicht aber auf die Nachfrage nach einzelnen Konsumgüterkategorien. Eine Gruppe von Konsumgütern, deren Nachfragedeterminanten besonders interessieren, ist die der *langlebigen Konsumgüter*. Die Nachfrage privater Haushalte nach Kühlschränken, Waschmaschinen, PKW oder Videogeräten hat investiven Charakter, unterliegt weniger der Alltagsroutine und ist meist auch mit relativ hohem finanziellen Aufwand verbunden. Es leuchtet unmittelbar ein, daß solche Kaufentscheidungen nur sehr begrenzt mit dem verfügbaren Einkommen erklärt werden können, sondern daß es hier weiterer unabhängiger Variabler bedarf. Schätzfunktionen für die Nachfrage nach langlebigen Konsumgütern (C^{LK}) haben üblicherweise die folgende Gestalt:

$$C_t^{LK} = a + bY_t - cB_{t-1}^{LK} - di_t^{Kr} - e\frac{P_t^{LK}}{P_t^{NLK}}$$

Neben dem verfügbaren Einkommen - für „Anschaffungen" dürfte das permanete Einkommen vorrangig entscheidungsrelevant sein - spielen danach die vorangegangene Ausstattung (B_{t-1}^{LK}), die Kreditzinsen (i_L^{Kr}) und das Preisverhalten zwischen langlebigen (LK) und nicht-langlebigen (NLK) Konsumgütern eine Rolle. Daß ein Haushalt, der bereits zwei oder drei Gefriertruhen oder PKW besitzt, trotz steigenden Einkommens diese Nachfrage kaum weiter ausdehnen wird, dürfte ebenso einleuchten wie die nachfragedämpfende Wirkung steigender Zinsen für Ratenkredite. Schließlich kommt mit P_{LK}/P_{NLK} der geläufige entscheidungsrelevante Sachverhalt der relativen Preise ins Spiel (etwa für die Frage, ob Erwerb oder Anmietung einer Wohnung). Solange im Rahmen der Konsumfunktion die Konsumgüter als Einheit betrachtet werden, zu der es keine alternative Ausgabenkategorie gibt, lassen sich selbstverständlich auch keine relativen Preise formulieren.

Bei der makroökonomischen Konsumfunktion werden die Ausgaben für langlebige Konsumgüter in den gesamten Konsumausgaben miterfaßt, so daß deren Besonderheiten untergehen. Separate Schätzungen erlauben daher genauere Aussagen über die Nachfrage nach diesen Gütern. An dem (hohen) Erklärungswert insbesondere der neueren Konsumtheorien für das allgemeine Konsumverhalten ändert dies freilich nichts.

2.2 Investitionsgüternachfrage

Die Analyse der Bestimmungsgründe der Investitionsgüternachfrage bezieht sich auf die private Investitionstätigkeit. Da am Gütermarkt die gesamte Investitionsgüternachfrage nachfragerelevant wird, wird folglich auch auf die Bruttoinvestitionen abgestellt

2.2.1 Die Rolle von internem Zins und Marktzins

Zur Klärung der Frage, ob ein Investitionsobjekt realisiert werden soll, ist zunächst dessen Rentabilität - sein interner Zinsfuß - zu ermitteln. Hierzu benötigt man eine Zahlungsreihe für das Investitionsprojekt. In dieser zeitlichen Reihe erscheinen alle mit einem Projekt verbundenen Einzahlungen (Einnahmen) und Auszahlungen (Ausgaben), wobei jede Zahlungsgröße einem bestimmten Zeitpunkt zugeordnet wird. Der *interne Zinsfluß* (r) eines Investitionsprojekts ist der Zinssatz, bei dem der Gegenwartswert der zukünftigen Netto-Einzahlungsüberschüsse (Einzahlungen ./. Auszahlungen) der Anschaffungsauszahlung in t_0 entspricht.

Nettoeinzahlungsüberschuß in t

$$\text{Anschaffungskosten (Anfangsauszahlung)} = \underbrace{\frac{E_1}{(1+r)} + \frac{E_2}{(1+r)^2} + \cdots + \frac{E_n}{(1+r)^n}}_{\substack{\text{Gegenwartswert (Barwert) der} \\ \text{zukünftigen Einzahlungsüber-} \\ \text{schüsse in } t_0}}$$

Die Überlegungen können anhand eines einfachen Zahlenbeispiels illustriert werden. Die Anfangsauszahlung (= Anschaffungskosten) für ein Investitionsobjekt beträgt in t_0 10.000,-- €, die Laufzeit des Projektes sei zwei Perioden. Einen Schrottwert habe das Investitionsgut nach Ende seiner Nutzung nicht mehr. Jeweils zum Ende der ersten und zweiten Periode (t_1 und t_2) sollen Nettoeinzahlungsüberschüsse (Einzahlungen ./. Auszahlungen) in Höhe von 6.000,-- € anfallen:

```
-10.000        6.000        6.000
   |             |             |
   t0            t1            t2
```

Derjenige Zinssatz, bei dem der Gegenwartswert der abgezinsten Nettoeinzahlungsüberschüsse gleich der Anschaffungsauszahlung ist, stellt den internen Zinssatz des Investitionsprojekts dar. D. h., das Investitionsobjekt erbringt über die Amortisation der Anschaffungskosten (hier: 10.000,-- €) hinaus eine Verzinsung des eingesetzten Kapitals in Höhe des internen Zinssatzes. Im vorliegenden Beispiel:

$$10.000 = \frac{6000}{(1+r)} + \frac{6000}{(1+r)^2}$$
$$\rightarrow \quad r \approx 13\%$$

Bei der Entscheidung, ob ein Investitionsobjekt realisiert werden soll, ist nicht nur der interne Zinssatz (= Rentabilität) des Investitionsprojektes ins Kalkül zu ziehen. Vielmehr ist es notwendig, den internen Zinssatz mit dem Marktzinssatz zu vergleichen. Beim Marktzinssatz handelt es sich um den für die Investitionsentscheidung von der Fristigkeit her relevanten Zinssatz, also i.d.R. um den Zinssatz für längerfristiges Kapital. Wird der interne Zinsfluß auf der Basis von nominalen Größen ermittelt, ist als Vergleichsgröße auch der nominale Marktzinssatz heranzuziehen. Prinzipiell ist festzuhalten, daß ein Investitionsobjekt dann durchgeführt wird, wenn dessen Rentabilität mindestens dem Marktzinssatz entspricht. Sind zur Durchführung der Investition Fremdmittel notwendig, so liegt es auf der Hand, daß eine Realisierung nur dann in Frage kommt, wenn die Investition eine höhere Rentabilität erbringt als Zinszahlungen an die Fremdkapitalgeber zu leisten sind. Stehen zur Durchführung der Investition Eigenmittel zur Verfügung, so muß die Rentabilität der Investition über der Verzinsung alternativer Finanzanlagen liegen. Bei $r \geq i$[45] wird die Investition realisiert. In diesem Fall gilt, daß die mit dem Marktzinssatz (i) abgezinsten Netto-Einzahlungsüberschüsse (E) die Anschaffungskosten übersteigen (bzw. bei $r = i$ ihnen entsprechen). Bei $r < i$ wird die Investition nicht realisiert. In diesem Fall gilt, daß die Anschaffungskosten höher sind als die mit dem Marktzinssatz (i) abgezinsten Einzahlungsüberschüsse (E).

Würde man in einer Volkswirtschaft eine Erhebung über alle Investitionsprojekte vornehmen, ergäbe sich, daß diese im Sinne des oben dargestellten Kalküls sehr unterschiedliche Rentabilitäten aufweisen. Da nur die Investitionen zum Zuge kommen, deren Rentabilität mindestens dem Marktzins entsprechen, werden um so mehr Investitionsprojekte durchgeführt, je niedriger der Marktzinssatz ist. Dieser Zusammenhang wird in der folgenden Grafik dargestellt.

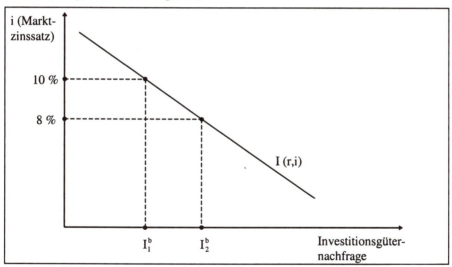

Ausgangspunkt sei der Marktzinssatz von 10%. Bei diesem Marktzinssatz sind alle Investitionsvorhaben ökonomisch rational, die einen internen Zinsfuß (r) aufweisen, der

---

[45] Die Grenze ist bei $r = i$ erreicht, da hier das Investitionsprojekt gerade eine interne Verzinsung erbringt, die dem Marktzins entspricht.

≥ 10% ist.⁴⁶ Sinkt nun der Marktzinssatz auf 8%, so werden zusätzlich auch die Investitionsprojekte sinnvoll, deren Rentabilität zwischen 8% und 10% liegt. Die gesamtwirtschaftliche Investitionsgüternachfrage nimmt somit zu.

Gesamtwirtschaftlich wird die *Zinselastizität der Investitionsgüternachfrage* um so größer sein, je größer das Gewicht kapitalintensiver Branchen an der Investitionsgüternachfrage ist bzw. je länger die Kapitalbindungsdauer ist.

Wir gehen zunächst von zwei Investitionsvorhaben aus. Beide sollen die gleiche Laufzeit, und zwar von einer Periode haben und zum Ende dieser Periode (in t_1) jeweils 20.000,-- € an Umsatzerlösen einbringen. Zur Realisierung von I_1 seien 10.000,-- €, zur Durchführung von I_2 5.000,-- € notwendig. Ferner sei angenommen, daß in beiden Fällen bei einem Marktzinssatz von 5% ein Gewinn von 500,-- € anfällt. Zur Ermittlung der Nettoeinzahlungsüberschüsse bleiben die Fremdkapitalzinsen (bzw. die Opportunitätskosten bei Selbstfinanzierung) außer Acht.

---

⁴⁶ Dabei ist unterstellt, daß der Risikozuschlag, den ein Unternehmen vornehmen muß, weil die zukünftigen Zahlungsströme mit mehr oder minder großer Unsicherheit behaftet sind, bereits in einem entsprechend niedrigen Ansatz der Nettoeinzahlungsüberschüsse Niederschlag fand. Eine andere Möglichkeit, diese Risikoprämie einzubeziehen, läge in einem Zuschlag auf den Marktzinssatz. Betrüge dieser Aufschlag beispielsweise 2%-Punkte, so wäre bei einem Marktzinssatz von 10% ein Investitionsobjekt dann lohnend, wenn dessen interner Zinsfuß über 12% läge.

Finanzierungsplan I_1			
	t_0	t_1	
Zahlungsstrom (aus I-Projekt)	10.000,-- (Anfangsauszahlung bzw. Anschaffungskosten)	+20.000,--	(Einzahlungen = Erlöse)
		-9.000,--	(Auszahlungen für Löhne, Material etc.)
		+11.000,--	(Nettoeinzahlungsüberschuß)
Zinszahlungen (5% auf 10.000,--)		-500,--	
Tilgung (Amortisation)		-10.000,--	
Gewinn		+500,--	

Finanzierungsplan I_2			
	t_0	t_1	
Zahlungsstrom (aus I-Projekt)	5.000,-- (Anfangsauszahlung bzw. Anschaffungskosten)	+20.000,--	(Einzahlungen = Erlöse)
		-14.250,--	(Auszahlungen für Löhne, Material etc.)
		+5.750,--	(Nettoeinzahlungsüberschuß)
Zinszahlungen (5% auf 5.000,--)		-250,--	
Tilgung (Amortisation)		-5.000,--	
Gewinn		+500,--	

Ermittelt man den internen Zinsfuß, so ergibt sich bei I_1

$$10.000,-- = \frac{11.000,--}{(1+r)}$$

$\rightarrow \quad r = 10\%$

bei I_2 hingegen

$$5.000,-- = \frac{5.750,--}{(1+r)}$$
$$\rightarrow \quad r = 15\%$$

Steigt nun der Marktzinssatz beispielsweise auf 12%, so wird das Investitionsprojekt 1 uninteressant, weil es nicht einmal mehr in der Lage ist, die Fremdkapitalzinsen zu erbringen bzw. weil alternative Finanzanlagen eine höhere Verzinsung erbringen. Das Investitionsprojekt 2 hingegen bleibt nach wie vor lukrativ, denn bezogen auf das eingesetzte Kapital liegt sein interner Zinssatz immer noch über dem Marktzinssatz.

An diesem Beispiel zeigt sich somit, daß für die Frage der Realisierung eines Investitionsprojektes der Marktzinssatz um so entscheidender ist, je kapitalintensiver - gemessen am Verhältnis Kapitaleinsatz zu Umsatz - es ist. Gesamtwirtschaftlich heißt dies, daß die Investitionsgüternachfrage um so zinselastischer ist, je größer die Bedeutung kapitalintensiver Branchen in einer Volkswirtschaft ist.

Außer der Kapitalintensität spielt auch die Kapitalbindungsdauer für die Zinsempfindlichkeit der Investition eine wichtige Rolle. In Branchen (z. B. Wohnungsbau oder Energieversorgung) mit sehr langen Ausreifungszeiten der Investitionen sind Nettoeinzahlungsüberschüsse über relativ große Zeiträume verteilt. Je später Nettoeinzahlungen erfolgen, desto niedriger ist jedoch nicht nur ihr Gegenwartswert bei einem gegebenen Zinssatz, sondern die Gegenwartswerte unterliegen bei Zinsänderungen auch größeren Schwankungen.

	Gegenwartswert einer Nettoeinzahlung		
Nettoeinzahlung	bei einem Zinssatz von	Auszahlung nach 10 Jahren	Auszahlung nach 20 Jahren
1000	5%	614	377
1000	6%	558	311
Differenz		56 = 9% (von 614)	66 = 18% (von 377)

Bei einer Zinssatzerhöhung von 5% auf 6% verringern sich die Gegenwartswerte bei der längeren Kapitalbindungsdauer wesentlich stärker als bei kürzerer Kapitalbindung. Die gleiche prozentuale Verringerung des Gegenwartswertes durch den Zinsanstieg von 5% auf 6% bei 10-jähriger Bindungsdauer wird bei 20-jähriger Bindungsdauer bereits bei einem Anstieg von 5% auf 5,5% erreicht. Der Sachverhalt läßt sich auch so formulieren: Bestimmte prozentuale Veränderungen der Gegenwartswerte ergeben sich mit zunehmender Kapitalbindungsdauer bereits bei vergleichsweise geringen Änderungen des internen Zinsfußes. Da für die Investitionsentscheidung die Bedingung $r \geq i$ gilt, reagieren Investitionen mit langer Kapitalbindungsdauer gegenüber Marktzinsänderungen empfindlicher.

In den Nettoeinzahlungsüberschüssen, die mit den Anfangsausgaben die interne Verzinsung bestimmen, ist eine große Zahl von Einzeleinflüssen auf die Investitionstätigkeit global erfaßt. Einflüsse wie Produktionskosten, Produktpreis und Absatzmenge gehen in diese Schätzgröße ein. Änderungen dieser Variablen bewirken Änderungen des internen Zinssatzes. Grafisch sind sie als Verlagerung der I-Funktion darzustellen:

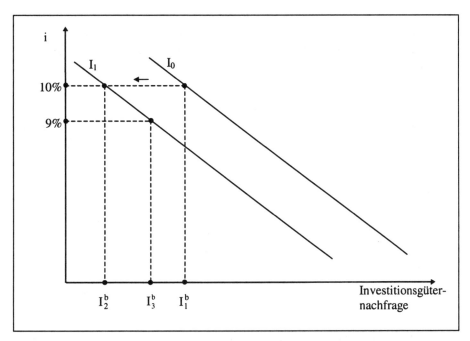

Wird etwa mit steigenden Produktionskosten, sinkenden Produktpreisen und/oder sinkenden Absatzmengen gerechnet, ergibt sich bei unverändertem Marktzins (z. B. 10%)

ein niedrigeres Investitionsvolumen (I_2^b). Trotz sinkendem Marktzins (z. B. auf 9%) kann deshalb das Investitionsvolumen insgesamt rückläufig sein (auf I_3^b), ohne daß von fehlender Zinsabhängigkeit der Investitionen gesprochen werden kann. Auch bei steigendem Marktzins muß keine Senkung der Investitionsgüternachfrage eintreten. Die Erhöhung des Marktzinses schlägt dann nicht durch, wenn die Unternehmen erwarten, daß sie diese Kostensteigerungen in Preiserhöhungen weitergeben können. Im einzelwirtschaftlichen Kalkül würde das bedeuten, daß sich entsprechend dem Marktzins auch die interne Verzinsung erhöht hat (Rechtsverschiebung der Investitionsfunktion). Auf der gesamtwirtschaftlichen Ebene bedeutet dies, daß die Nominalzinserhöhung und der erwartete Anstieg der Inflationsrate übereinstimmen, der *Realzins* (Nominalzins abzüglich erwarteter Inflationsrate) also konstant geblieben ist.

Aus keynesianischer Sicht kommt zinsunabhängigen Änderungen der Investitionstätigkeit eine maßgebende Bedeutung bei der Begründung der Instabilität marktwirtschaftlicher Systeme zu. Verwiesen wird hier etwa auf Wellen des Optimismus bzw. Pessimismus, die sich in entsprechend revidierten Zukunftseinschätzungen der Unternehmen niederschlügen und die Schätzung des internen Zinses bzw. Keynes' „*Grenzleistungsfähigkeit des Kapitals*" beeinflussen. Insbesondere von sog. *Post-Keynesianern*[47] werden durch Unsicherheit bedingte Instabilitäten hervorgehoben. Mit Unsicherheit ist hierbei nicht das Risiko gemeint, das prinzipiell kalkulierbar ist; bei Unsicherheit ist vielmehr die Eintrittswahrscheinlichkeit zukünftiger Ereignisse unbekannt. Folglich wären wegen unzutreffender Erwartungen ständig Planänderungen erforderlich. Gleichgewichtslagen oder zumindest entsprechende Tendenzen werden bestritten. Beobachtbare Preis- und Lohnrigiditäten werden als Versuche gedeutet, die Folgen der Unsicherheiten zu bewältigen.

Psychologische Elemente als Investitionsdeterminanten bleiben in neoklassischen Erklärungen der Investitionstätigkeit weithin ausgeklammert. Hier wird die Investitionstätigkeit durch die aus einer Produktionsfunktion ableitbaren Grenzproduktivität des Kapitals einerseits und dessen Grenzkosten, die vereinfacht mit dem Marktzins erfaßt werden können, bestimmt. Der für ein bestimmtes Produktionsniveau *optimale Kapitalstock* ist offenbar dann realisiert, wenn für die letzte Einheit des investierten Kapitals Kapital-

---

[47] Unter Post-Keynesianismus ist eine Variante des Keynesianismus zu verstehen, die die Keynes-Interpretation im Sinne des IS/LM-Modells wegen des impliziten Bezugs zur Gleichgewichtstheorie ablehnt und statt dessen (durch Unsicherheit bedingte) Ungleichgewichtssituationen in den Vordergrund rückt.

ertrag und Marktzins übereinstimmen. Da bei ertragsgesetzlichen Produktionsbedingungen zunehmender Kapitaleinsatz mit sinkender Grenzproduktivität verbunden ist, ergibt sich die bereits bekannte Gestalt der fallenden Investitionsfunktion.

Sieht man von Stimmungsschwankungen als Investitionsdeterminante ab, besteht zwischen der neoklassischen Herleitung der Investitionsgüternachfrage und dem eingangs dieses Kapitels dargestellten Erklärungsansatz im Ergebnis kein Widerspruch. Als letztes Investitionsprojekt kam dort jenes zustande, dessen Ertrag gerade noch dem Marktzinssatz entsprach. Weitergehende Investitionen würden zu einem suboptimalen Kapitalbestand führen.

2.2.2 Tobin's q

Die Investitionsentscheidung wurde bislang im Kern auf den Vergleich zweier Zinssätze, dem internen Zins und dem Marktzins, zurückgeführt. Der Vergleich zweier Zinssätze bzw. Ertragsraten spielt ebenfalls eine zentrale Rolle in der Investitionshypothese von James Tobin, die in der Literatur als *Tobin's q* eingegangen ist. Die Investitionsentscheidung wird danach durch die Veränderung der Relation (q) zweier Ertragsraten bzw. der zugehörigen Barwerte bestimmt. Die Variable q ist definiert als Verhältnis des Marktwertes eines Unternehmens (MWU) zu den Wiederbeschaffungskosten des Sachkapitals (WBK) dieses Unternehmens.

$$q = \frac{MWU}{WBK}$$

Solange der Marktwert höher ist als die Wiederbeschaffungskosten (q > 1), lohnt sich für ein Unternehmen die Neu-Investition. Bei q < 1 unterbleiben Neuinvestitionen, und via Abschreibungen ist mit einer Verringerung des Kapitalstocks zu rechnen.

Mit Wiederbeschaffungskosten (Reproduktionskosten) ist der Preis gemeint, der für die Beschaffung des physischen Kapitals (Betriebsgelände, Maschinenpark, sonstige Anlagen) eines Unternehmens zu zahlen wäre. Der Marktwert entspricht dem Gegenwartswert der erwarteten Unternehmenserträge (Grenzleistungsfähigkeit des Kapitals). Anstatt der beiden Vermögenswerte könnten auch Ertragsraten (bei gegebener Produktivität bedeuten steigende Vermögenswerte sinkende Ertragsraten) gegenübergestellt werden. Die erwartete Ertragsrate (= interner Zinssatz) wäre dann mit einem festen Zins (durchschnittliche Rendite am Kapitalmarkt = Marktzinssatz) zu vergleichen, der bei einer alternativen Anlage der Ausgaben für das Sachkapital erzielt worden wäre.[48]

Zum empirischen Test dieser Investitionshypothese auf der Makroebene wird für die Erfassung der Wiederbeschaffungskosten auf den Preisindex für Erzeugnisse des Investitionsgüter produzierenden Gewerbes (InvP – Ind) zurückgegriffen. Als Maß der Unternehmenswerte dient die Entwicklung des Aktienkursindex (Ak – Ind).

$$q = \frac{Ak - Ind}{InvP - Ind}$$

Dem Rückgriff auf die Aktienkurse liegt die Vorstellung zugrunde, daß sich der Kapitalwert der erwarteten Erträge in den Kursen niederschlägt und mithin eine durch Kursanstieg bewirkte Erhöhung von q steigende Investitionen erwarten läßt. Zumindest auf kurze Sicht ist hier jedoch Vorsicht geboten. Die in steigenden Kursen zum Ausdruck kommenden Ertragserwartungen der Anleger müssen sich nicht mit denen der Unternehmensleitungen decken. Letztere sind jedoch nur investitionsrelevant.

2.2.3 Akzelerator

In den internen Zins gehen zwar außer dem Marktzins alle unabhängigen Variablen der Investitionstätigkeit ein; will man Investitionshypothesen empirisch prüfen oder Investitionsprognosen erstellen, müssen der interne Zinsfuß und/oder seine Komponenten in eine überprüfbare Form gebracht werden. Tobin verwendet die Entwicklung von Aktienkursen als Näherungsgröße für ein Bündel von Faktoren, die die Ertragsentwicklung von Unternehmen bestimmen. Ein anderes Verfahren besteht darin, einzelne Komponenten des internen Zinses, die als besonders wichtig erachtet werden, zur Erklärung der Investitionstätigkeit gesondert heranzuziehen. Besondere Bedeutung kommt hierbei der Entwicklung der Gesamtnachfrage zu. In allgemeiner Form lautet die Beziehung:

$$I^n = b \cdot \Delta Y$$

b ist der sogenannte *Akzelerator* und mißt die durch Veränderungen der Gesamtnachfrage ausgelösten Investitionen. Ökonomisch läßt sich dieser Zusammenhang folgen-

---

[48] Insofern ist das Entscheidungskalkül bei Tobin's q identisch mit dem beim traditionellen Vergleich des internen Zinssatzes mit dem Marktzinssatz. Liegt die erwartete Ertragsrate über dem Marktzinssatz, so liegen die zum Marktzinssatz abgezinsten erwarteten Unternehmenserträge, d. h. der Marktwert eines Unternehmens, über den Wiederbeschaffungskosten. Tobin's q nimmt also einen Wert von > 1 an.

dermaßen erklären: Zur Produktion bedarf es einer bestimmten Ausstattung mit Sachkapital. Steigt die Gesamtnachfrage, erfordert diese gewünschte Produktionserhöhung eine Ausweitung des Kapitalbestandes, also Nettoinvestitionen. Für diese *Kapitalstockanpassung* an den erwarteten Absatz spielen selbstverständlich der bereits behandelte Marktzinssatz und die Ertragserwartungen ebenfalls eine Rolle. Es leuchtet ein, daß nicht jede Nachfrageerhöhung bereits zu verstärkter Investitionstätigkeit führen wird. Sind etwa die vorhandenen Kapazitäten nicht ausgelastet, werden die Unternehmen bei Nachfrageanstieg den Kapitalbestand nicht erhöhen. Selbst bei Auslastung des vorhandenen Kapitalbestandes ist eine verstärkte Investitionsgüternachfrage ungewiß. Handelt es sich lediglich um eine vorübergehende Nachfrageerhöhung oder halten die Unternehmer die Nachfrageerhöhung nur für temporär, wird der Akzeleratoreffekt ebenfalls ausbleiben. Schließlich können auch der für die Investition erforderliche Zeitbedarf oder Finanzierungsengpässe eine von der (Einschätzung der) Nachfrageentwicklung her begünstigte Investitionsbelebung vereiteln.

Von der Nachfrageentwicklung nicht unabhängig sind weitere unabhängige Variablen der Investitionstätigkeit, die in der Schätzung des internen Zinssatzes ebenfalls gebündelt sind. Zu denken ist hier insbesondere an *Gewinne*, und zwar sowohl im Sinne ihrer Bedeutung für die Selbstfinanzierung als auch im Sinne ihrer die Erwartungen prägenden Wirkung. Grafisch sind auch diese Änderungen als Verschiebung der I-Funktion festzuhalten.

2.3 Nachfrage des Staates

Die *Nachfrage des Staates* setzt sich zusammen aus der Nachfrage nach Investitionsgütern und dem *Staatskonsum*. In letzterem Falle tritt der Staat teilweise selbst zugleich als Anbieter auf. Da Entscheidungen über Höhe und Struktur dieser Nachfrage primär im politischen Raum getroffen werden, können sie für die weiteren Betrachtungen als exogen angenommen werden.

Bei isolierter Betrachtung führt eine Erhöhung der Staatsnachfrage zu einer entsprechenden Veränderung der Gesamtnachfrage. Dies berücksichtigt jedoch nicht, daß staatliche Mehrausgaben auch finanziert werden müssen. Als Finanzierungsalternativen kommen hierbei insbesondere zwei Quellen in Frage: Steuererhöhungen einerseits, zusätzliche Verschuldung andererseits. Beides aber kann den ursprünglich expansiven Effekt auf die Gesamtnachfrage abmildern. Steuererhöhungen verringern das verfügbare Einkommen der privaten Haushalte bzw. über die Verringerung des Gewinns (nach

Steuern) die Nettorendite von privaten Investitionsvorhaben. Eine verstärkte Verschuldung des Staates kann die Kreditaufnahmemöglichkeiten der Privaten entweder unmittelbar mengenmäßig verringern oder aber über steigende Kreditzinsen indirekt einschränken (*crowding out*). Verdrängungseffekte können schließlich auch dadurch entstehen, daß die erhöhte Staatsverschuldung von den Wirtschaftssubjekten mit der Erwartung einer das permanente Einkommen mindernden Steuerbelastung in der Zukunft verbunden wird (*Ricardianisches Äquivalenztheorem*).

In diesen Fällen ist deshalb mit dämpfenden Effekten auf die private Konsumgüternachfrage bzw. auf die Investitionsgüternachfrage der Unternehmen zu rechnen, so daß die expansive Wirkung erhöhter Staatsausgaben abgeschwächt wird. Daß auch bei größengleichen Erhöhungen von Steuereinnahmen und Staatsausgaben Änderungen der Gesamtnachfrage entstehen können (!), zeigt das sog. *Haavelmo-Theorem*: Angenommen, daß zusätzliche Staatsausgaben von 100 durch zusätzliche Steuereinnahmen von 100 finanziert werden. Wird durch diese Maßnahme das mit einer Sparquote von beispielsweise 15% gekennzeichnete Sparverhalten nicht geändert, führt die Verringerung des verfügbaren Einkommens um 100 zu einem Nachfrageausfall von 85. Werden mit den Steuereinnahmen Sachausgaben von 100 finanziert, bleibt ein Nachfragesaldo von 15. Werden hingegen die staatlichen Transfers um 100 erhöht und bleibt es bei dem oben erwähnten Sparverhalten, führt die Erhöhung des verfügbaren Einkommens bei den Empfängern der Transfers zu Ausgaben von 85. Ein Nachfragesaldo entsteht mithin nicht.

2.4 Nettonachfrage des Auslandes (Außenbeitrag)

Bisher wurde nicht unterschieden, ob die Nachfrage auf inländische oder auf ausländische Güter (= Importe) entfiel. Da unter den Nachfrageelementen als Bestimmungsgründe der gesamtwirtschaftlichen Produktion die inlandswirksame Nachfrage entscheidend ist, müssen die Importe eleminiert werden. Die Importe stellen nämlich denjenigen Teil der inländischen Nachfrage dar, der sich auf Güter bezieht, die im Ausland produziert werden. Anders verhält es sich bei Exporten; hier trifft ausländische Nachfrage auf Inlandsproduktion. Als Nettonachfrage des Auslandes ergibt sich somit die Differenz zwischen Exporten und Importen von Gütern und Dienstleistungen. Sie wird auch als *Außenbeitrag* (zum BIP) bezeichnet.

Wovon hängt nun die Höhe des Außenbeitrages ab? Drei wesentliche Einflußfaktoren sollen hier näher erläutert werden: relative Preisniveauveränderungen, Realeinkommensveränderungen sowie Wechselkursänderungen. Zur Vereinfachung sollen die folgenden Überlegungen nur *ceteris paribus* erfolgen, d. h. man betrachtet die Wirkung der Veränderung einer Variablen unter Konstanthaltung aller anderen Variablen.

2.4.1 Devisenmarkt, feste und flexible Wechselkurse

Bevor wir uns näher mit dem Einfluß der oben aufgezeigten Variablen auf den Außenbeitrag beschäftigen, soll kurz auf den *Devisenmarkt* eingegangen und der Unterschied zwischen festen und flexiblen Wechselkursen aufgezeigt werden. Die Wirkungen von Preisniveau- und Einkommensänderungen auf den Außenbeitrag hängen nämlich wesentlich von der Ausgestaltung des *Wechselkurssystems* ab.

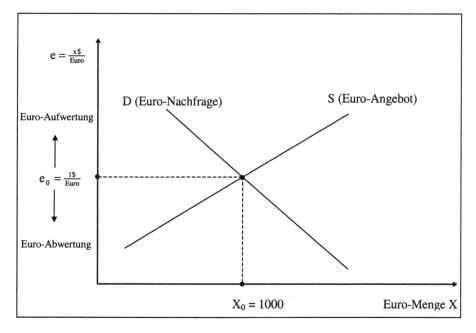

Der Devisenmarkt unterscheidet sich nicht von anderen Märkten. Er wird geregelt von Angebot und Nachfrage. Handelsobjekt sind Guthaben in Inlandswährung, wobei deren Preis in Auslandswährung ausgedrückt wird. Der *nominale Wechselkurs* ist also definiert als x Fremdwährungseinheiten je Euro, z. B. x US-$/1 Euro. Diese sogenannte Mengennotierung des Wechselkurses löste mit Beginn der Währungsunion die bisher offiziell gebräuchliche Preisnotierung (z. B. x DM/1 US-$) ab.

Vorstehende Grafik stellt den Devisenmarkt dar, auf dem Euro-Guthaben gegen US-$ getauscht werden. Im Ausgangsgleichgewicht (e_0, X_0) werden z. B. 1.000 Euro zu einem Preis von 1,00 US-$ je Euro (nominaler Wechselkurs) umgesetzt.

Zur Euro-Nachfrage (D), also zum Angebot von US-$ gegen Euro, kommt es etwa, weil in den Mitgliedstaaten der Europäischen Wirtschafts- und Währungsunion (Euro-Währungsraum) ansässige Exporteure (Exportgutanbieter) letztlich Euro benötigen, um ihren größtenteils in Euro denominierten Zahlungsverpflichtungen (Löhne, Material, etc.) nachzukommen. Werden die Rechnungen der Exporteure nicht in US-$, sondern in Euro fakturiert, so müssen bereits die US-amerikanischen Importeure (Exportgutnachfrager) Euro nachfragen, damit sie ihre auf Euro lautenden Rechnungen begleichen können. US-$ können aber auch von Kapitalanlegern stammen, die von US-$-Anlagen in Euro-Anlagen wechseln wollen. Analog lässt sich das Euro-Angebot (S) von der Importseite her erklären. Da die US-amerikanischen Exporteure (Importgutanbieter) letztlich US-$ benötigen, muß sich bei Fakturierung in US-$ ein im Eurowährungsraum ansässiger Importeur (Importgutnachfrager) US-$ besorgen. Bei Fakturierung in Euro werden die Importgutanbieter aus den USA selbst die Erlöse in Euro am Devisenmarkt anbieten. In beiden Fällen kommt es zu einem Angebot an Euro. Das Euro-Angebot kann schließlich von Kapitalanlegern gespeist werden, die Euro besitzen und US-$-Anlagen erwerben wollen.

Stellt man auf Waren- und Dienstleistungstransaktionen ab, ergibt sich das Euro-Angebot aus Waren- und Dienstleistungsimporten, die Euro-Nachfrage aus Waren- und Dienstleistungsexporten des Euro-Währungsraumes. Eine Euro-Abwertung (sinkender Wechselkurs e) führt zu einer Zunahme der Euro-Nachfrage bzw. einem Rückgang des Euro-Angebots, weil zum einen Exporte aus dem Euro-Währungsraum in den USA billiger, zum anderen Importe aus den USA im Euro-Währungsraum teurer werden. Eine Euro-Aufwertung bewirkt einen Rückgang der Euro-Nachfrage bzw. eine Zunahme des Euro-Angebots, da Exporte aus dem Euro-Währungsraum in den USA teurer, Importe aus den USA billiger werden.

Nachdem der Devisenmarkt erklärt ist, soll nun auf den Unterschied zwischen festen und flexiblen Wechselkursen eingegangen werden.

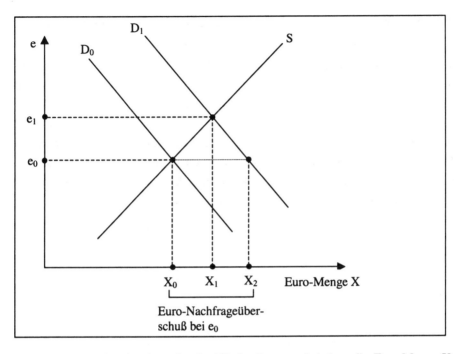

In der Ausgangssituation herrsche der Wechselkurs e_0, bei dem die Euro-Menge X_0 umgesetzt werden soll. Es sei nun angenommen, die Euro-Nachfrage erhöhe sich von D_0 auf D_1. Beim alten Wechselkurs e_0 herrscht somit ein Nachfrageüberschuß in Höhe von $X_2 - X_0$. Bei flexiblen Wechselkursen löst dieser Nachfrageüberschuß eine Aufwertung des Euro aus, bis sich das neue Marktgleichgewicht bei e_1 eingespielt hat (steigender Wechselkurs des Euro). Bei fixen Wechselkursen hingegen, also bei Wechselkursen, zu deren Aufrechterhaltung sich die Regierung verpflichtet hat, scheidet diese Wechselkursbewegung aus. Die Notenbank muß vielmehr sicherstellen, daß beim vereinbarten Wechselkurs (z. B. e_0) das Angebot der Nachfrage entspricht, im obigen Fall also Euro in Höhe von $X_2 - X_0$ (vollkommen elastisch) anbieten bzw. entsprechend US-$ nachfragen. Sie kauft also US-$ mit Euro, die sie selbst schafft.

Nach diesen einführenden Überlegungen zum Devisenmarkt und unterschiedlichen Wechselkursregimen kann nun auf die Ausgangsfragestellung zurückgekommen werden. Es interessiert also der Einfluß verschiedener Variablen auf die Höhe des Außenbeitrages. Wegen der besonderen Bedeutung des Wechselkursregimes soll die Analyse zunächst unter den Bedingungen fester, sodann unter den Bedingungen flexibler Wechselkurse erfolgen.

2.4.2 Bestimmungsgründe des Außenbeitrags bei festen Wechselkursen

Eine wichtige Ursache von Veränderungen des Außenbeitrags sind relative Preisniveauveränderungen; gemeint ist hiermit die Veränderung des Auslandspreisniveaus im Vergleich zu der des Inlandspreisniveaus. Eine relative Preisniveauveränderung kommt somit nur dann zustande, wenn sich die Veränderungen des Inlands- und die des Auslandspreisniveaus nicht entsprechen. Steigt das Preisniveau im Ausland stärker als im Inland, lohnt es sich für Ausländer, die billigeren inländischen Güter nachzufragen; die Exporte werden steigen. Andererseits sind - bei gegebenem Wechselkurs - die ausländischen Güter im Inland jetzt relativ zu den inländischen Gütern teurer, wodurch die Nachfrage nach Importen zurückgeht (*Preismechanismus*).

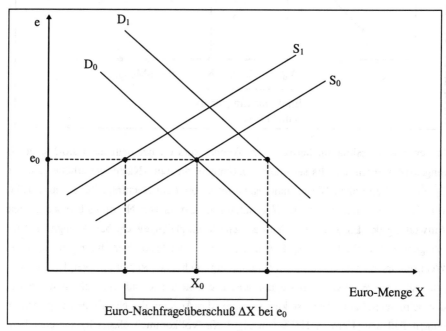

Relative Preisniveauveränderungen haben also zur Folge, daß sowohl die Exporte als auch die Importe und somit der Außenbeitrag verändert werden. Steigt das Preisniveau im Ausland stärker als das im Inland, so werden die Exporte steigen, die Importe hingegen sinken. Steigt das Preisniveau im Inland stärker, werden die Exporte sinken, die Importe steigen.[49] Im folgenden sei angenommen, eine Erhöhung des Preisniveaus im

---

[49] Obige Aussage impliziert, daß im ersten Fall die Preiselastizität der inländischen Importnachfrage, im zweiten Fall die Preiselastizität der Exportnachfrage größer eins ist.

Ausland habe bei unverändertem Preisniveau im Inland zu einer Erhöhung des Außenbeitrags geführt. Da der Außenbeitrag eine Komponente der inlandswirksamen Gesamtnachfrage darstellt, steigt die inlandswirksame Gesamtnachfrage entsprechend. Zugleich steigt aber auch der Bestand an Zentralbankgeld, da die Notenbank am Devisenmarkt intervenieren mußte, um den ursprünglichen Wechselkurs (e_0) aufrechtzuhalten.

Um eine *Aufwertung* der inländischen Währung zu vermeiden, muß die inländische Notenbank den Euro-Nachfrageüberschuß (ΔX) bei e_0 befriedigen. Dieser Euro-Nachfrageüberschuß entsteht, weil zum einen beim gegebenen Wechselkurs e_0 die Euro-Nachfrage zunimmt (Exporte steigen, $D_0 \rightarrow D_1$), zum anderen das Euro-Angebot zurückgeht (Importe sinken, $S_0 \rightarrow S_1$). Da die Notenbank mit neugeschaffenen Guthaben bei ihr zahlt, steigt der Bestand an Zentralbankgeld. Hierdurch erhöht sich die Liquiditätsausstattung des Bankensystems, was eine monetäre Alimentierung der zusätzlichen Nachfrage erleichtert.

Erhöht sich die Gesamtnachfrage im Inland, so schlägt sich dies bei unterausgelasteten Kapazitäten in einem Produktions- und Realeinkommensanstieg (*Einkommensmechanismus*) nieder. Da die Nachfrage nach Importen nicht nur vom Preis abhängig ist, sondern auch von der Einkommenshöhe, werden durch einen Realeinkommensanstieg im Inland die Importe zunehmen, wodurch der Außenbeitrag wieder vermindert wird. Sind die Kapazitäten bereits ausgelastet, so führt die Erhöhung der Gesamtnachfrage lediglich zu Preisniveauerhöhungen. Letztere aber verteuern die im Inland produzierten Güter, so daß die Importe wieder steigen, die Exporte hingegen wieder sinken werden; der Außenbeitrag vermindert sich dadurch entsprechend. Schließlich sind Konstellationen denkbar, in denen sowohl Realeinkommenserhöhungen als auch Preisniveauerhöhungen auftreten.

Bei der Frage nach der Bedeutung von Realeinkommensänderungen[50] für den Außenbeitrag ist die Realeinkommensabhängigkeit der Importnachfrage entscheidend.

Steigt (ceteris paribus) das Realeinkommen im Ausland, so steigt die Nachfrage des Auslands auch nach inländischen Gütern; der Außenbeitrag steigt. Eine Erhöhung des

---

[50] Es sei an dieser Stelle darauf hingewiesen, daß es sich hier nicht um relative Realeinkommensänderungen handeln muß. Auch wenn im In- und im Ausland prozentual gleich große Realeinkommensveränderungen vorliegen, muß dies nicht neutral im Hinblick auf den Außenbeitrag sein. Denn zum einen können die absoluten Größenordnungen unterschiedlich sein, zum anderen kann man nicht davon ausgehen, daß die marginalen Importneigungen $dIm/dYreal$ jeweils identisch sind.

Außenbeitrages schlägt sich in einer entsprechenden Veränderung der Gesamtnachfrage nieder. Die daran anknüpfenden Rückkoppelungseffekte wurden bereits oben im Zusammenhang mit relativen Preisniveauveränderungen erläutert.

Schließlich kann bei prinzipiell festen Wechselkursen der Wechselkurs selbst durch politische Entscheidungen verändert werden. Zunächst sei angenommen, die inländische Währung wurde von e_0 auf e_1 abgewertet, d. h. die Notenbank wurde (von der Regierung) verpflichtet, nicht mehr den Kurs von e_0, sondern den Kurs von e_1 aufrechtzuerhalten. Dies geschieht dadurch, daß die Notenbank beim Wechselkurs e_0 zusätzlich Euro in Höhe von Δx anbietet, was zu einer Abwertung des Euro auf e_1 führt. Das hätte zur Folge, daß Importe im Inland teurer, Exporte ins Ausland hingegen billiger würden; der Außenbeitrag und somit die Gesamtnachfrage würden steigen, was natürlich wiederum die bereits erläuterten Rückkoppelungseffekte induzieren würde.

Diese Interventionsverpflichtung würde bedeuten, daß die Notenbank ihre Geldpolitik der Aufrechterhaltung eines unterbewerteten Wechselkurses unterordnen müßte. Sie müßte nicht nur ständig aus den Exporterlösen stammende Devisen aufkaufen, sondern auch ihre Zinsen niedrig halten, um weiteren zinsinduzierten Kapitalzuflüssen aus dem Ausland, die das Interventionsvolumen nur noch anwachsen ließen, gegenzusteuern. Die Notenbank kann so also zu einer inflationären Geldpolitik gezwungen werden.

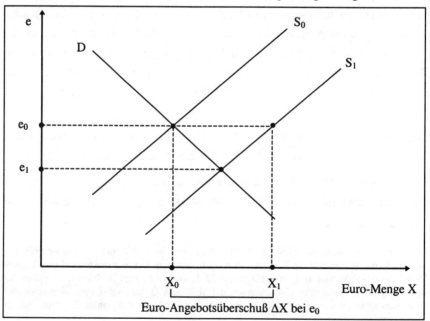

2.4.3 Außenbeitrag bei flexiblen Wechselkursen

Bei *flexiblen Wechselkursen*, wenn also staatliche Instanzen (definitionsgemäß) nicht ins Devisenmarktgeschehen eingreifen, ergeben sich andere als die bislang dargestellten ökonomischen Prozesse. Berücksichtigen wir zur Vereinfachung nur Vorgänge, die sich in der Waren- und Dienstleistungsbilanz, also in der Höhe des Außenbeitrags niederschlagen, so ist der Wechselkurs allein güterwirtschaftlich bestimmt. Geht man noch einen Schritt weiter und verzichtet auf die Möglichkeit kreditfinanzierter Importe, so spiegelt der sich am Markt bildende Wechselkurs zugleich ein Übereinstimmen von Exporten und Importen wider. Der Außenbeitrag ist mithin Null. Ausgehend von einer solchen Situation soll es zu Preisniveauerhöhungen im Ausland kommen. Für sich genommen hätte dies einen Rückgang der Importe bzw. eine Zunahme der Exporte zur Folge ($D_0 \to D_1$; $S_0 \to S_1$).

Da aber nun zum alten Wechselkurs e_0 ein Euro-Nachfrageüberschuß in Höhe von Δx vorliegt, kommt es zu einer Aufwertung des Euro bis zum Wechselkurs e_1, bei dem wiederum das Importvolumen dem Exportvolumen entspricht (*Wechselkursmechanismus*).

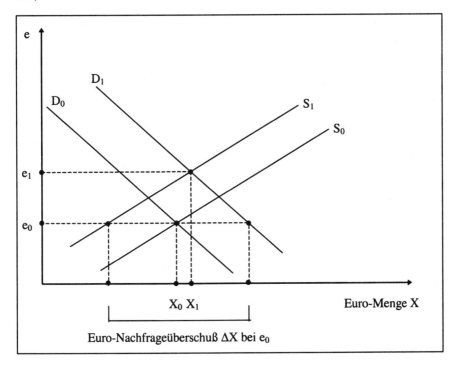

Auch Realeinkommensveränderungen führen zunächst zu Devisenmarktungleichgewichten; sie lösen jedoch Wechselkursanpassungen aus, bis auch hier wieder Im = Ex gilt.

Wären für das Geschehen an den Devisenmärkten allein Transaktionen entscheidend, die sich im Außenbeitrag niederschlagen und gäbe es keine Möglichkeit, Importe über Kapitalimporte zu finanzieren, so schotteten flexible Wechselkurse das Inland vom Ausland ab. Dies ergäbe sich zwingend, da ein Übereinstimmen von Export- und Importwert stets durch entsprechende Wechselkursbewegungen erzwungen würde.

Beim Übergang zu flexiblen Wechselkursen in Jahre 1973 nahm man auch überwiegend an, daß die Wechselkurse sich gemäß den Inflationsdifferenzen zwischen den einzelnen Ländern anpassen würden. Mit anderen Worten, man ging von der Gültigkeit der *Kaufkraftparitätentheorie* aus. Danach ändert sich inflationsbedingt nur der nominale, also der sich am Devisenmarkt bildende Wechselkurs. Der *reale Wechselkurs* hingegen, der sich durch Bereinigung des nominalen Wechselkurs um die Inflationsdifferenzen zwischen zwei Ländern ergibt, bleibt unverändert.

Zur Erklärung der tatsächlichen Wechselkursentwicklung seit 1973 konnte die *Kaufkraftparitätentheorie* nur wenig beitragen, d. h., es kam zu beachtlichen Schwankungen des realen Wechselkurses. Zurückzuführen war dies im wesentlichen darauf, daß mittlerweile, insbesondere aufgrund von Kapitalverkehrsliberalisierungen und neuen Methoden in der Nachrichtentechnik (Verminderung von Transaktions- und Informationskosten) sowie neuer Finanzierungsinstrumente (Finanzinnovationen), vom Güterverkehr losgelöste internationale Kapitalbewegungen das Devisenmarktgeschehen beherrschen.

Der finanzmarkttheoretische Ansatz versucht daher dem Bedeutungsverlust der güterwirtschaftlichen Transaktionen bei der Bestimmung des Wechselkurses gerecht zu werden, indem er die international gehaltenen Vermögensbestände in Finanzaktiva in den Mittelpunkt der Betrachtung rückt.

Dieser Erklärungsansatz geht davon aus, daß die international operierenden Anleger ihren vorhandenen Vermögensbestand so auf die bedeutenden Anlagewährungen verteilen, daß der erwartete Ertrag, der neben Zinserträgen von der zukünftigen Wechselkursentwicklung bestimmt wird, unter Berücksichtigung einer Risikoprämie jeweils gleich ist.[51] Ändert sich die Risikoeinschätzung bzw. die Ertragserwartung, so kommt es zu einer Umschichtung der Vermögensbestände, wodurch Wechselkursbewegungen ausgelöst werden.

Wird der Wechselkurs aber im wesentlichen von der Kapitalbilanzseite (reine Finanztransaktionen) her determiniert, so wird der Wechselkurs selbst zur Bestimmungsgröße des Außenbeitrags.[52]

2.5 Einkommensmultiplikator und Gleichgewichtseinkommen

Im Rahmen der Beschäftigung mit den gesamtwirtschaftlichen Nachfrageaggregaten wurde bisher versucht, die Variablen herauszuarbeiten, die den Nachfrageplänen zugrunde liegen. Jetzt soll der Frage nachgegangen werden, wie eine gegebene Nachfrageänderung auf das Gesamteinkommen wirkt. Zur Verdeutlichung der Grundüberlegungen sei zunächst von der restriktiven Annahme einer geschlossenen Volkswirtschaft ohne staatliche Aktivität, unausgelastetem Produktionspotential sowie von Nettogrößen für Produktion und Investition ausgegangen.

Im Gleichgewicht gilt

angebotene Produktion $\quad Y^S = Y^D \quad$ nachgefragte Produktion (=gesamtwirtschaftliche Nachfrage)

Da die angebotene Produktion Y^S der tatsächlichen Produktion (Y) entspricht,

gilt $\quad Y^S = Y$

Im Gleichgewicht kann also auch geschrieben werden

$$Y = Y^D,$$

wobei unter den gemachten vereinfachenden Annahmen

$$Y^D = C + I^n$$

im Gleichgewicht also

---

[51] Theoretisch steht dahinter die „ungedeckte Zinsparität". Vgl. hierzu etwa Görgens, E./Ruckriegel, K./Seitz, F.: Europäische Geldpolitik, 2. Auflage, Düsseldorf 2001, S. 96f.

[52] Zur Wirkungsweise von realen Wechselkursschwankungen auf den Außenbeitrag vgl. etwa: J. Clostermann, Der Einfluß des Wechselkurses auf die deutsche Handelsbilanz, Diskussionspapier 7/96 - Volkswirtschaftliche Forschungsgruppe der Deutschen Bundesbank, August 1996.

gilt.
$$Y = C + I^n$$

Bei $\quad C = c \cdot Y \quad$ (einkommensabhängige Konsumnachfrage)

und $\quad I = \bar{I}^n \quad$ (exogen vorgegebene Investitionsgüternachfrage)

ergibt sich $\quad Y = c \cdot Y + \bar{I}^n$

und nach Umformung

$$Y - c \cdot Y = \bar{I}^n$$
$$(1-c) \cdot Y = \bar{I}^n$$

$$Y = \boxed{\frac{1}{1-c}} \bar{I}^n$$

Das Einkommen erscheint hier als multiplikative Größe der Investitionsgüternachfrage, und zwar beträgt der *Multiplikator*

$$\frac{1}{1-c}$$

oder, da gilt: $\quad 1 - c = s$

$$\frac{1}{s}$$

Setzt man für die marginale Konsumneigung (c) 0,5 und für I_0^n 100, so lautet die gesamtwirtschaftliche Nachfragefunktion $Y^D = 0,5Y + 100$, und es ergibt sich ein Gleichgewichtseinkommen von

$$Y_0 = \frac{1}{1-0,5} \cdot 100$$
$$Y_0 = 2 \cdot 100$$
$$Y_0 = 200$$

Nur bei diesem Einkommen werden die Konsum-, Spar- und Investitionspläne realisiert (Gleichgewicht!).

Erfolgt ausgehend von $Y_0 = 200$ eine exogene Erhöhung der Investitionsgüternachfrage um 100 ($\Delta I^n = 100$, $I_1^n = 200$), so verschiebt sich die Nachfragefunktion nach oben und das neue Gleichgewichtseinkommen steigt um 200 auf $Y_1 = 400$.

$$Y_1 = 2 \cdot 200$$
$$Y_1 = 400$$

Eine Erhöhung der Investitionsgüternachfrage um 100 bewirkt in obigem Beispiel also eine Erhöhung des Gleichgewichtseinkommens um 200. Zurückzuführen ist dies auf Kettenreaktionen bei der einkommensabhängigen privaten Konsumgüternachfrage. Anhand einer graphischen Darstellung sei dies verdeutlicht.

In der Ausgangssituation stimmen Angebot und Nachfrage bei $Y = 200$ überein. Es soll nun zu einer Erhöhung der Investitionsgüternachfrage um 100 in der Periode 1 kommen. Zunächst hat dies zur Folge, daß die Nachfrage (300) das Angebot (200) übersteigt. Diesen Nachfrageüberhang werden die Unternehmen (bei unausgelasteten Kapazitäten) zum Anlaß nehmen, um ihre Produktion in der nächsten Periode entsprechend auszuweiten. Die angebotene Produktion beträgt in Periode 2 also 300. Dies bedeutet jedoch zugleich, daß in der Periode 2 das Einkommen um 100 auf 300 gestiegen ist; letzteres veranlaßt die privaten Haushalte, ihre Konsumgüternachfrage um 50 ($\Delta Y = 100$; $c = 0{,}5 \rightarrow \Delta C = 50$) zu erhöhen, so daß in Periode 2 die Nachfrage 350 beträgt. In Periode 3 führt dieser Nachfrageüberhang wiederum zu einer Angebotsausweitung auf 350. Aber auch in Periode 3 klaffen Angebot und Nachfrage auseinander, da auch das in dieser Periode entstandene zusätzliche Einkommen (50) teilweise ($50 \times 0{,}5 = 25$) wieder in Form erhöhter Konsumgüternachfrage Niederschlag findet.

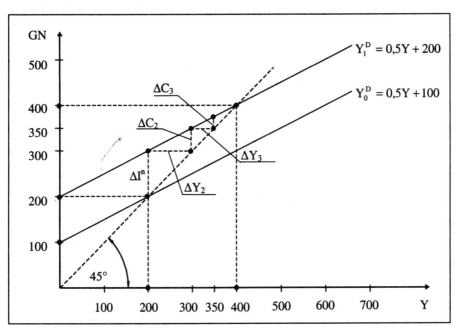

Periode 0:	angeb. Y = 200 nachgefr. Y = 200	Periode 1:	angeb. Y = 200 nachgefr. Y = 100+200
Periode 2:	angeb. Y = 300 ΔY_2 = 100 nachgefr. Y = 150+200 = 350 ΔC_2 = 0,5 · 100 = 50	Periode 3:	angeb. Y = 350 ΔY_3 = 50 nachgefr. Y = 175+200 = 375 ΔC_3 = 0,5 · 50 = 25

Zusammenfassend ist also festzuhalten, daß der ursprüngliche Nachfrageanstieg um 100 über eine Erhöhung der einkommensabhängigen Konsumgüternachfrage zusätzliche Nachfrage induziert; allerdings nimmt der Nachfragezuwachs von Periode zu Periode ab, da jeweils nur ein Teil des zusätzlich geschaffenen Einkommens, und zwar c · ΔY, wieder nachfragewirksam wird.

Dieser Anpassungsprozeß läßt sich auch auf eine andere Art darstellen. In der Ausgangssituation bei einer Produktion von 200 betrugen geplante Investition und geplantes Sparen jeweils 100. Es herrschte also Gleichgewicht. Mit dem Anstieg der geplanten Investition auf 200 entsteht ein Ungleichgewicht im Sinne eines Nachfrageüberhangs (I_1 = 200 > S_0 = 100). Infolge der oben beschriebenen sukzessiven Einkommenserhöhung steigt auch das einkommensabhängige Sparen, und zwar solange, bis dieses bei einer Produktion von 400 den Investitionsplänen von 200 entspricht.

Hebt man die bisherigen restriktiven Annahmen (geschlossene Volkswirtschaft ohne staatliche Aktivität sowie Nettogrößen) auf, so wird der Ausdruck für den *Multiplikator* zwar etwas komplexer, nichtsdestoweniger treffen die oben dargestellten Überlegungen auch hier zu. Die Herleitung dieses erweiterten Multiplikators bedarf nur einiger Ergänzungen und Konkretisierungen der Variablen:

Y	=	Einkommen	Im = Importnachfrage
C	=	Konsumgüternachfrage	c = marg. Konsumquote
I^b	=	Investitionsgüternachfrage	t = marg. Einkommenssteuersatz
St	=	Staatsnachfrage	m = marg. Importquote
Ex	=	Exportnachfrage	Tr = Transferzahlungen an private Haushalte

$$Y = C + I^b + St + Ex - Im$$
$$\rightarrow \quad C = c \cdot Y_{verf.} \quad \text{und}$$
$$Y_{verf.} = Y - t \cdot Y + Tr \quad \text{also}$$
$$Y = c \cdot (Y - t \cdot Y + Tr) + I^b + St + Ex - Im$$
$$\rightarrow \quad Im = m \cdot Y \,^{53} \quad \text{und}$$
$$Y = c \cdot (Y - t \cdot Y + Tr) + I^b + St + Ex - m \cdot Y \quad \text{also}$$
$$Y = c \cdot Y - c \cdot t \cdot Y + c \cdot Tr + I^b + St + Ex - m \cdot Y$$
$$Y - c \cdot Y + c \cdot t \cdot Y + m \cdot Y = I^b + St + Ex + c \cdot Tr$$
$$Y(1 - c + c \cdot t + m) = I^b + St + Ex + c \cdot Tr$$
$$Y = \frac{1}{(1 - c + c \cdot t + m)} \cdot (I^b + St + Ex + c \cdot Tr) \quad \text{oder}$$
$$\Delta Y = \frac{1}{(1 - c + c \cdot t + m)} \cdot \Delta(I^b + St + Ex + c \cdot Tr)$$

An dieser Stelle soll noch kurz auf die ökonomische Bedeutung von c (= *marginale Konsumquote*), t (= *marginaler Steuersatz*) und m (= *marginale Importquote*) eingegangen werden. Steigt c, wird also ein größerer Teil des Einkommens konsumiert, so steigt auch der Multiplikator. Nimmt hingegen t zu, so bedeutet dies, daß das verfügbare Einkommen der privaten Haushalte und mit ihm die Konsumgüternachfrage sinkt; der Multiplikator nimmt ab. Ähnliches gilt für m. Eine Erhöhung der Importneigung bedeutet, daß die privaten Haushalte einen größeren Teil ihres Einkommens für Güter aus dem Ausland verwenden, letzteres somit nicht mehr im Inland nachfragewirksam wird.

2.6 Anpassungsprozesse an Nachfrageänderungen in der klassischen Theorie

Bisher wurde argumentiert, daß Veränderungen von Investitionsplänen über Gesamtnachfrage- und Einkommensveränderungen entsprechende Anpassungen beim geplan-

---

[53] Dies ist eine vereinfachte Importfunktion. Verwendet man als unabhängige Variable das verfügbare Einkommen [Im = m (Y − tY + Tr)], ergibt sich als Ergebnis:

$$\Delta Y = \frac{1}{(1 - c + ct + m - mt)} \Delta(I^b + St + Ex + cTr - mTr).$$

ten Sparen induzieren würden, das Sparen also einkommensabhängig ist. Die meisten Ökonomen vor Keynes sahen das Sparen hingegen wie die Investitionen als zinsabhängig an. Die Abstimmung von Spar- und Investitionsplänen erfolgt danach über den Zinssatz; multiplikative Nachfrageeffekte entfallen.

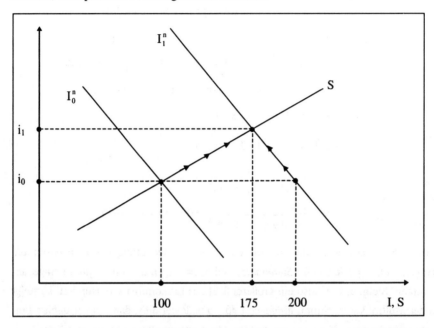

Zugrunde liegt hierbei die Vorstellung, daß die Nachfrage nach Investitionsgütern verbunden ist mit einer Nachfrage nach finanziellen Mitteln, andererseits die Ersparnis nicht nur Konsumverzicht darstellt, sondern daß die nicht für Konsum verausgabten Einkommensteile am Kapitalmarkt angeboten würden. Nachfrage nach finanziellen Mitteln entfalten die Unternehmen und der Staat in Höhe der beabsichtigten Nettoinvestitionen. Das Mittelangebot umfaßt die Ersparnis aller Sektoren (private Haushalte, Unternehmen, Staat).

In der Ausgangssituation gilt:

$I^n = S = 100$; der Gleichgewichtszins beträgt i_0.

Steigt nun die Investitionsgüternachfrage auf 200, erhöht sich auch die Kapitalnachfrage; es kommt zu einer Zinssatzerhöhung von i_0 auf i_1. Dies führt einerseits zu einer vermehrten Ersparnisbildung, da das Sparen attraktiver wird; andererseits sinken die Investitionen, da die Investitionsprojekte, deren interner Zinssatz zwischen i_0 und i_1 liegt,

liegt, nicht mehr realisiert werden. Das neue Investitions- bzw. Sparvolumen spielt sich in obigem Beispiel bei 175 und einem Gleichgewichtszins von i_1 ein. Die Investitionen, aber auch die Ersparnis sind jeweils um 75 gestiegen. Ein Ansteigen der Ersparnis um 75 bedeutet zugleich, daß die Konsumgüternachfrage um 75 gesunken ist; die Gesamtnachfrage ist damit unverändert geblieben. Der Erhöhung der Investitionsgüternachfrage um 75 steht eine gleichgroße Verminderung der Konsumgüternachfrage um 75 gegenüber. Während im Rahmen der Überlegungen zur Multiplikatortheorie die Anpassungen von Sparplänen an Investitionspläne über Gesamtnachfrage- und Einkommensveränderungen erfolgen, findet die Anpassung im klassischen System über Zinsveränderungen statt, ohne daß das Niveau der Gesamtnachfrage beeinflußt wird.[54]

Offenbar ist die Güternachfrage aus keynesianischer Sicht entscheidend für das Einkommens- und Produktionsniveau; die Nachfrage bestimmt das Angebot. Nach der klassischen Theorie gibt es diese Wirkungen der Güternachfrage hingegen nicht. Wie bereits eingangs dieses Kapitels erwähnt wurde und später noch näher begründet wird, ist es nach dieser Sicht umgekehrt: Das Angebot bestimmt die Nachfrage.

Der Vergleich zwischen den oben skizzierten klassischen Erklärungsansätzen mit den keynesianischen macht weitere Unterschiede deutlich. Das Angebot an Kapital (Ersparnis) und die Nachfrage nach Kapital (für Investitionszwecke) werden über einen flexiblen Zins ausgeglichen. Im Gleichgewicht entspricht der Zinssatz der Grenzproduktivität des Kapitals und der marginalen Bereitschaft der Haushalte zum Konsumverzicht. Dieser sog. *natürliche Zins* ergibt sich aufgrund der realwirtschaftlichen Bedingungen; ob eine größere oder kleinere Geldmenge in die Volkswirtschaft geschleust wird, ist für die realwirtschaftlichen Bedingungen belanglos.[55]

Wesentlich anders ist dies nach der keynesianischen Theorie. Zwar sind die *„Grenzproduktivität des Kapitals"* und Keynes' *„Grenzleistungsfähigkeit des Kapitals"* verwandte Konzepte. Keynes betonte aber die Unsicherheit der zukünftigen Investitionserträge und damit ein Element genereller Investitionsinstabilität. Für die Bedeutung monetärer Größen wichtiger ist jedoch, daß nach der keynesianischen Theorie die Investitionsent-

---

[54] Der Zins bestimmt also die Aufteilung des Einkommens auf Investition und Konsum bzw. Ersparnis. Bei - durch Verbesserung der Angebotsbedingungen - wachsendem Einkommen steigt selbstverständlich auch der Konsum.

[55] Zur Modifikation dieser Zusammenhänge bei kurzfristiger bzw. langfristiger Perspektive siehe Kapitel VII und IX, 4.

scheidung aufgrund eines Vergleichs der „*Grenzleistungsfähigkeit des Kapitals*" (bzw. des internen Zinsfußes) mit dem Marktzins erfolgt. Während nach klassischem Verständnis der Marktzins auf längere Sicht mit dem natürlichen Zins übereinstimmt, weil die zinsabhängigen Investitions- und Sparpläne den Marktzins auf das natürliche Niveau drücken, ergibt sich der Marktzins aus keynesianischer Sicht aus dem Zusammenspiel von Geldangebot und Geldnachfrage. Mit dem Marktzins wird also eine monetäre Größe zu einer unabhängigen Variablen der Investitionstätigkeit; im Gegensatz zur klassischen Theorie haben nach der keynesiansichen Theorie Änderungen im monetären Bereich, dem sog. Geldmarkt, Änderungen auf dem Gütermarkt zur Folge.

	Bestimmungsgrößen von ...			
	... Konsum	...Investition	... Sparen	... Zins
Klassik	Einkommen, Zins	Einkommen, Zins	Einkommen, Zins	realwirtschaftl. Bedingungen
Keynes	Einkommen	Einkommen, Zins	Einkommen	monetäre Bedingungen

V. Kapitel

Die Rolle des Geldes

1. Funktionen und Arten des Geldes

Wenn oben erwähnt wurde, daß nach klassischer Ansicht durch Geld keine realen Wirkungen ausgelöst würden, bedarf dies einer kleinen Einschränkung. Selbstverständlich waren die Volkswirtschaften auch im letzten Jahrhundert zugleich Geldwirtschaften, und den Ökonomen waren die realwirtschaftlichen Vorteile in Form höherer Produktivität geläufig, die durch Benutzung des Geldes entstanden.

Mit Geld hat man ein standardisiertes Gut, mit dem sich die Werte aller anderen Güter ausdrücken lassen (*Rechenfunktion*). Geld als Recheneinheit kann zum Vergleich von ökonomischen Vorkommnissen verwendet werden, die zeitlich eng beieinander liegen (Zeitquerschnitt), z. B. Preise unterschiedlicher Waren, Vergleich unterschiedlicher Möglichkeiten der Einkommenserzielung. Geld als Recheneinheit kann aber auch für Vergleiche im Zeitablauf (Zeitlängsschnitt) dienen, z. B. Entscheidung über die Durchführung einer Investition durch ein Unternehmen.

Bekannt war auch die *Tausch- bzw. Zahlungsmittelfunktion*, die ebenfalls die Informations- und Transaktionskosten erheblich reduziert. Erst die Zahlungsmittelfunktion des Geldes befreit die Güterzirkulation von der Tauschrestriktion, also der Notwendigkeit, daß ein Güternachfrager nicht nur einen Lieferanten finden muß, sondern darüber hinaus einen solchen Lieferanten, der umgekehrt zugleich Bedarf an den von ihm selbst angebotenen Gütern besitzt. Geld als Zahlungsmittel dient auch der isolierten Weitergabe von Kaufkraft in sog. Verteilungstransaktionen (Primärverteilungstransaktion: z. B. Lohn- oder Zinszahlungen; Umverteilungstransaktionen: z. B. Steuerzahlungen oder Unterstützungszahlungen). Geld als Zahlungsmittel findet ferner in Anlage- oder Kredittransaktionen Verwendung (Geld gegen Forderung) Die Möglichkeit zu Finanzierungsakten stellt eine Voraussetzung für die Entstehung wirklich großer Produktionsstätten dar; denn sie erst schaffen die Vorbedingung dafür, daß man Investitionen durchführen kann, ohne vorher selbst in gleichem Umfang Vermögen gebildet zu haben.

Schließlich ist noch die - von den Klassikern vernachlässigte - *Wertaufbewahrungsfunktion* zu erwähnen, die es erlaubt, die Tauschakte Ware gegen Geld und Geld gegen Ware zeitlich zu trennen. Die Wertaufbewahrungsfunktion kann direkt ausgeübt werden, indem eigentliche Zahlungsmittel (Bargeld, Sichtguthaben) gehalten werden. Wohl wichtiger ist allerdings die indirekte Ausübung der Wertaufbewahrungsfunktion durch Geld als Denominationseinheit von Schuldbeziehungen (z. B. auf Euro lautende Staatsanleihen). Die Wirtschaftssubjekte müssen hier darauf vertrauen können, daß die Kaufkraft einer Geldeinheit im Zeitablauf im wesentlichen erhalten bleibt. Dies zeigt: Funktionsfähiges Geld ist eine entscheidende Vorbedingung für das Ingangkommen der volkswirtschaftlichen Arbeitsteilung.

Medien, die die Geldfunktionen erfüllen, werden als Geld bezeichnet. Bei den heute üblichen Geldarten wird nach Zentralbankgeld (ZBG) und Geschäftsbankengeld unterschieden. Das ZBG besteht aus dem Bargeldbestand der Nichtbanken (BG)[56], welcher identisch mit dem *Bargeldumlauf* ist, und den Guthaben (Einlagen, Depositen) der Geschäftsbanken (D_S^{GB}) bei der Notenbank. Das gesamte *Zentralbankgeld* wird auch als *Geldbasis* oder „high powered money" bezeichnet.

Definitorisch gilt also:

$$ZBG = BG + D_S^{GB}$$

Unter *Geschäftsbankengeld* versteht man die von den Nichtbanken bei den Geschäftsbanken gehaltenen Guthaben. Über dieses Geld kann mittels Abhebung, Überweisung, Scheckziehung etc. verfügt werden. Das Geschäftsbankengeld wird auch als Buch- oder Giralgeld bezeichnet.

Im Rahmen geldpolitischer Fragestellungen sind verschiedene, mehr oder minder weite *Geldmengenabgrenzungen* gebräuchlich, und zwar M1, M2 und M3. M1 ergibt sich aus der Addition des Bargeldbestandes und der Sichteinlagen (täglich fällige Einlagen) von Nichtbanken bei Banken (D_S^{NB}).

$$M1 = BG + D_S^{NB}$$

Bei den weiter gefaßten Geldmengenaggregaten M2 und M3 werden zusätzliche Anlageformen einbezogen.[57] Aus Gründen der Vereinfachung wird im folgenden, soweit nicht explizit im Text davon abgewichen wird, auf M1 abgestellt.

---

[56] Vom Kassenbestand der Kreditinstitute, welcher natürlich auch Zentralbankgeld darstellt, wird aus Gründen der Vereinfachung abgesehen.

[57] Zu einer detaillierten Abgrenzung der Aggregate siehe S. 129.

2. Geldangebot

2.1 Akteure des Geldangebotsprozesses

Geldanbieter ist das Bankensystem, das aus der *Notenbank* (*Zentralbank*) und den *Geschäftsbanken* (GB) besteht. Der Nichtbankensektor (Unternehmen, private Haushalte, Staat (ohne Notenbank)) kommt über die Geldnachfrage ins Spiel. Diese bestimmt letztlich - im Zusammenwirken mit den Geschäftsbanken und in Abhängigkeit von den durch die Notenbank gesteuerten monetären Bedingungen - die Höhe des *Geldangebots*, also der in den Bankbilanzen ausgewiesenen Geldbestände.

Anbieter des Zentralbankgelds ist die Notenbank. Zentralbankgeld wird immer dann geschaffen, wenn es zu einer Verlängerung der Notenbankbilanz kommt. Dies kann beispielsweise durch Ankauf von *Devisen* (liquide Fremdwährungsforderungen gegenüber Gebietsfremden) oder durch die Einräumung eines Kredits an eine Geschäftsbank geschehen. Man spricht hier von (*Zentralbank-*) *Geldschöpfung* durch Monetisierung von Aktiva, da die Notenbank mit selbstgeschaffenem Geld bezahlt.

Dieser Zusammenhang soll anhand eines Beispiels verdeutlicht werden. Eine Geschäftsbank verkauft Devisen, die sie gegen Einräumung eines Sichtguthabens (D_S^{Ex}) von einem Exporteur erworben hat, an die Notenbank.[58] Im Gegenzug wird der Geschäftsbank ein entsprechendes Sichtguthaben (D_S^{GB}) eingeräumt. Diese Transaktionen schlagen sich in den Bilanzen der Noten- bzw. der Geschäftsbank folgendermaßen nieder:

Notenbank

Devisen	10000	D_S^{GB}	10000

Geschäftsbank

ZBG-Guthaben	10000	D_S^{Ex}	10000

Verkürzungen der Notenbankbilanz hingegen führen zu einer Vernichtung von Zentralbankgeld. Verkauft die Notenbank beispielsweise US-Dollar zur Stützung des Euro-

---

[58] Vereinfachend sei hierbei unterstellt, daß Geschäftsbanken jederzeit Devisen an die Notenbank verkaufen können.

Wechselkurses, so verringert sich im Zuge dieser Transaktion der Devisenbestand der Notenbank. Zugleich aber wird der Bestand an Zentralbankgeld vermindert, da gegenüber der Notenbank nur mit Zentralbankgeld gezahlt werden kann. Es kommt somit zu einer Verkürzung der Notenbankbilanz.

Die bisherigen Überlegungen machen zugleich einen für das Geldangebot zentralen Punkt deutlich: Solange eine Notenbank keine Fremdwährungsverbindlichkeiten eingeht, kann sie nicht illiquide werden, weil sie immer mit selbst geschaffenem Geld bezahlen kann. Eine quantitativ fixierbare Grenze für die Produktion von Zentralbankgeld besteht nicht. Eine Grenze gibt es nur insoweit, als der Notenbank politisch/gesetzlich Ziele vorgegeben sind, denen sie nachkommen muß. Üblicherweise steht das Ziel der Preisniveaustabilität im Vordergrund. Die Notenbank darf dann nur die Zentralbankgeldmenge zur Verfügung stellen, die die Realisierung dieses Ziels nicht gefährdet.

Anders verhält es sich mit der *Giralgeldschöpfung* der Geschäftsbanken. Zunächst stellt es für eine Geschäftsbank kein Problem dar, z. B. Devisen eines Exporteurs anzukaufen und mit Sichtguthaben, d.h. mit Forderungen gegen sich selbst, zu bezahlen. Illustriert werden soll dies wieder anhand des bereits eingangs verwendeten Beispiels.

Geschäftsbank			
Devisen	10000	D_S^{Ex}	10000

In Höhe des Sichtguthabens, welches die Geschäftsbank im Gegenzug für die Hergabe der Devisen dem Exporteur eingeräumt hat, ist die Geldmenge gewachsen. Probleme dürften sich jedoch für die Bank ergeben, wenn der Exporteur über den Gegenwert seines Guthabens in heimischer Währung verfügen will. Möchte der Exporteur das Guthaben bar abheben, dann ist die Geschäftsbank illiquide. Sie müßte in Banknoten bezahlen, die sie nicht besitzt und auch nicht selbst schaffen kann (das alleinige Recht zur Ausgabe von Banknoten hat die Notenbank). Um Illiquität zu vermeiden, muß sie sich Zentralbankgeld, z. B. durch Verkauf der Devisen an die Notenbank, beschaffen.

Eine erste *Restriktion für das Geldangebot* der Geschäftsbanken liegt somit schlichtweg darin, daß die Nichtbanken einen bestimmten Prozentsatz ihrer Guthaben in Form von Bargeld (*Bargeldquote*) halten wollen. Der Geschäftsbankensektor ist somit auf die Bereitstellung von Zentralbankgeld durch die Notenbank angewiesen.

Eine zweite Restriktion für die Geldschöpfungsfähigkeit des Geschäftsbankensektors ergibt sich dann, wenn die Geschäftsbanken zur Haltung von Mindestreserven verpflichtet sind. *Mindestreserve* heißt, daß die Geschäftsbanken in Höhe eines bestimmten Prozentsatzes ihrer Einlagen Guthaben bei der Notenbank unterhalten müssen. Neben der Bargeldnachfrage der Nichtbanken stellt die Mindestreserve somit die zweite tragende Säule der Anbindung des Geschäftsbankensektors an die Notenbank dar. Sowohl die Bargeldnachfrage als auch die Mindestreserve schaffen nämlich Nachfrage nach Zentralbankgeld. Letztere ist jedoch Voraussetzung, damit die Notenbank überhaupt auf den Geschäftsbankensektor einwirken kann.

Die Wirkungsweise der Mindestreserve sei wiederum anhand eines einfachen Beispiels erläutert. Auch hier soll ein Exporteur Devisen im Werte von 10000 bei seiner Hausbank einreichen, welche ihm im Gegenzug Sichtguthaben einräumt.

Geschäftsbank			
Devisen	10000	D_S^{Ex}	10000

Auf die Sichtguthaben des Exporteurs muß die Geschäftsbank nun aber Mindestreserve halten. Unterstellt man einen Mindestreservesatz von 10%, so muß sich die Geschäftsbank Zentralbankgeld im Werte von 1000 beschaffen, um dieser Verpflichtung nachkommen zu können. Sie muß somit mindestens Devisen im Werte von 1000 an die Notenbank verkaufen, um in den Besitz des benötigten Zentralbankgeldes zu gelangen. Die Bilanzen der Noten- und der Geschäftsbank haben nach Abschluß dieser Transaktion folgendes Aussehen:

Notenbank			
Devisen	1000	D_S^{GB}	1000

Geschäftsbank			
ZBG-Guthaben	1000	D_S^{Ex}	10000
Devisen	9000		

Die Ansatzpunkte für die Geldpolitik lassen sich aus dem Ausweis des Eurosystems, also der konsolidierten Bilanz der Europäischen Zentralbank und der 12 zum Euro-Währungsraum gehörenden nationalen Zentralbanken, die zusammen das Eurosystem bilden, entnehmen. Der Ausweis wird jeweils zum Wochenschluß (Freitag) erstellt und veröffentlicht. Er gibt Auskunft über den Bedarf an Zentralbankgeld sowie die Art der Zurverfügungstellung durch die Notenbank.

Konsolidierter Ausweis des Eurosystems - vereinfachte Darstellung - zum 31.12.2001 (in Mrd. Euro)			
Aktiva		Passiva	
A.1: Währungsreserven - Gold - Fremdwährungsforderungen (Devisen)	396 127 269	P.1: Banknotenumlauf[59]	280
A.2: Forderungen an den Finanzsektor im Euro-Währungsgebiet	170	P.2: Verbindlichkeiten in Euro gegenüber dem Finanzsektor im Euro-Währungsgebiet	134
A.3: Sonstiges	<u>215</u> 781	P.3: Sonstiges	<u>367</u> 781

Quelle: Europäische Zentralbank, Monatsbericht April 2002, S. 6*f.

Das Banknotenmonopol der Notenbank und die Pflicht, Mindestreserve zu halten, zwingen die Kreditinstitute in die Notenbank (Zwangsnachfrage nach P.1 und P.2), wobei die Nachfrage nach Zentralbankgeld (P.1 + P.2) seitens der Kreditinstitute vom Wachstum der Geldmenge (M) abhängt. Um an Zentralbankgeld zu kommen, müssen die Kreditinstitute Geschäfte mit der Notenbank tätigen. Prinzipiell gibt es hier zwei Möglichkeiten: Entweder die Notenbank ist bereit, Währungsreserven (A.1) von den Kreditinstituten anzukaufen oder die Kreditinstitute verschulden sich bei der Notenbank (A.2). Im zweiten Fall spricht man auch davon, daß sich die Kreditinstitute bei der Notenbank „refinanzieren". Die Bereitstellung von Zentralbankgeld durch die Notenbank über Refinanzierungsgeschäfte ist der übliche Weg, der Ankauf von Währungsreserven der Ausnahmefall, der nur dann relevant wird, wenn die Notenbank an Devisenmarkt

---

[59] In der Bilanz des Eurosystems wird auf der Passivseite nur der Banknoten-, nicht jedoch der Münzumlauf ausgewiesen. Im Gegensatz zum Banknotenmonopol, das dem Eurosystem zusteht, liegt das Prägerecht für Münzen bei den Zentralregierungen. Münzen stellen somit in der Bilanz des Eurosystems nur einen durchlaufenden Posten dar. Das Eurosystem kauft sie zum Nennwert von den Zentralregierungen an und verkauft sie dann an die Geschäftsbanken weiter. Zu den Einzelheiten siehe Görgens, E./Ruckriegel, K./Seitz, F., Europäische Geldpolitik, 2. Auflage, Düsseldorf 2001, S. 70, Fn. 38.

interveniert, um den Wechselkurs zu stabilisieren.[60] Da die Notenbank als einzige Zentralbankgeld anbietet, hat sie eine Monopolstellung. Bekanntlich kann ein Monopolist entweder den Preis, hier also den Zinssatz für Zentralbankgeld, oder die Menge, d.h. den Bestand an Zentralbankgeld (P.1 + P.2) steuern. Üblicherweise setzt die Steuerung der Notenbank beim Preis (Zins) an, d. h. sie legt den Zinssatz fest, zu dem sie Refinanzierungsgeschäfte mit den Kreditinstituten abzuschließen bereit ist.

2.2 Determinanten der multiplen Geld- und Kreditschöpfung

Wie schon erläutert wurde, stellt die Notenbank die Geldbasis (= ZBG) zur Verfügung. Die Geschäftsbanken dagegen können Giralgeld in Abhängigkeit von der Bargeldquote c und dem Reservesatz r produzieren; sie bestimmen mit den Sichtdepositen die quantitativ wichtigste Komponente der Geldmenge.

Zur Abschätzung der (maximal) möglichen Geldschöpfungsfähigkeit des Geschäftsbankensektors bedient man sich des *Geldbasiskonzeptes*.[61] Das Geldangebot (M1) steht hier in einer Relation zur (von der Notenbank bereitgestellten) Geldbasis (B = ZBG), so daß gilt:

(1) $\quad\quad M1 = m \cdot B$, wobei m für den *Geldschöpfungsmultiplikator* steht.

Die Geldmenge M1 ergibt sich aus der Addition des Bargeldumlaufes und der Sichteinlagen der Nichtbanken.[62]

(2) $\quad\quad M1 = BG + D$

Die Geldbasis (B = ZBG) kann für den Bargeldumlauf (BG) und die Reservehaltung (R)[63] verwendet werden, so daß gilt:

---

[60] Nur aus Gründen der didaktischen Vereinfachung wurde in obigem Zahlenbeispiel unterstellt, daß die Geschäftsbanken jederzeit Devisen an die Notenbank verkaufen könnten.

[61] Eine traditionelle, buchungstechnische Darstellung des Geschöpfungsprozesses wird als Exkurs im Abschnitt 2.3 dieses Kapitels dargestellt.

[62] Aus Gründen der besseren Übersichtlichkeit soll im folgenden für D_S^{NB} einfach D geschrieben werden.

[63] Die Reservehaltung der Kreditinstitute spiegelt sich in den Einlagen (Guthaben) der Kreditinstitute (Geschäftsbanken) bei der Notenbank wider.

(3) $\quad\quad\quad B = BG + R$

Im Rahmen des Geldbasiskonzeptes werden üblicherweise die Reservehaltung und der Bargeldumlauf als Größen, die in einer festen Relation zu den Sichtguthaben (D) stehen, formuliert.

(4) $\quad\quad\quad R = a \cdot D$

(5) $\quad\quad\quad BG = c \cdot D,$

wobei a die Reservehaltungsneigung, c die Bargeldneigung bezeichnen.

Vereinfacht soll hier von einer freiwilligen Reservehaltung der Geschäftsbanken abgesehen werden, so daß die Reservehaltungsneigung (a) dem Mindestreservesatz (r) entspricht.

Setzt man (5) in (2) ein, so gilt:

(6) $\quad\quad\quad M1 = c \cdot D + D$
$\quad\quad\quad\quad\quad\quad = D(c + 1)$

Gleichungen (4) und (5) in (3) eingesetzt, ergibt

(7) $\quad\quad\quad B = c \cdot D + a \cdot D$
$\quad\quad\quad\quad\quad = D(c + a)$

Durch Einsetzen von (6) und (7) in (1) folgt:

(8) $\quad\quad\quad D(c + 1) = m \cdot D(c+a), \quad$ bzw.

$$m = \frac{D(c+1)}{D(c+a)}$$

oder (nach Kürzung um D)

$$m = \frac{c+1}{c+a}$$

Bei einer Geldbasis von beispielsweise 10000, einer Bargeldquote von c = 0,5 und einem Reservesatz von a = 0,1 ergibt sich folglich

$$M1 = \frac{0,5+1}{0,5+0,1} \cdot 10000 = 25000$$

Die bei den angenommenen Werten für B, c und a maximale Geldmenge beträgt also 25000. Die Geldschöpfungsmöglichkeiten sind um so höher, je geringer c und a sind. Bei höherer Bargeldquote bzw. höherem Mindestreservesatz wird mehr Zentralbankgeld bei den Nichtbanken (c) bzw. der Notenbank (a) gebunden, die Geschäftsbanken verlieren zunehmend die Fähigkeit der multiplen Giralgeldschöpfung. Die Analyse könnte auf weitere Geldmengenaggregate und unterschiedliche Mindestreservesätze ausgedehnt werden, ohne daß sich an den grundsätzlichen Zusammenhängen etwas ändern würde. Das Geldbasiskonzept ist für die praktische Geldpolitik aber nur von eingeschränktem Nutzen,[64] da bis auf die Mindestreservesätze die Koeffizienten des Multiplikators (bei M1 c, bei breitergefaßten Geldmengenaggregaten kommen weitere hinzu) weder konstant noch hinreichend prognostizierbar sind.

Das Geldbasiskonzept hat aber weiterhin den Nachteil, daß es nicht erklären kann, wie das Geld tatsächlich ins System kommt. Deutlich werden diese Zusammenhänge erst, wenn man die konsolidierte Bilanz des Geschäftsbankensystems (Kreditinstitute ohne Notenbank) heranzieht. Im Bilanzzusammenhang resultiert die Depositen- oder Einlagenkomponente der Geldmenge als eine der bilanziellen Gegenpositionen zum Kreditvolumen.

Aktiva	Konsolidierte Bilanz der Geschäftsbanken	Passiva
Bargeldbestand und Guthaben bei der Notenbank	Kurzfristige Verbindlichkeiten gegenüber Nichtbanken	
Forderungen gegenüber Nichtbanken - Wertpapiere - Buchforderungen	Längerfristige Verbindlichkeiten gegenüber Nichtbanken (Geldkapital)	
	Verbindlichkeiten gegenüber der Notenbank	
	Eigenkapital	

Auf der Aktivseite der Bilanz stehen die Guthaben bei der Notenbank und die verbrieften (Wertpapiere) und unverbrieften (Buchforderungen) Forderungen der Geschäftsbanken an die Nichtbanken (Private, Staat, Nettoforderungen gegenüber dem Ausland). Auf der Passivseite werden neben den Verbindlichkeiten gegenüber der Notenbank die kurzfristigen Verbindlichkeiten (also die Einlagen- oder Depositenkomponenten im Sinne der einzelnen M-Aggregate) sowie die langfristigen Verbindlichkeiten (Geldkapital)

---

[64] Vgl. hierzu Ruckriegel, K./Seitz, F., The Eurosystem and the Federal Reserve System Compared: Facts and Challenges, ZEI Working Paper, B 02 2002, February 2002, S. 18-23 (www.zei.de).

gegenüber Nichtbanken ausgewiesen. Schließlich findet sich auf der Passivseite das Eigenkapital des Geschäftsbankensektors.

Kommt es nun zu einem Anstieg der Kreditnachfrage ($K_0^D \to K_1^D$), so wirkt dies tendenziell zinssatzerhöhend.

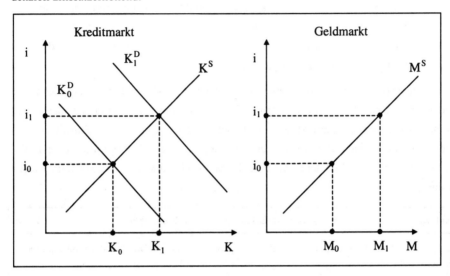

Die Kreditinstitute werden daher mit einer Ausweitung der Kreditvergabe reagieren, sofern vom Eigenkapital her noch ein Spielraum besteht.[65] Eine Zunahme der Kreditvergabe führt über steigende Einlagen und einen steigenden Bargeldbedarf - d. h. über einen Anstieg des Geldangebots ($M_0 \to M_1$)- zu einer vermehrten Nachfrage nach Zentralbankgeld. Die Notenbank wird in einem ersten Schritt zwar diesen Bedarf befriedigen. Sie kann jedoch über eine Erhöhung der Notenbankzinsen, zu denen sie das Zentralbankgeld zur Verfügung stellt, einen dämpfenden Einfluß auf die künftige Kreditvergabe der Geschäftsbanken ausüben. Das Kreditangebot (K^S) würde sich in diesem Falle nach oben verschieben.

Daß eine steigende Kreditvergabe zu einem entsprechenden Anstieg der Geldmenge führt, ist allerdings nicht zwangsläufig. Zwar ist mit der Kreditausweitung kurzfristig eine entsprechende Zunahme der kurzfristigen Einlagen verbunden. Die Nichtbanken können dies aber jederzeit rückgängig machen, indem sie ihre kurzfristig fälligen Einla-

---

[65] Aus bankaufsichtsrechtlichen Gründen kann eine Geschäftsbank (risikobehafte) Kredite nur bis zu einem bestimmten Vielfachen ihres Eigenkapitals vergeben.

gen längerfristig anlegen (Umwandlung in Geldkapital), es kann also jederzeit zu einer „endogenen Geldvernichtung" kommen. Graphisch läßt sich eine solche „endogene Geldvernichtung" durch eine Linksverschiebung der Geldangebotsfunktion verdeutlichen. Das aus diesen Vorgängen resultierende Geldangebot (M^S) entspricht also stets dem Geldbestand (M), also der von den Nichtbanken gewünschten Geldhaltung, so daß im folgenden $M^S = M$ geschrieben werden kann.

Die tatsächlich gehaltene, d.h. die in den Bankbilanzen beobachtbare Geldmenge, ist also nicht bloßer Reflex der Kreditvergabe. Das entscheidende Wort spricht vielmehr die Geldnachfrage der Nichtbanken. Sie unterliegt aber Eigengesetzlichkeiten, die im Mittelpunkt theoretischer und empirischer Untersuchungen zur Geldnachfrage stehen.

2.3 Exkurs: Buchungstechnische Darstellung des Geldschöpfungsprozesses

In einfachen Darstellungen zum Geldangebotsprozeß nimmt dieser seinen Ausgang in einem Überschuß an Zentralbankgeld im Geschäftsbankensystem. Dabei handelt es sich um eine starke Vereinfachung, teilweise sogar um eine Umkehr der in der Realität zu beobachtenden Abläufe. Einfache Multiplikatorvorstellungen suggerieren nämlich, die Geschäftsbanken könnten den Nichtbanken - also den Nachfragern nach Geld - eine bestimmte Geldmenge aufzwingen, nur weil sie eine bestimmte „Überschußreserve" unterbringen wollen. Geld (M) manifestiert sich aber nur dann in den Bankbilanzen, wenn die Nichtbanken dieses auch nachfragen, d.h. Guthaben in entsprechender Höhe auch halten wollen. Die Nichtbanken haben nämlich jederzeit die Möglichkeit, Geld in Geldkapital umzuwandeln bzw. durch einen Abbau ihrer Verschuldung beim Bankensystem zu vernichten. Die Kassenhaltung stimmt also stets mit der von den Nichtbanken gewünschten Geldhaltung überein. Dies heißt aber auch, daß die Anstöße für die Geldschöpfung i.d.R. von den Nichtbanken, also von der Geldnachfrage ausgehen,[66] die Geldmenge daher insoweit endogen, aus dem Wirtschaftsprozeß heraus, bestimmt

---

[66] Der Einfluß der Geschäftsbanken auf die Geldhaltung kann allerdings dann dominierend werden, wenn diese aus geschäftspolitischen Gründen eine Änderung der relativen Verzinsung einzelner Anlageformen vornehmen. Ein Beispiel hierfür ist etwa die Bonifizierung von Spareinlagen. Spareinlagen, die herkömmlich zu M3 zählen, konnten so gegenüber von Sparbriefen und Bankschuldverschreibungen an Boden gewinnen, was natürlich M3 aufblähte.

wird.[67] Das hierzu benötigte Zentralbankgeld - etwa zur Erfüllung der Mindestreservepflicht bzw. zur Befriedigung der Nachfrage nach Bargeld durch die Nichtbanken - müssen sich die Geschäftsbanken freilich bei der Notenbank zu den von ihr festgelegten Konditionen besorgen.

Ungeachtet dieser Schwächen haben die traditionellen Darstellungen zum Geldangebotsprozeß jedoch den Vorzug, einige grundlegende Zusammenhänge des Banken- und Nichtbankensektors klar hervortreten zu lassen, weshalb wir auch auf die herkömmlichen Überlegungen im folgenden etwas näher eingehen wollen. Dabei wird allerdings unterstellt, daß das von den Geschäftsbanken geschaffene (zusätzliche) Geld von den Geldnachfragern auch gehalten wird. Insofern steht der im folgenden dargelegte Geldangebotsprozeß unter dem Vorbehalt der Akzeptanz durch die Nichtbanken.

Wie schon erläutert wurde, stellt die Notenbank die Geldbasis (= ZBG) zur Verfügung. Die Geschäftsbanken dagegen können Giralgeld in Abhängigkeit von der Bargeldquote c und dem Reservesatz r produzieren; sie bestimmen mit den Sichtdepositen die quantitativ wichtigste Komponente der Geldmenge. Da Guthaben der Geschäftsbanken bei der Notenbank nicht verzinst werden, werden Geschäftsbanken diese Guthaben möglichst niedrig halten. Wir gehen deshalb etwas vereinfachend davon aus, daß der Mindestreservesatz die Reservehaltung determiniert.

Ausgehend von einer - durch Devisenankauf durch die Notenbank entstandenen - Zufuhr an Zentralbankgeld, kann jetzt die Kreditschöpfung und damit die Geldschöpfung des Bankensystems dargestellt werden. Zum besseren Verständnis soll dies anhand von Konten erfolgen.

Nach Ankauf der Devisen vom Exporteur und Verkauf an die Notenbank hat die Bilanz der Geschäftsbank A (GB$_A$) folgendes Aussehen:

---

[67] „Im realwirtschaftlichen Sektor werden Zahlungsmittel im Zuge der Entstehung und Verwendung des Sozialprodukts benötigt. Mit zunehmender Aktivität wächst die Geldnachfrage. Sie wird von den Kreditinstituten befriedigt. Die Geldbestände werden größer. In dieser Sicht stellt die Geldmenge eine rein endogene Größe dar. Die Notenbank, bei der sich die Kreditinstitute refinanzieren müssen, beobachtet die Entwicklung der Geldbestände mit der Frage, ob sie Hinweise auf entstehende Inflationsgefahren gibt." H. Hesse, Als Wissenschaftler in der Politik?, in: Deutsche Bundesbank, Auszüge aus Presseartikeln, Nr. 47 (1994), S. 12. So schreibt auch Issing, das geldpolitische Steuerungskonzept der Bundesbank sei darauf ausgerichtet, „die Geldnachfrage indirekt über die Beeinflussung der Geldmarktbedingungen zu kontrollieren." O. Issing, Die Geldmengenstrategie der Deutschen Bundesbank, in: Deutsche Bundesbank, Auszüge aus Presseartikeln, Nr. 91 (1994), S. 2.

GB_A

ZBG-Guthaben		5000	D_S^{Ex}	5000
⊢ MR	500			
⊢ ÜR	4500			

Da die GB_A auf das Sichtguthaben, welches der Exporteur bei ihr unterhält, eine Mindestreserve in Höhe von 500,-- halten muß, verbleiben ihr noch 4.500,-- überschüssiges Zentralbankgeld. Letzteres wird auch als *Überschußreserve* (ÜR) bezeichnet.

Diese Überschußreserve bildet den Ausgangspunkt der Überlegungen zur Kreditschöpfung. GB_A wird die Überschußreserve zur Kreditgewährung an den Kunden X verwenden, da dies gegenüber der Haltung von zinslosen Guthaben bei der Notenbank rentabler ist. Nach Gutschrift des Kreditgegenwertes auf dem Girokonto des Kunden X hat die Bilanz folgendes Aussehen:

GB_A

ZBG-Guthaben		5000	D_S^{Ex}	5000
⊢ MR	950			
⊢ ÜR	4050			
K^X		4500	D_S^X	4500
		9500		9500

Bei dem zugrundegelegten Mindestreservesatz von 10% (der Sichtguthaben) ergibt sich für die GB_A eine Erhöhung der Mindestreservehaltung auf 950. Unterstellt man jetzt eine *Bargeldquote* (c) von 50%, d. h. die Kreditnehmer wollen 50% der eingeräumten Kredite in Form von Bargeld halten, wird Kunde X 2250,-- bar abheben. Den Restbetrag überweist er an Y bei GB_B, z. B. zur Begleichung einer Verbindlichkeit. Die Bilanz von GB_A hat somit nach Abschluß dieser Transaktion folgendes Aussehen:

GB_A

ZBG-Guthaben		500	D_S^{Ex}	5000
⊢ MR	500			
⊢ ÜR	0			
K^X		4500		
		5000		5000

Obwohl GB_A nach der Kreditgewährung nur eine Überschußreserve von 4050 verblieben ist, kann sie den Wünschen von X nach Abhebung und Überweisung in einer Gesamthöhe von 4500,-- ohne weiteres nachkommen, da durch die Reduktion der Sichtverbindlichkeiten auch Mindestreserve freigesetzt wurde (4050 + 450 = 2250 + 2250).

Für GB_B ergibt sich nach Erhalt der Überweisung folgende Bilanz:

GB_B

ZBG-Guthaben	2250	D_S^Y	2250
⌐ MR	225		
⌐ ÜR	2025		
	2250		2250

Durch die Überweisung ist GB_B Zentralbankgeld in gleicher Höhe zugeflossen. Dieser Zufluß kommt zustande, indem das Zentralbankguthaben der GB_A bei der Notenbank auf die GB_B übergeht. Die Notenbank nimmt also eine schlichte Umbuchung vom Konto der GB_A auf das Konto der GB_B vor. Nach Abzug der Mindestreserve verbleibt der GB_B eine Überschußreserve von 2025, die zur Kreditvergabe an den Kunden Z verwendet wird.

GB_B

ZBG-Guthaben	2250	D_S^Z	2025
⌐ MR	427,5		4275
⌐ ÜR	1822,5		
K^Z	2025		
	4275		

Kunde Z hebt wieder 50% ab und überweist den Restbetrag an Q bei der GB_C.

GB_B

ZBG-Guthaben	225	D_S^Y	2250
⌐ MR	225		
⌐ ÜR	0		
K^Z	2025		
	2250		2250

Daraus resultiert für GB_C folgende Bilanz:

GB_C			
ZBG-Guthaben	1012,5	D_S^Q	1012,5
⊢ MR	101,25		
⊢ ÜR	911,25		
	1012,5		1012,5

Dieser Prozeß wird sich solange fortsetzen, bis die gesamte Überschußreserve aufgebraucht ist und das vorhandene Zentralbankgeld entweder in Form von Bargeld oder Mindestreserve gehalten wird.

Es ist offensichtlich, daß sich in Abhängigkeit von c und r aus einer einmaligen Zufuhr an Zentralbankgeld ein Mehrfaches an Krediten und damit an Geld herauslegen läßt. Die Überschußreserve von 4500 erlaubt eine Erhöhung des Kreditvolumens und der Geldmenge ($\Delta BG + \Delta D_S$) um 8.182.

In der folgenden Tabelle sind die Veränderungen der einzelnen monetären Größen in Abhängigkeit einer Überschußreserve von 4500 nochmals zusammengestellt:

	ΔKr	ΔBG	ΔMR	ΔD_S
GB_A	4500	2250	-	-
GB_B	2025	1012,5	225	2250
GB_C	911,2	455,6	101,2	1012,5
GB_D	410,0	205,0	45,6	455,6
	•	•	20,5	205,0
	•	•	•	•
	•	•	•	•
	8182	4091	409,1	4091

Mit Hilfe des *Kreditschöpfungsmultiplikators* lassen sich diese Größen leicht ermitteln.

Ausgangspunkt war die Überlegung, daß durch eine Zufuhr von Zentralbankgeld bei den Banken Überschußreserven entstanden sind, welche sukzessive abgebaut werden, so daß am Ende des Prozesses die gesamte Überschußreserve in Form von Mindestreserve und Bargeld gehalten wird, also gilt:

(1) $\quad\quad\quad$ ÜR $= \Delta$MR $+ \Delta$BG

Die zusätzliche Mindestreserve (ΔMR) folgt aus der Zunahme der Sichteinlagen (ΔD_S).

(2) $\quad\quad\quad \Delta$MR $= r \cdot \Delta D_S$

Der Bargeldabfluß resultiert aus der zusätzlichen Kreditvergabe.

(3) $\quad\quad\quad \Delta$BG $= c \cdot \Delta K$

Setzt man (2) und (3) in (1) ein, so folgt daraus:

(4) $\quad\quad\quad$ ÜR $= r \cdot \Delta D_S + c \cdot \Delta K$

Da eine zusätzliche Kreditvergabe eine Erhöhung des Bargeldbestandes und der Sichtguthaben zur Folge hat, gilt:

(5) $\quad\quad\quad \Delta K = \Delta BG + \Delta D_S \quad$ oder umformuliert:

(6) $\quad\quad\quad \Delta D_S = \Delta K - \Delta BG$

Setzt man (3) in (6) ein, ergibt sich

(7) $\quad\quad\quad \Delta D_S = \Delta K - c \cdot \Delta K \quad$ bzw.
$\quad\quad\quad\quad\quad \Delta D_S = \Delta K (1 - c)$

Durch Einsetzen von (7) in (4) erhält man

$$\text{ÜR} = r \cdot \Delta K (1-c) + c \cdot \Delta K \quad \text{oder}$$
$$\text{ÜR} = \Delta K (r(1-c) + c) \quad \text{bzw.}$$
$$\text{ÜR} = \Delta K (r - r \cdot c + c)$$

Durch einfaches Umformulieren ergibt sich der *Kreditschöpfungsmultiplikator*:

$$\Delta K = \frac{1}{(r - r \cdot c + c)} \text{ÜR}$$

Er gibt die maximale Kreditschöpfungsmöglichkeit des Bankensystems in Abhängigkeit einer - einmalig entstandenen - Überschußreserve an. Die Kreditschöpfungsmöglichkeiten des Bankensystems sind also um so höher, je kleiner die Bargeldquote c bzw. je kleiner der Reservesatz r ist.

Setzt man die Werte aus dem vorherigen Beispiel ein, ergibt sich eine maximale Kreditschöpfungsmöglichkeit von

$$\Delta K = \frac{1}{0{,}1 - 0{,}1 \cdot 0{,}5 + 0{,}5} 4500$$
$$= \frac{1}{0{,}55} \cdot 4500 = 8182 \text{ Geldeinheiten}$$

Da M1 aus Bargeld und Sichtguthaben besteht, folgt gemäß (5), daß die Zunahme des Kreditvolumens der von M1 entspricht. Es gilt also:

$$\Delta K = \Delta M1$$

Im vorstehenden Beispiel wurde die maximal mögliche Kreditschöpfung und die damit verbundene Geldschöpfung auf der Basis der Überschußreserve von 4500 berechnet. Will man hingegen den maximal möglichen monetären Effekt ermitteln, der von dem zugrundegelegten Exportgeschäft ausgeht, so müssen zu den Sichtguthaben in Höhe von 4091 noch die Sichtguthaben des Exporteurs in Höhe von 5000 hinzugerechnet werden (ΔD_S = 9091). Der entsprechende Zuwachs der Mindestreserve beträgt dann 909,1 (409,1 + 500), die Erhöhung von M1 13.182 ($\Delta D_S + \Delta BG$).

Würde man die weiter oben vorgestellte Formel des Geldbasiskonzepts anwenden, ergäbe sich bei der auf dem Exportgeschäft basierenden Zentralbankgeldmenge von 5000 und den Koeffizienten c = 0,5 und a = 0,1 eine Geldmenge von M1 = 12.500, also ein kleinerer Wert als 13.182. Dieser Unterschied beruht ausschließlich darauf, daß – wie in der Literatur üblich – beim Geldbasiskonzept die Bargeldneigung auf die Depositen, beim Geld- und Kreditschöpfungsmultiplikator hingegen auf das Kreditvolumen bezogen wird. Unterstellt man auch für das Geldbasiskonzept eine kreditabhängige Bargeldneigung:

$$BG = cK, \text{ wobei } K = D - rD$$

ergibt sich $\quad BG = (c - rc)D$

Setzt man weiter den Reservesatz (a) und den Mindestreservesatz (r) gleich, ergibt sich folgender modifizierter Multiplikator:

$$m = \frac{M1}{B} = \frac{BG + D}{BG + R}$$

$$m = \frac{c - rc + 1}{c - rc + r}$$

Für das Zahlenbeispiel beträgt dann die Geldmenge

$$M1 = \frac{0{,}5 - (0{,}1 \cdot 0{,}5) + 1}{0{,}5 - (0{,}1 \cdot 0{,}5) + 0{,}1} \cdot 5000 = 13.182$$

3. Geldnachfrage

Ausgangspunkt ist die Frage, warum Nichtbanken Geld in der Form von Bargeld oder Sichtguthaben halten. Die Frage drängt sich deshalb auf, weil diese *Geldhaltung (Kassenhaltung)* zinslos bzw. nahezu zinslos ist, es aber gleichzeitig eine Fülle ertragbringender Anlagemöglichkeiten gibt. Warum tragen die Wirtschaftssubjekte diese Opportunitätskosten in Höhe der entgangenen Erträge?

3.1 Klassische Theorie der Geldnachfrage

Wie eingangs dieses Kapitels bereits erwähnt, sah die klassische Theorie neben der Rechenmittelfunktion den Vorteil des Geldes in seiner Zahlungsmittelfunktion. Man braucht Geld, um die Tauschvorgänge möglichst reibungslos abwickeln zu können. Die Höhe der hierfür erforderlichen Geldhaltung richtet sich nach dem Tauschvolumen und der Häufigkeit, mit der eine bestimmte Geldmenge für Tauschzwecke benutzt wird. Wählt man als Maßstab für das Tauschvolumen das Nominaleinkommen ($P \cdot Y_r$), läßt sich die klassische Geldnachfragetheorie folgendermaßen formulieren:

$$M^D = k \cdot P \cdot Y_r$$

k (*Kassenhaltungskoeffizient*) ist hierbei zu interpretieren als durchschnittliche Geldhaltungs- bzw. *Kassenhaltungsdauer*, d. h. die Zeit, die benötigt wird, um die Spanne zwischen Zahlungseingängen und Zahlungsausgängen zu überbrücken. Wenn z. B. die durchschnittliche Kassenhaltungsdauer einen Monat (= 1/12 Jahr) und das Nominaleinkommen eines Jahres 1200 Geldeinheiten beträgt, so genügt zur Befriedigung der Geldnachfrage eine Geldmenge von 100 Geldeinheiten.

Dieser Gedanke läßt sich anhand einer einfachen Illustration klarmachen: Zu Beginn eines Monats fließt den Haushalten Einkommen in Form einer Übertragung von Sichteinlagen zu. Sieht man vom Sparen ab, so werden die Haushalte dieses Einkommen im Laufe eines Monats wieder verausgaben, d. h., die Sichteinlagen fließen schließlich wieder den Unternehmen zu. Im Monatsdurchschnitt halten somit die Haushalte 50 und die Unternehmen ebenfalls 50 Geldeinheiten, insgesamt also 100 Geldeinheiten.

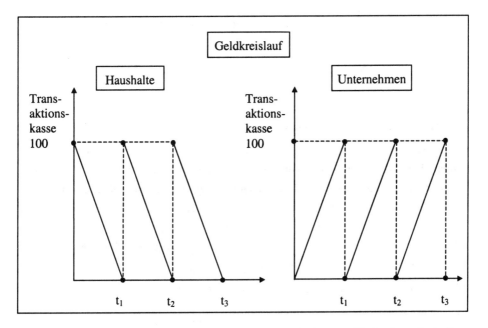

Anstatt mit der Kassenhaltungsdauer kann man auch mit der sog. *Umlaufgeschwindigkeit* des Geldes argumentieren. Die Umlaufsgeschwindigkeit ist nichts anderes als der Kehrwert des Kassenhaltungskoeffizienten, also:

$$v = \frac{1}{k}$$

Im obigen Beispiel beträgt sie 12; die 100 Geldeinheiten werden während eines Jahres zwölfmal zur Finanzierung von Güterkäufen verwandt.

Da diese Kassenhaltungsdauer von den Zahlungsgewohnheiten abhängt, diese sich aber nur allmählich ändern und gemäß klassischer Theorie der Zinssatz keinen Einfluß auf die Geldnachfrage hat, wird der Parameter k kurz- bis mittelfristig als konstant angesehen. Zwischen der Geldnachfrage und dem Nominaleinkommen besteht somit eine proportionale Beziehung.

Die Geldnachfrage läßt sich noch präzisieren, wenn man davon ausgeht, daß die Wirtschaftssubjekte die Kaufkraft des Geldes berücksichtigen, sie also eine bestimmte *Real-*

kassenhaltung anstreben. Die Nachfrage nach Realkasse (= reale Geldnachfrage) erscheint dann als feste Proportion des Realeinkommens[68]:

$$\frac{M^D}{P} = k \cdot Y_r$$

3.2 Keynesianische Theorie der Geldnachfrage

Die klassische Vorstellung, daß Geld nur gehalten würde, um Transaktionen zügig durchführen zu können, wurde von Keynes kritisiert. Er fügte dem sog. *Transaktionsmotiv* noch ein Vorsichts- und ein Spekulationsmotiv hinzu. Die Nachfrage nach Vorsichtskasse trägt der Tatsache Rechnung, daß die zukünftigen Einnahmen und Ausgaben mit Unsicherheit behaftet sind (*Vorsichtsmotiv*). Die Vorsichtskasse kann jedoch der Transaktionskasse zugeschlagen werden, da die vorsichtsbedingte Kassenhaltung positiv mit der Einkommenshöhe korrelieren dürfte.

Die Geldnachfrage nach dem Transaktions- und Vorsichtsmotiv ($M^D_{T,V}$) läßt sich somit analog zur klassischen Geldnachfrage formulieren.

$$M^D_{T,V} = k \cdot Y_r \cdot P$$

Neben der einkommensabhängigen Vorsichts- und Transaktionskasse unterstellte Keynes noch eine zinsabhängige spekulative Geldhaltung (*Spekulationsmotiv*). Da dieses Geld zum einen nicht für Transaktionszwecke benötigt wird, zum anderen aber auch keinen Zinsertrag abwirft, erscheint diese Geldhaltung im Vergleich zur Anlage in verzinslichen Wertpapieren zunächst als ökonomisch unsinnig. Dennoch kann die Entscheidung über die Aufteilung dieses Finanzvermögens auf die von Keynes unterschiedenen zwei Anlageformen zinslose Geldhaltung (Halten von Sichteinlagen) oder festverzinsliche Wertpapiere (mit unendlicher Laufzeit) zugunsten der Geldhaltung ausfallen, und zwar dann, wenn mögliche Kursverluste bei den Wertpapieren ihren Zinsertrag übersteigen. Dies wird dann der Fall sein, wenn der Marktzins hinreichend steigt. Der

---

[68] Aus dieser Theorie der Geldnachfrage läßt sich unschwer die Inflationserklärung der klassischen *Quantitätstheorie* herleiten: Da die Wirtschaftssubjekte eine feste Quote (k) des Realeinkommens (Y_r) zu halten wünschen, muß P steigen, wenn die nominale Geldmenge (M) über den realen Kassenbedarf hinaus erhöht wird. Dieser Zusammenhang spielt ebenfalls eine zentrale Rolle in der monetaristischen Inflationserklärung *Friedmans* (*Neoquantitätstheorie*).

inverse Zusammenhang zwischen Zinsentwicklung und Kursentwicklung festverzinslicher Wertpapiere ist leicht zu erklären:

Ein Wertpapier (unendliche Laufzeit) mit einem *Nominalzins* von 5% hat bei einem am Markt herrschenden Zinssatz (Marktzinssatz) von 5% einen Marktkurs von 100%. Daraus folgt, daß der *Effektivzins* dieses Wertpapiers ebenfalls 5% beträgt. Der Effektivzins errechnet sich aus dem Nominalzins und dem Marktkurs des Wertpapiers.

$$i_{eff} = \frac{\text{Nominalzins}}{\text{Marktkurs}} = \frac{5\%}{100\%} = 5\%$$

Kommt es jetzt zu einem Anstieg des *Marktzinssatzes* (z. B. auf 6%), muß - da der Nominalzins des Wertpapiers unverändert bleibt - dessen Marktkurs solange sinken, bis der Effektivzins dieses Wertpapiers dem Marktzinssatz wieder entspricht. Der Marktkurs dieses Wertpapiers errechnet sich wie folgt:

$$\text{Marktkurs} = \frac{\text{Nominalzins}}{\text{Marktzins}} = \frac{5\%}{6\%} = 83{,}33\%$$

Der Käufer dieses 5%igen Wertpapiers würde also bei einem Marktkurs von 83,33% eine Effektivverzinsung von 6% erhalten. Kauft er nämlich ein Wertpapier mit einem Nennwert von 100 Euro zu 83,33 Euro, so erhält er bei einem Nominalzins von 5% 5 Euro an Zinsen; bezogen auf das eingesetzte Kapital von 83,33 Euro entspricht dies einem Effektivzinssatz von 6%.

Die bisherigen Überlegungen kann man auch heranziehen, um – ausgehend von Erwartungen über die zukünftige Zinsentwicklung – den künftigen Marktkurs zu ermitteln.

$$\text{erwarteter Marktkurs} = \frac{\text{gegenwärtiger Marktzins}}{\text{erwarteter Marktzins}}$$

Erwartet etwa der Besitzer eines 5%igen Wertpapiers bei einem aktuellen Kurswert von 100% einen Anstieg des Marktzinssatzes auf 6% im Verlaufe eines Jahres, so wird er das Wertpapier verkaufen, da er sonst Kursverluste hinnehmen müßte,[69] die den Zinsertrag übersteigen:

laufende Zinsen	5,00 Euro
Kursverlust	– 16,66 Euro
Nettoverlust	– 11,33 Euro

---

[69] 5%/6% = 83,33%, d. h. der Marktkurs des Wertpapiers fällt von 100 auf 83,33.

Das Wirtschaftssubjekt wird folglich Geld halten, das zwar keinen Zinsertrag abwirft, andererseits aber nicht mit dem Risiko von Kursverlusten behaftet ist.

Entscheidend für das Verständnis der Keynesschen Überlegungen ist, daß die Wirtschaftssubjekte aufgrund ihrer Erfahrungen Vorstellungen vom „Normalzins" haben und diesen mit dem gegenwärtigen Marktzins vergleichen. Ist der gegenwärtige Marktzins niedriger als der „Normalzins", werden Kursverluste erwartet, weil damit gerechnet wird, daß die Zinsen wieder steigen. Übersteigen die erwarteten Kursverluste die Erträge, wird die Geldhaltung einer Wertpapierhaltung vorgezogen. Liegt der gegenwärtige Marktzins über dem Normalzins, werden andererseits Kursgewinne erwartet, so daß es sich lohnt, Wertpapiere anstatt Geld zu halten. Gleiches gilt, wenn der gegenwärtige Marktzins dem Normalzins entspricht, da der Zinsertrag aus der Wertpapierhaltung größer als der aus der Geldhaltung ist, welcher ja bei Keynes bei null liegt.

Bedeutsam für Zinsabhängigkeit der Geldnachfrage ist, daß die Vorstellungen über den „Normalzins" von Wirtschaftssubjekt zu Wirtschaftssubjekt unterschiedlich sind. Obwohl jedes einzelne Wirtschaftssubjekt nur eine Alles-oder-Nichts-Entscheidung trifft, ergibt sich gesamtwirtschaftlich ein fallender Verlauf der spekulativen Geldnachfrage. Mit sinkendem Marktzinssatz erwarten nämlich immer mehr Wirtschaftssubjekte Kursverluste, weshalb zunehmend die Geldhaltung einer Wertpapierhaltung vorgezogen wird.

Diese Überlegung läßt sich an einem einfachen Beispiel illustrieren. Zunächst gehen wir von drei Wirtschaftssubjekten (WS) aus, die jeweils 100 Euro zu Anlagezwecken zur Verfügung haben sollen. Das WS_1 habe eine Normalzinsvorstellung von 10%, das WS_2 von 8% und das WS_3 eine solche von 6%. Die WS gehen dabei davon aus, daß sich im Verlaufe eines Jahres der Marktzinssatz an ihre Normalzinsvorstellungen anpassen wird. Bei alternativen Marktzinssätzen (i_M) ergibt sich dann folgende spekulative Geldnachfrage:

i_M	WS_1 M_{SP}^D	WS_2 M_{SP}^D	WS_3 M_{SP}^D	Σ M_{SP}^D
11%	0	0	0	0
9%	100	0	0	100
7%	100	100	0	200
5%	100	100	100	300

Berücksichtigt man die große Zahl von Wirtschaftssubjekten mit individuellen „Normalzins"-Vorstellungen, kann die zinsabhängige Geldnachfrage gesamtwirtschaftlich als stetig fallende Funktion abgebildet werden:

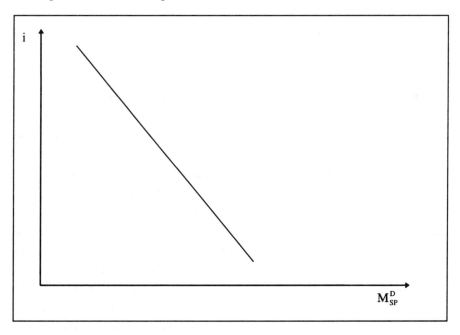

Eine Abhängigkeit der Geldnachfrage vom Nominalzins läßt sich - unabhängig vom keynesianischen Spekulationsmotiv - aber auch durch ein schlichtes Opportunitätskostenkalkül erklären. Wenn Geld niedrig oder nicht verzinst ist, dann nehmen mit steigenden Zinssätzen für alternative Anlageformen die Opportunitätskosten der Geldhaltung (Zinsentgang) zu, d.h. es lohnt sich mehr und mehr die Haltung von zinsloser Transaktionskasse zu rationalisieren, also eine geringere Transaktionskasse zu halten und dafür öfters zinstragende Aktiva in Sichteinlagen umzuwandeln. Je höher der Zinssatz für alternative Anlageformen ist, um so geringer wird dann die durchschnittliche Haltung von Transaktionskasse sein, d.h. um so häufiger werden dann zinstragende Aktiva in Sichteinlagen getauscht.

Die Betonung des Spekulationsmotives durch Keynes ist vor dem Hintergrund der damals (30er Jahre) beschränkten Anlagemöglichkeiten zu sehen. Wie erwähnt, geht Keynes von nur zwei Anlageformen aus, und zwar einerseits von unverzinslicher Geldhaltung (M1) und andererseits von festverzinslichen Wertpapieren mit unendlicher Laufzeit. Die erste Alternative stellt eine zinslose Anlage ohne Kursrisiko, die zweite eine zinstragende Anlage mit Kursrisiko dar. Heutzutage gibt es jedoch auch zinstragende Anlageformen, die ebenfalls kein Kursrisiko aufweisen (z. B. Termineinlagen). Das Motiv der spekulativen Geldhaltung kann deshalb so weitgehend nicht mehr für M1 in Anspruch genommen werden. Vielmehr dürfte letzteres heute stärker bei der Entscheidung, ob eine niedrigverzinsliche kurzfristige Anlage ohne Kursrisiko einer höherverzinslichen längerfristigen Anlage mit Kursrisiko vorgezogen werden soll, eine Rolle spielen.

Das Halten von Geld im Sinne von M1 läßt sich besser im Rahmen eines umfassenden *Portfoliokalküls* erklären. Danach legen die Wirtschaftssubjekte ihr Geld in verschiedenen finanziellen (Finanzvermögen) und realen Vermögensobjekten (Sachvermögen) an. Die Zusammensetzung dieses Portefeuilles richtet sich nach den erwarteten Risiken und Erträgen der einzelnen Anlagen. Optimal ist ein Portefeuille dann, wenn eine Änderung der Zusammensetzung dieses Vermögensbündels bei gegebenen Risiken der Anlagen keine Verbesserung des Gesamtertrages mehr erbringt. Ändern sich die Risiken und/oder Erträge einzelner Anlagen, wird auch die Zusammensetzung des Portefeuilles geändert. Da Geld im Sinne von M1, M2 oder M3 eine der vielfältigen Vermögensanlagen ist, führen beispielsweise Erhöhungen der Zinserträge auf Bankschuldverschreibungen, Sparzertifikaten oder festverzinslichen Wertpapieren zu einer Änderung der Zusammensetzung des Finanzvermögens, und zwar in dem Sinne, daß das Halten von Geld zugunsten der attraktiver gewordenen alternativen Finanzanlagen verringert wird.

4. Strategie und geldpolitisches Instrumentarium des Eurosystems[70]

4.1 Geldpolitische Strategie des Eurosystems

Die primäre Aufgabe des Eurosystems, welches aus der Europäischen Zentralbank (EZB) und den 12 Zentralbanken der Länder, die der Währungsunion (EWU) angehören, besteht, ist die Gewährleistung von Preisstabilität.[71] Allerdings kann eine Noten-

---

[70] Eine ausführliche Darlegung der Konzeption der Europäischen Geldpolitik findet sich in Görgens, E./ Ruckriegel, K./ Seitz, F., Europäische Geldpolitik, 2. Auflage, Düsseldorf 2001. Zu einem Vergleich des Eurosystems mit dem Federal Reserve System (Fed) in den USA siehe Ruckriegel, K./Seitz, F., Eurosystem vs. Fed – institutionelle, strategische, instrumentelle und operative Aspekte, Frankfurt/Main 2002.

[71] Mit dieser vom Eurosystem verwandten Endzielformulierung ist „Preisniveaustabilität" gemeint.

bank dieses Endziel nicht direkt kontrollieren, sondern sie versucht, es über eine *geldpolitische Strategie* zu erreichen. Die optimale Wahl der Strategie hängt von den Gegebenheiten in dem jeweiligen Währungsgebiet, insbesondere der Größe, der außenwirtschaftlichen Verflechtung und den Finanzmarktstrukturen, ab. Einerseits haben sich dabei Länder auf (sinnvolle) geldpolitische *Zwischenziele* (z. B. Geldmengen- oder Wechselkursziele) verlassen, die im geldpolitischen Transmissionsprozeß zwischen den direkt kontrollierbaren *operativen Zielen* (z. B. dem Tagesgeldzins) und den gesamtwirtschaftlichen *Endzielen* (in der Regel Preisstabilität) liegen. Andererseits sind seit Beginn der 1990er Jahre einige Zentralbanken auf eine Politik mit einem *direkten Inflationsziel* übergegangen. Das Eurosystem stand hier insbesondere vor dem Problem, daß es bei der Strategiewahl das neue und unsichere geldpolitische Umfeld ab 1999 in seine Überlegungen mit einbeziehen mußte. Die geldpolitische Strategie des Eurosystems sieht eine Mischung zwischen Elementen einer Geldmengenstrategie und der Strategie einer direkten Inflationssteuerung vor. Auf den Sitzungen des EZB-Rates im Oktober und Dezember 1998 wurden diese Bausteine konkretisiert. Konkret umfaßt die gewählte Strategie zwei Säulen und einen Anker.

a) Der Anker: Quantitative Definition der *Preisstabilität*

Das gesetzlich vorgegebene vorrangige Ziel der Wahrung der Preisstabilität wurde vom Eurosystem operationalisiert. Preisstabilität liegt demnach vor, wenn auf mittlere Sicht der Anstieg des *Harmonisierten Verbraucherpreisindex* (HVPI) im Vorjahresvergleich unter 2 % liegt. Diese Definition von Preisstabilität stimmt mit den von den meisten nationalen EU-Zentralbanken vor Beginn der Währungsunion benutzten Definitionen überein. Die konkrete Formulierung hat zwei wichtige Implikationen: Erstens ist die Preisentwicklung im gesamten Euro-Raum relevant, nicht in einzelnen Ländern. Und sie wird gemessen auf der Verbraucherebene, nicht an anderen Preisgrößen (z. B. den Erzeugerpreisen oder dem BIP-Deflator). Zweitens ist sowohl eine Inflation (Preissteigerungen über 2 %) als auch eine Deflation (negative Wachstumsraten des HVPI) unvereinbar mit Preisstabilität. Der HVPI wird als gewichteter Durchschnitt der nationalen Inflationsraten ermittelt, wobei die Inflationsraten der einzelnen Länder mit dem Anteil des Privaten Verbrauchs (Konsumausgaben der privaten Haushalte) dieser Länder am gesamten Privaten Verbrauch im Eurowährungsraum in die Gewichtung eingehen. Für Deutschland beträgt dieser Anteil etwa 30 %.

b) Die 1. Säule: Analyse der Geldmengenentwicklung

In einem zweiten Schritt wurde dann auf die Rolle der Geldmengenentwicklung zur Erreichung dieses Ziels im Rahmen einer mittelfristig orientierten Geldpolitik eingegangen. Dem Geldmengenwachstum wird bei der Beurteilung der Preisentwicklung eine hervorgehobene Rolle unter den möglichen Inflationsindikatoren eingeräumt. Auf Dauer ist Inflation immer und überall ein monetäres Phänomen, d.h., sie geht zwangsläufig mit einer übermäßigen Ausweitung der Geldbestände in den Händen der Nichtbanken einher. Oder anders formuliert: Ohne Einschaltung der Zentralbank ist eine Ausweitung der Geldmenge dauerhaft nicht vorstellbar. Dieser Zusammenhang kann theoretisch solide und relativ einfach aus der sogenannten *Quantitätsgleichung* abgeleitet werden, nach der der Wert der gesamtwirtschaftlichen Produktion (Preisniveau P multipliziert mit der realen Produktion Y_r) als Identität dem Produkt aus Geldmenge M und *Umlaufsgeschwindigkeit des Geldes „v"* entspricht:

$$M \cdot v = P \cdot Y_r \text{ bzw. } P = \frac{M \cdot v}{Y_r}$$

Aus $M \cdot v$ ergibt sich die nominale Gesamtnachfrage in einer Periode. Ein Anstieg der nominalen Gesamtnachfrage führt zu einer Erhöhung der realen Produktion (Y_r) und/oder des Preisniveaus (P).

Da sich die Geldmengenziele auf Wachstumsraten (WR) beziehen, muß diese Relation umgeformt werden zu:

$$WR_M = WR_P + WR_Y - WR_v$$

Die Wachstumsrate der Geldmenge WR_M ergibt sich aus der Inflationsrate WR_P ergänzt um das Wachstum der Volkswirtschaft WR_Y abzüglich der Zunahme der Umlaufsgeschwindigkeit WR_V. Inflation ist also dauerhaft nur möglich, wenn die Geldmenge stärker wächst als die um die Umlaufsgeschwindigkeit korrigierte reale gesamtwirtschaftliche Produktion.

Die Quantitätstheorie geht vom tatsächlichen Produktionsvolumen (Y_r) aus. Bei der Ableitung eines Referenzwertes für das Geldmengenwachstum hingegen stellt das Eurosystem auf das potentielle Produktionsvolumen, also auf das Produktionspotential ab, da die Finanzierungsspielräume für die Ausnutzung des Produktionspotentials geschaffen werden sollen. Da Geldmengenziele zukunftsorientiert sind, müssen deren Bestimmungsfaktoren entweder geschätzt oder gesetzt werden.

Im Eurosystem gibt es die unterschiedlichen *Geldmengenabgrenzungen* M1, M2 und M3. Sie sind folgendermaßen definiert (die Zahlenangaben beziehen sich auf den Stand Ende Dezember 2001, in Mrd. Euro)[72]:

Bargeldumlauf (238,9),

+ täglich fällige Einlagen (1.967,1),

= **M1** (2.206,0

+ Einlagen mit einer vereinbarten Laufzeit bis 2 Jahren (1.092,7),

+ Einlagen mit einer vereinbarten Kündigungsfrist von bis zu 3 Monaten (1.367,9),

= **M2** (4.666,6)

+ Repogeschäfte (220,4),

+ Geldmarktpapiere und Bankschuldverschreibungen mit einer Laufzeit bis zu 2 Jahren (145,7),

+ Anteile an Geldmarktfonds (392,5)

= **M3** (5.425,2)

Beim Bargeld zählt (aus statistischen Gründen) der gesamte Umlauf außerhalb des Euro-Bankensystems (Banken im Euro-Währungsraum) zur Geldmenge. Die restlichen Teile des Geldmengenaggregats beziehen sich auf Verbindlichkeiten von im Euro-Währungsgebiet ansässigen „Monetären Finanzinstituten" („Monetary Financial Institu-

---

[72] Europäische Zentralbank, Monatsbericht Mai 2002, S. 16*f.

tions") gegenüber Nichtbanken (ohne Zentralregierungen) im Euro-Währungsraum.[73] Im Mittelpunkt des geldpolitischen Interesses steht die Geldmenge M3.

Ausgangspunkt der Zielableitung stellt entsprechend der mittelfristigen Ausrichtung einer Geldmengenpolitik nicht das erwartete Wirtschaftswachstum im nächsten Jahr, sondern das Wachstum des realen *Produktionspotentials* (WR_Y) dar. Darunter versteht man im Sinne eines potentiellen Bruttoinlandsprodukts (BIP) die gesamtwirtschaftliche Produktion, die sich unter Berücksichtigung des technischen Fortschritts mit den jeweils verfügbaren Produktionsfaktoren Arbeit und Sachkapital bei normaler Auslastung erstellen läßt.[74]

Als nächstes ist es nötig, das reale Produktionspotential über eine Preisvariable (WR_P) in eine nominale Größe umzusetzen. Auch hier wird nicht die aktuelle Preisentwicklung herangezogen, sondern es erfolgt eine Orientierung an längerfristigen Stabilitätsvorstellungen. Üblicherweise wird eine „mittelfristige Preisannahme" oder *Preisnorm* von etwa 2 % gesetzt, die als maximal zu tolerierende Inflationsrate aufzufassen ist. Schon aufgrund statistischer Erfassungs- und Meßprobleme sollte nicht eine Inflationsrate von Null angestrebt werden. Aber auch Zufallseinflüsse und kurzfristige Störungen, die nicht generell mit Inflation bzw. einem Kaufkraftverlust des Geldes gleichzusetzen sind und sich auch nicht notwendigerweise in Inflationserwartungen niederschlagen, sprechen für eine gewisse positive Toleranzschwelle bei der statistisch gemessenen Inflati-

---

[73] Bei den *Repogeschäften* handelt es sich um „echte" Pensionsgeschäfte, bei denen Kreditinstitute als Pensionsgeber auftreten. Bei echten Pensionsgeschäften überträgt der Pensionsgeber ihm gehörende Vermögensgegenstände (i.d.R. Wertpapiere) an einen Dritten, dem sog. Pensionsnehmer, gegen Zahlung eines bestimmten Betrags. Gleichzeitig wird vereinbart, daß die Vermögensgegenstände zu einem festgelegten späteren Zeitpunkt an den Pensionsgeber zurückübertragen werden müssen. Bei echten Pensionsgeschäften müssen die Vermögensgegenstände weiterhin beim Pensionsgeber in der Bilanz ausgewiesen werden. In Höhe des Betrages, den die Kreditinstitute für die befristete Überlassung der Vermögensgegenstände vom Pensionsnehmer erhalten, müssen sie daher eine Verbindlichkeit gegenüber dem Pensionsnehmer ausweisen. Sofern es sich bei diesem Pensionsnehmer um eine im Euroraum ansässige Nichtbank handelt, wird diese Verbindlichkeit unter der Rubrik „Repogeschäfte" in M3 erfaßt.

[74] In diesem Vorgehen ist eine antizyklische Komponente enthalten: Bei unterausgelasteten Kapazitäten fällt das Geldmengenwachstum nämlich durch die Potentialorientierung stärker aus als wenn eine BIP-Orientierung erfolgte. Umgekehrt wird in Jahren, in denen eine konjunkturelle Überhitzung droht, weil das Wirtschaftswachstum die Ausweitung des Produktionspotentials übersteigt, die Expansion der Geldmenge geringer ausfallen. Dies trägt in der Tendenz zu einer Verstetigung des Wirtschaftsablaufs bei.

onsrate. Das eigentliche ökonomische Kriterium für Preisstabilität muß sein, daß Inflation nicht in das Entscheidungskalkül der Wirtschaftssubjekte eingeht.

Als letzte grundlegende Determinante des Geldmengenziels ist der Trend in der *Umlaufsgeschwindigkeit des Geldes* zu berücksichtigen. Diese ist definiert als das Verhältnis von nominalem Produktionspotential zu M3. Auch hier ist wiederum die mittelfristige Orientierung wesentlich. Bei einem anhaltenden trendmäßigen Rückgang der Umlaufsgeschwindigkeit, wie er z. B. im Eurogebiet auszumachen ist, steigt die Geldhaltung im Verhältnis zum Produktionspotential. Begründet wird dies in der Regel damit, daß die Geldhaltung nicht nur gütermarktbedingt ist, sondern auch der Vermögensanlage dient und das Vermögen stärker wächst als das BIP. Deshalb muß das Geldmengenwachstum entsprechend kräftiger ausfallen als das Potentialwachstum, wenn ein deflatorischer Druck vermieden werden soll.

Die oben dargelegten Grundüberlegungen liegen der Vorgehensweise des Eurosystems bei der Festlegung des *Referenzwertes* für das Wachstum der umfassenden Geldmenge M3 zugrunde an. Die gesamtwirtschaftlichen Eckwerte, die das Eurosystem im Dezember 2001 veröffentlichte, sind in folgender Tabelle zusammengestellt.

Gesamtwirtschaftliche Eckwerte des Referenzwertes für M3[75]

Trendwachstum des realen Produktionspotentials	2 – 2½ %
Preisnorm (Inflationsziel)	unter 2 %
Trendmäßigen Rückgang der Umlaufsgeschwindigkeit	0,5 – 1 %

Für das Geldmengenaggregat M3 leitete das Eurosystem daraus einen (zeitlosen) Referenzwert von 4½ % ab. Die Überprüfung der Eckwerte erfolgt jährlich. Die aktuelle Geldmengenentwicklung, die monatlich anhand der Bankbilanzen ermittelt wird, wird mit dem Referenzwert verglichen. Unter normalen Umständen signalisieren dabei erhebliche und anhaltende Abweichungen vom *Referenzwert* nach oben zukünftige Gefährdungen der Preisstabilität.

---

[75] Vgl. Europäische Zentralbank, Monatsbericht Dezember 2001, Kasten I, S. 11.

c) Die zweite Säule: Breit fundierte Beurteilung der Preisperspektiven

Gerade wegen der mit dem Beginn der Währungsunion zusammenhängenden Unsicherheiten soll aber auf derartige Abweichungen nicht „mechanistisch" reagiert werden. Das Eurosystem stützt sich deshalb nicht nur auf die Beobachtung der Entwicklung der Geldmenge, sondern parallel dazu erfolgt eine breit fundierte Beurteilung der Inflationsperspektiven anhand eines umfassenden Indikatoren-Sets für die kurzfristige Preisentwicklung. Zu diesen zählen etwa Branchen- und Verbraucherumfragen („Stimmungslage der Wirtschaft"), Entwicklung der Auftragseingänge, Output Gap (Kapazitätsauslastung), Beobachtung der Arbeitsmarktlage und der Lohnentwicklung sowie die Entwicklung der Kapitalmarktrenditen. Im Rahmen dieser zweiten Säule wird auch eine Inflations- und Wachstumsprognose erstellt und veröffentlicht. Es handelt sich dabei um eine bedingte Prognose, da sie von der Annahme konstanter kurzfristiger Zinsen und Wechselkurse ausgeht. Darin soll sich ein unveränderter geldpolitischer Kurs widerspiegeln. Geldpolitische Entscheidungen werden dann nach einer Abwägung der Informationen aus beiden Säulen getroffen.

4.2 Geldpolitische Instrumente

Um die Geldversorgung unter Wahrung des Ziels der Preisstabilität im Eurogebiet zu gewährleisten, bedient sich das Eurosystem einer Reihe von geldpolitischen Instrumenten.

4.2.1. Mindestreservepolitik

Der *Mindestreserve*, die die Kreditinstitute verpflichtet, in Höhe eines bestimmten Anteils ihrer Verbindlichkeiten gegenüber Nichtbanken Guthaben bei der Zentralbank zu unterhalten, kommt im geldpolitischen Instrumentarium eine Sonderrolle zu. Indem sie die Rahmenbedingungen für den Einsatz der übrigen geldpolitischen Instrumente setzt, hat sie eher ordnungspolitischen Charakter. Grundsätzlich bindet die Mindestreserve - gemeinsam mit der Nachfrage nach Bargeld - die Kreditinstitute an die Notenbank (*Anbindungsfunktion*). Sie zwingt die Kreditinstitute zu einer Einlage beim Eurosystem und damit zugleich dazu, Geschäfte mit dem Eurosystem zu tätigen. Die Mindestreserve erzeugt so - gemeinsam mit der bargeldbedingten Zwangsnachfrage nach Zentralbankgeld - erst das Band, damit die anderen Instrumente der Notenbank greifen können. Um die Mindestreserve wettbewerbsneutral zu gestalten, werden die mindestreservebedingten Guthaben im Eurosystem mit dem Zinssatz des Hauptrefinanzierungsgeschäftes verzinst. Im Gegensatz zu einfachen Multiplikatormodellen, die unterstellten, die Geschäftsbanken könnten sich innerhalb eines von der Zentralbank vorgegebenen Umlaufs von Zentralbankgeld bewegen, der Mindestreserve somit an erster Stelle eine *Begrenzungsfunktion* für die Geldschöpfung zumessen, spielt diese Funktion für die praktische Geldpolitik keine Rolle. Das Eurosystem befriedigt in einem ersten Schritt stets den Bedarf der Geschäftsbanken an Zentralbankgeld. Über die Anbindung des Geschäftsbankensektors an die Notenbank kann die Zentralbank dann aber im weiteren Verlauf durch eine Veränderung der Zinssätze, zu denen sie den Kreditinstituten Zentralbankgeld zur Verfügung stellt, Einfluß auf das Verhalten der Geschäfts- und der Nichtbanken nehmen.

4.2.2 Offenmarktgeschäfte und ständige Fazilitäten

Im Mittelpunkt der Offenmarktgeschäfte stehen die Hauptrefinanzierungsgeschäfte und die längerfristigen Refinanzierungsgeschäfte. Als *Hauptrefinanzierungsgeschäfte* („*Haupttender*") fungieren im wöchentlichen Rhythmus angebotene Offenmarktgeschäfte mit einer Laufzeit von zwei Wochen. Neben diesem Hauptrefinanzierungsgeschäft gibt es im monatlichen Rhythmus angebotene Offenmarktgeschäfte mit einer dreimonatigen Laufzeit, die sogenannten *längerfristigen Refinanzierungsgeschäfte* („*Basistender*"). Die Deutsche Bundesbank als exekutiver Arm des Eurosystems führt diese Offenmarktgeschäfte aber nicht mehr auf der Basis von Pensionsgeschäften, sondern gegen Verpfändung von refinanzierungsfähigen Sicherheiten durch. Ein Sicherheitenpool dient zur Besicherung sämtlicher Geschäfte mit der Notenbank. Als Sicherheiten werden Schuldtitel einwandfreier Bonität herangezogen.

Die technische Abwicklung der Hauptrefinanzierungsgeschäfte und der längerfristigen Refinanzierungsgeschäfte erfolgt im Rahmen eines Ausschreibungsverfahrens, wobei entweder Mengen- oder Zinstender durch das Eurosystem angeboten werden.

Beim *Mengentender* setzt das Eurosystem vorab den Zinssatz fest, zu dem es bereit ist, Geschäfte abzuschließen. Die Kreditinstitute sind aufgefordert, den Betrag an Zentralbankgeld zu nennen, den sie zu diesem Zinssatz von der Notenbank ausleihen wollen. Die Zuteilungsquote (Repartierung) errechnet sich, indem das beabsichtigte Zuteilungsvolumen auf die Gesamtangebotssumme bezogen wird. Diese Repartierung erfolgt gleichmäßig. Will das Eurosystem dem Markt eine stärkere Zinsorientierung geben, so bietet sich diese Form des Tenders an. Der *Zinstender* zeichnet sich dadurch aus, daß die Kreditinstitute neben der Betragshöhe auch den Zinssatz nennen müssen, zu dem sie bereit sind, Geschäfte mit dem Eurosystem abzuschließen. Ausgehend von einem bestimmten Zuteilungsvolumen erfolgt die Zuteilung entweder zu einem einheitlichen Zinssatz („holländisches Zuteilungsverfahren") oder zu den individuellen Bietungssätzen („amerikanisches Zuteilungsverfahren"), wobei - beginnend mit dem höchsten Zinsgebot - in absteigender Reihenfolge der Gebote zugeteilt wird.

Ständige Fazilitäten können die Kreditinstitute jederzeit auf eigene Initiative in Anspruch nehmen. Die *Spitzenrefinanzierungsfazilität* bietet den Geschäftspartnern des Eurosystems die Möglichkeit, sich über Nacht Liquidität gegen Verpfändung von Sicherheiten zu einem gegebenen Zinssatz zu beschaffen. Auf der anderen Seite gibt es eine *Einlagefazilität*, d. h., die Geschäftspartner haben die Möglichkeit, Guthaben über Nacht beim Eurosystem anzulegen.

Über seine Zinssätze beeinflußt das Eurosystem die Zinssätze auf den Finanzmärkten und nimmt darüber Einfluß auf das Nachfrageverhalten der Wirtschaftssubjekte. Zeichnen sich etwa inflationäre Gefahren ab, so wird das Eurosystem die Zinsen erhöhen, um dämpfend auf die wirtschaftliche Entwicklung einzuwirken.

VI. Kapitel

Simultane Erfassung von Güter- und Geldmarkt

Bislang wurden der gesamtwirtschaftliche Gütermarkt und der gesamtwirtschaftliche Geldmarkt isoliert dargestellt. Aus den bisherigen Ausführungen dürfte jedoch schon hinreichend klar geworden sein, daß zwischen diesen aggregierten Teilmärkten enge Verzahnungen bestehen. Vereinfacht und in sehr komprimierter Form, d. h. ohne Berücksichtigung von Einzelheiten beispielsweise der Konsum- oder Investitionsfunktion, lassen sich die wechselseitigen Beziehungen zwischen den einzelnen makroökonomischen Teilmärkten mit Hilfe der IS- und LM-Kurven erfassen.

1. IS-Kurve

Die *IS-Kurve* drückt Gleichgewichtssituationen am Gütermarkt unter der Annahme unausgelasteter Kapazitäten aus. Ausgehend vom herkömmlichen 45°-Diagramm läßt sich die IS-Kurve ableiten, und zwar indem die Gleichgewichtspunkte bei verschiedenen Zinssätzen ermittelt werden.[76]

Bei einem Zinssatz von i_1 beträgt das Gleichgewichtseinkommen Y_1. Sinkt nun der Zinssatz auf i_2, so steigt - ausgelöst durch einen zinsbedingten Anstieg der Investitionsgüternachfrage[77] - das Gleichgewichtseinkommen auf Y_2. Das höhere Einkommen wiederum führt zu einem höheren Sparen (S), das den gestiegenen Investitionen (I^b) entspricht.[78] Die IS-Kurve spiegelt also die Summe aller Kombinationsmöglichkeiten von i

---

[76] Bei der Herleitung der IS-Kurve soll von einem gegebenen Preisniveau ausgegangen werden, d. h. das Nominaleinkommen (nominales Bruttoinlandsprodukt) entspricht dem Realeinkommen - Y_r - (reales Bruttoinlandsprodukt), der BIP-Deflator ist also stets 1.

[77] Die zinsbedingte Investitionsgüternachfrage ist nur beispielhaft zu verstehen. Gemeint sind alle zinsabhängigen Nachfragekomponenten. Zu Einzelheiten des hier relevanten Transmissionsprozesses siehe Görgens, E./Ruckriegel, K./Seitz, F., Europäische Geldpolitik, 2. Auflage, Düsseldorf 2001, S. 233-253.

[78] Wegen der Übereinstimmung von I und S spricht man von IS-Kurve. Da im vorliegenden Fall Bruttoinvestitionen (I^b) gemeint sind, muß das Sparen selbstverständlich um die Abschreibungen erweitert gedacht werden. Wegen der Einbeziehung der außenwirtschaftlichen Verflechtung ist das Sparen zudem um die Veränderung der Nettoposition gegenüber dem Ausland zu modifizieren.

(Nominalzinssatz)[79] und Y_r (Realeinkommen) wider, bei denen sich der Gütermarkt im Gleichgewicht befindet.

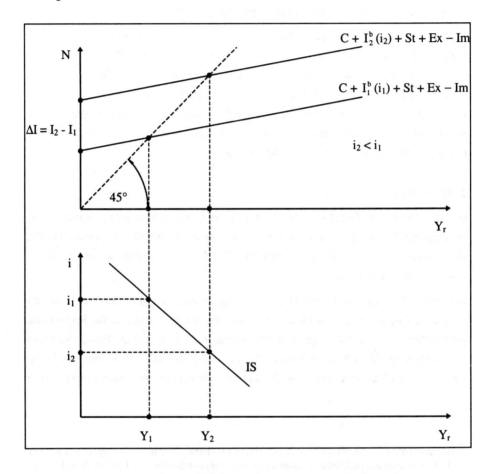

Wovon sind nun die Lage und die Steigung der IS-Kurve abhängig? Die Überlegungen zur Lage der IS-Kurve lassen sich umformulieren in die Frage, wie es zu Verschiebungen der IS-Kurve kommt. Da zinsbedingte Veränderungen der Gesamtnachfrage sich im Verlauf der IS-Kurve niederschlagen, können Verschiebungen der IS-Kurve nur durch zinsunabhängige Nachfrageveränderungen bewirkt werden.

---

[79] Wegen der obigen Annahme einer (erwarteten) Inflationsrate von Null stimmen Nominal- und Realzinssatz überein.

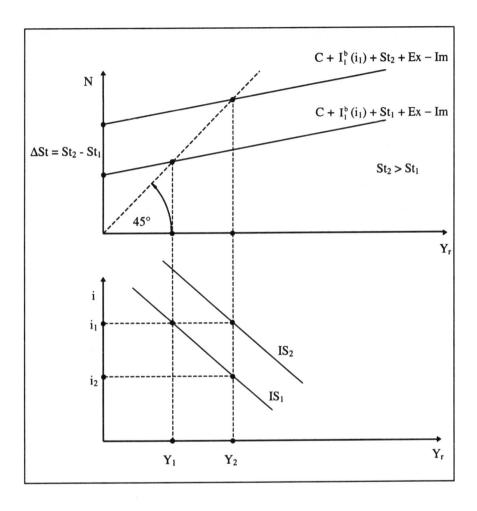

Wie aus obiger Abbildung ersichtlich, führt bei gegebenem Zinssatz i_1 beispielsweise eine Erhöhung der Staatsnachfrage zu einem erhöhten Gleichgewichtseinkommen (Y_2). Da nun dem Zinssatz i_1 ein erhöhtes Gleichgewichtseinkommen (Y_2) gegenübersteht, führt dies zu einer Rechtsverlagerung der IS-Kurve.[80]

---

[80] Eine Rechtsverschiebung der IS-Kurve ergibt sich ebenfalls, wenn die Investoren bei gegebenem Nominalzins (i) mit einer höheren Inflationsrate (π^{erw}) rechnen, also eine Senkung des für die Investitionsentscheidung relevanten Realzinses (r) erwarten (i - π^{erw} = r bzw. i = r + π^{erw}). Letztere Formulierung wird auch als *Fisher-Gleichung* bezeichnet.

Die Steigung der IS-Kurve hängt einerseits von der Zinselastizität der Investitionsgüternachfrage und andererseits von der Größe des (Einkommens-) Multiplikators ab. Zur Verdeutlichung der hier zugrunde liegenden Zusammenhänge ist es zweckmäßig, sich das theoretische Grundmuster, auf dem die IS-Kurve basiert, klarzumachen.

$$i \rightarrow I^b \rightarrow m \cdot I^b \rightarrow Y_r$$

Eine Veränderung des Zinssatzes bewirkt Reaktionen der Investitionsgüternachfrage, welche über multiplikative Nachfragewirkungen zu Veränderungen des Gleichgewichtseinkommens führen.

Ist die *Zinselastizität der Investitionsgüternachfrage* gering, so bewirkt eine gegebene Zinssatzsenkung lediglich eine geringe Erhöhung der Investitionsgüternachfrage und somit des Gleichgewichtseinkommens; die IS-Kurve hat einen relativ steilen Verlauf. Die Annahme einer geringen Zinselastizität der Investitionsgüternachfrage spielt in der keynesianischen Theorie eine wichtige Rolle.

Bei einer hohen Zinselastizität der Investitionsgüternachfrage hingegen hat eine gegebene Zinssatzsenkung eine starke Erhöhung der Investitionsgüternachfrage zur Folge; die IS-Kurve ist relativ flach. Zuzuordnen ist diese Position der monetaristischen Schule.

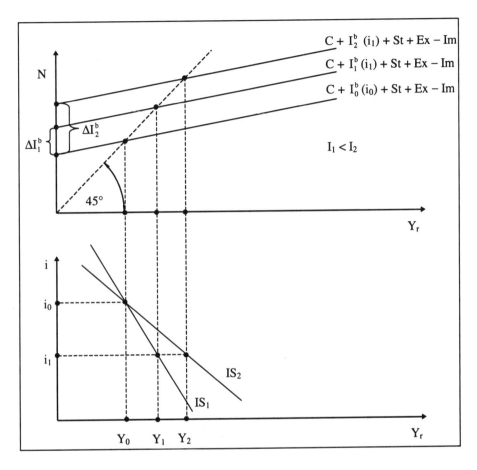

Wie aus der Abbildung deutlich wird, führt eine gegebene Zinssatzsenkung (von i_0 auf i_1) im Falle einer zinsunelastischen Investitionsgüternachfrage ($I_0 \rightarrow I_1$) zu einer relativ schwachen, im Falle einer zinselastischen Investitionsgüternachfrage ($I_0 \rightarrow I_2$) zu einer relativ starken Erhöhung des Gleichgewichtseinkommens. Entsprechend hat die IS-Kurve im ersten Fall einen steilen, im zweiten einen flachen Verlauf.

Als zweite Variable beeinflußt die Höhe des (*Einkommens-*) *Multiplikators* die Steigung der IS-Kurve. Ist der Multiplikator gering, so führt eine gegebene Erhöhung der Investitionsgüternachfrage aufgrund einer gegebenen Zinssatzsenkung lediglich zu einer schwachen (multiplikativen) Nachfrageerhöhung und somit zu einem relativ geringen Zuwachs des Gleichgewichtseinkommens; die IS-Kurve ist relativ steil. Relativ flach verläuft sie hingegen, wenn der Multiplikator einen großen Wert annimmt.

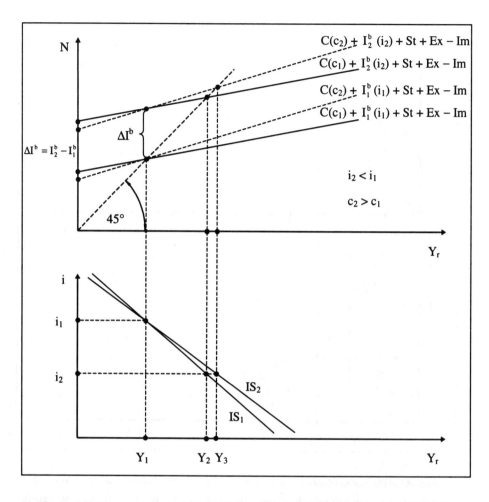

In obiger Abbildung sind zwei Verläufe der Gesamtnachfrage bei unterschiedlicher Konsumneigung ($c_2 > c_1$) dargestellt. Ausgangspunkt soll das Gleichgewichtseinkommen Y_1 bei einem Zinssatz von i_1 sein. Kommt es nun zu einer Senkung des Zinssatzes von i_1 auf i_2, so hat dies bei gegebener Zinselastizität der Investitionsgüternachfrage eine gleichgroße Parallelverschiebung der beiden Nachfragefunktionen zur Folge. Bei der gestrichelten Nachfragefunktion, der eine marginale Konsumneigung in Höhe von c_2 zugrunde liegt, ist jedoch der multiplikative Nachfrageeffekt größer als bei der durchgezogenen Nachfragefunktion, die auf der niedrigen marginalen Konsumneigung c_1 fußt. Je größer der Multiplikator ist, desto größer ist ceteris paribus die Einkommenswirkung einer gegebenen Zinssatzsenkung. Die IS-Kurve verläuft somit umso flacher, je größer der Multiplikator ist - und umgekehrt.[81]

2. LM-Kurve

Auf der *LM-Kurve* spiegeln sich Geldmarktgleichgewichte wider. Zentrale Annahme bei der herkömmlichen Ableitung der LM-Kurve ist, daß die gesamtwirtschaftlich angebotene, nominale Geldmenge als exogene, durch geldpolitische Aktionen der Zentralbank determinierte Variable aufgefaßt wird (*Exogenität der Geldmenge*).[82] Das Geldangebot erscheint deshalb als eine vom Zinssatz unabhängige starr vorgegebene Größe. Aus dieser vereinfachenden Annahme folgt, daß das auf dem makroökonomischen Geldmarkt von der Notenbank determinierte Geldangebot und die von den Nichtbanken gewünschte Geldnachfrage aufeinander treffen und Ungleichgewichte durch Zins- und Einkommensänderungen beseitigt werden.[83] In der Realität sind die Zusammenhänge jedoch wesentlich komplizierter, weil - wie die Deutsche Bundesbank ausdrücklich hervorhob - die Geldmenge von der Zentralbank nicht unmittelbar bestimmt wird, sondern nur mittelbar, indem sie die Konditionen für die (Zentralbank-) Geldnachfrage fest-

---

[81] Es sei daran erinnert, daß aufgrund der neueren Konsumtheorie mit zeitlichen Änderungen der Konsumneigung zu rechnen ist, und zwar in dem Sinne, daß beispielsweise bei einer Einkommenserhöhung sich die zunächst niedrigere aktuelle Konsumneigung an die langfristige Konsumneigung nach oben anpaßt.

[82] Vgl. hierzu etwa: O. Blanchard, Macroeconomics, Upper Saddle River, N. J. 1997, S. 106; M. Burda, C. Wyplosz, Makroökonomik, München 1994, S. 370 f.; B. Felderer, S. Homburg, Makroökonomik und neue Makroökonomik, 6. Auflage, Berlin u.a. 1994, S. 131; G. Mankiw, Macroeconomics, 4. Auflage, New York 2000, S. 271; M. Neumann, Theoretische Volkswirtschaftslehre I, 5. Auflage, München 1996, S. 173; J. Siebke, H.J. Thieme, Einkommen, Beschäftigung, Preisniveau, in: Vahlens Kompendium der Wirtschaftstheorie und Wirtschaftspolitik, Band 1, 6. Auflage, München 1995, S. 115.
Bemerkenswert ist an dieser Stelle aber, daß Hicks bereits 1937 beide Möglichkeiten, also die einer exogenen und die einer endogenen Geldmenge bei der Herleitung der LM-Kurve berücksichtigt hat. Vgl. D. Laidler, Fabricating the Keynesian Revolution, Cambridge University Press, Cambridge 1999, S. 317.

[83] Die Bezeichnung LM-Kurve rührt von dieser Übereinstimmung zwischen Geldangebot (M) und Geldnachfrage bzw. Liquiditätspräferenz (L) her.

legt.[84] Die Geschäftsbanken verfügen also auch ohne Zutun der Notenbank über einen Geldschöpfungsspielraum.[85] Wenn wegen reger Kreditnachfrage die Kreditzinsen steigen, die Kreditvergabe für die Geschäftsbanken also attraktiver wird, werden sie diesen Spielraum nutzen, so daß Kreditvolumen und Geldmenge steigen. Dies bedeutet aber, daß im Rahmen dieses Geld- und Kreditschöpfungsspielraums das Geldangebot zinselastisch ist. Will man den Aussagegehalt der LM-Kurve der Realität annähern, so muß deshalb die vereinfachende Annahme eines zinsunelastischen Geldangebots aufgegeben werden.

Zur Erklärung der Geldnachfrage wird traditionell auf keynesianische Überlegungen zurückgegriffen. Die nominale Geldnachfrage (M^D) setzt sich somit aus der Nachfrage nach Transaktions- und Vorsichtskasse ($M^D_{T,V}$) sowie nach einer Spekulationskasse (M^D_{Sp}) zusammen.

$$M^D = M^D_{T,V} + M^D_{Sp}$$

Die Interpretation der LM-Kurve kann ebenso durch neuere geldnachfragetheoretische Überlegungen erfolgen, die die Zinsabhängigkeit der Geldnachfrage aus dem Opportunitätskostenkalkül heraus erklärt. Unterstellt wird jeweils, daß die Geldnachfrage stabil ist, d. h., eine gegebene Zins/Einkommenskombination (i/Y_r) mit einer bestimmten

---

[84] „Die Bundesbank kann weder die Expansion der Geldmenge in beliebiger Weise unmittelbar beschränken, indem sie überschießende Nachfrage der Banken nach Zentralbankguthaben einfach unbefriedigt läßt, noch ist sie in der Lage, eine zu schwache Nachfrage nach Zentralbankgeld durch die Schaffung von Überschußguthaben der Kreditinstitute so nahtlos auszugleichen, daß die Ausweitung der Geldmenge zu keinem Zeitpunkt hinter den gesteckten Zielen zurückbleibt. Vielmehr liegt es in der Natur des komplexen Geldschöpfungsprozesses, in dem Notenbank, Kreditinstitute und Nichtbanken zusammenwirken, daß die Bundesbank nur durch entsprechende Gestaltung der Zinskonditionen und sonstigen Bedingungen, zu denen sie laufend Zentralbankguthaben bereitstellt, mittelbar darauf hinwirken kann, daß die Geldmenge sich in dem angestrebten Rahmen bewegt." Deutsche Bundesbank, Die Geldpolitik der Deutschen Bundesbank, Frankfurt 1995, S. 92. Noch einen Schritt weiter geht W. Gebauer (Geld: Angebot versus Nachfrage, in: P. Bofinger/K.-H. Ketterer, Neuere Entwicklungen in der Geldtheorie und Geldpolitik - Festschrift für Norbert Kloten -, Tübingen 1996, S. 260), wenn er behauptet, daß „die Geldmenge als eine endogen bestimmte Größe anzusehen ist" und „die Zentralbank, via Zinsänderungen, nur einen quantitativ vergleichsweise geringen Einfluß auf die Geldmenge ausübt."

[85] Hinzuweisen ist auch auf eine mögliche Beeinflussung der nominalen Geldmenge durch die Nichtbanken über Anpassung bei der Geldkapitalbildung (Verschiebung der Geldangebotsfunktion). Dieser Punkt soll im folgenden aus Gründen der Vereinfachung aber ausgeklammert werden.

Nachfrage nach Geld (M^D) verbunden ist. Ausgeschlossen ist also, daß eine gegebene Zins/Einkommenskombination mit unterschiedlichen Nachfragen nach Geld (M^D) einher gehen kann. In diesem Fall läge eine instabile Nachfrage nach Geld vor.

Das nominale Geldangebot (M^S) ergibt sich aus der Geldbasis (B) und dem Multiplikator (m), wobei m nicht starr vorgegeben, sondern zinsabhängig ist.

$$M^S = m \cdot B$$

Dividiert man die nominale Geldnachfrage und das nominale Geldangebot jeweils durch das Preisniveau (P) erhält man die entsprechenden Realgrößen M^D/P (reale Geldnachfrage) und M^S/P (reales Geldangebot).

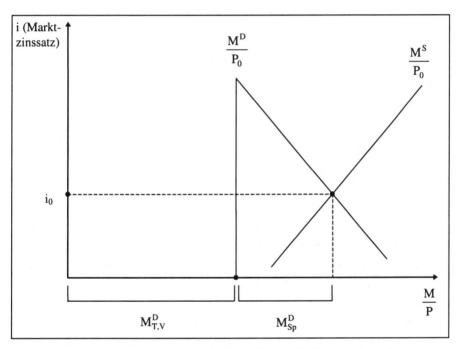

Im Schnittpunkt von Geldangebot und Geldnachfrage befindet sich der makroökonomische Geldmarkt im Gleichgewicht. Der Gleichgewichtszinssatz beträgt i_0.[86]

---

[86] Aus Gründen der Vereinfachung soll im folgenden zunächst das Preisniveau 1 betragen und als konstant betrachtet werden, so daß für M^D/P, M^S/P und M/P auch M^D, M^S, M geschrieben werden kann.

Kommt es zu einer Einkommenserhöhung, so steigt der Geldbedarf für Transaktionszwecke, was sich graphisch in einer Verschiebung der Geldnachfragekurve auf M_1^D festhalten läßt.

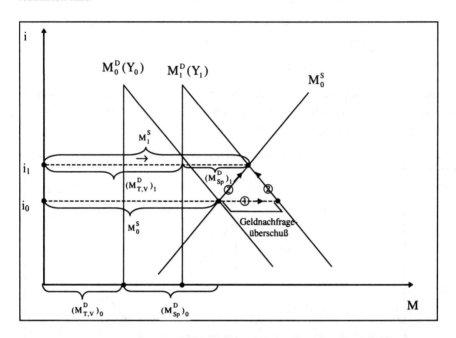

Bei dem bisherigen Zinsniveau i_0 erhöht sich somit die Geldnachfrage; bei unverändertem Geldangebot kann diese zusätzliche Geldnachfrage jedoch nicht befriedigt werden. Da aber zusätzliches Geld für Transaktionszwecke benötigt wird, werden von den Nichtbanken zusätzliche (Buch-) Kredite bei den Geschäftsbanken nachgefragt bzw. vorhandene Wertpapiere verkauft oder neu emittiert. Eine steigende Kreditnachfrage bzw. ein höheres Angebot an Wertpapieren führt zu sinkenden Kursen am Wertpapiermarkt bzw. zu steigenden Marktzinsen, was bei Wertpapieren mit gegebenen Nominalzinssätzen steigende Effektivzinsen zur Folge hat. Steigende Zinsen werden die Geschäftsbanken aber auch bewegen, verstärkt Kredite zu begeben und so das Geldangebot auszuweiten. Es kommt zu einem neuen Gleichgewicht bei einem höheren Zinssatz i_1. Das zusätzliche Transaktionsvolumen wird also über eine Rationalisierung der Kassenhaltung aufgrund gestiegener Opportunitätskosten und eine Ausweitung des Geldangebots durch die Geschäftsbanken ermöglicht. Bleibt man im Rahmen Keynesscher Überlegungen, so nimmt die spekulative Geldhaltung aufgrund des Zinssatzanstieges ab $[(M_{Sp}^D)_0 \rightarrow (M_{Sp}^D)_1]$, da nun weniger Wirtschaftssubjekte mit Kursverlusten rechnen.

Mit anderen Worten: Die Zahl derjenigen, die wegen erwarteter Kursverluste eine zinslose Geldhaltung vorziehen, geht zurück. Das zusätzliche Transaktionsvolumen $[(M_{T,V}^D)_0 \rightarrow (M_{T,V}^D)_1]$ wird also zum einen über einen Rückgang der spekulativen Kassenhaltung finanziert, und zum anderen über ein erhöhtes Geldangebot monetär alimentiert.

Eine notenbankinduzierte Erhöhung des Geldangebotes ist graphisch als Rechtsverschiebung von M_0^S auf M_1^S festzuhalten. Diese Expansion ist mit einer Zinssenkung verbunden, die schließlich ein neues Gleichgewicht auf dem Geldmarkt (i_1) bewirkt:

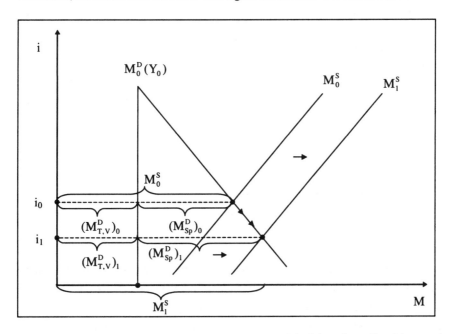

Den Prozeß zum neuen Gleichgewicht kann man sich folgendermaßen klar machen. Eine expansive Geldpolitik, d. h. eine Senkung der Notenbankzinssätze, bedeutet für die Geschäftsbanken niedrigere Kosten für den Erwerb von Zentralbankgeld. Diese niedrigeren Kosten der Geldbeschaffung könnten die Geschäftsbanken zu verstärkten Wertpapierkäufen an der Börse veranlassen; die Effektivzinsen würden sinken und die Geldmenge steigen. Die Geschäftsbanken könnten auch ihr (Buch-) Kreditgeschäft durch Senkung der Kreditzinsen auszudehnen versuchen; über eine erhöhte Kreditnachfrage der Nichtbanken steigt die Geldmenge bei gesunkenem Zinsniveau. Im Ergebnis führt also eine expansive Geldpolitik zu einer Ausweitung der Geldmenge (von M_0^S auf

M_1^S). Die damit einhergehende Zinssenkung erhöht die Geldnachfrage - bis schließlich Geldangebot und Geldnachfrage wieder übereinstimmen.

Bei der graphischen Ableitung der LM-Kurve soll - wie bisher - zunächst von einem gegebenen Preisniveau ausgegangen werden. Die LM-Kurve ergibt sich, in dem die Gleichgewichtszinssätze bei verschiedenen Einkommenshöhen und der dadurch bedingten unterschiedlichen Geldnachfrage ermittelt werden.

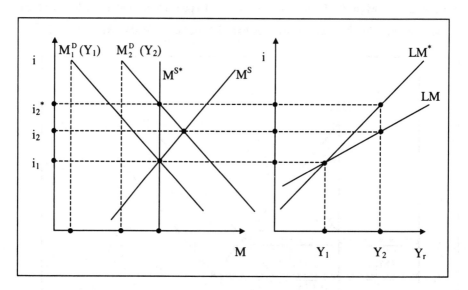

Wie aus obiger Abbildung hervorgeht, spielt sich beim Einkommen Y_1 der Gleichgewichtszinssatz bei i_1 ein. Kommt es aufgrund eines Einkommensanstiegs auf Y_2 zu einer Erhöhung der Geldnachfrage, so muß der Zinssatz auf i_2 ansteigen, damit das zusätzlich für Transaktionszwecke benötigte Geld durch Rationalisierung der Kassenhaltung freigesetzt oder aus der spekulativen Geldhaltung abgezogen werden kann bzw. ein hinreichender Anreiz für die Geschäftsbanken besteht, zusätzlich Geld zu schaffen. Ein höheres Gleichgewichtseinkommen (Y_2) ist also bei gegebener Geldangebotsfunktion mit einem höheren Zinssatz (i_2) verbunden.

In der obigen Zeichnung ist zum Vergleich zusätzlich eine vertikale Geldangebotsfunktion (M^{S*}) eingezeichnet. Dies impliziert die vereinfachende Hypothese, daß die nominale Geldmenge eine exogene, durch die Zentralbank determinierte Variable ist und es keinen Geld- und Kreditschöpfungsspielraum der Geschäftsbanken gäbe, die diese in

Abhängigkeit vom Zinsniveau nutzen könnten.[87] Die daraus resultierende LM-Kurve (LM*) verläuft offenkundig steiler, da das Geldangebot keinen Beitrag zum neuen Gleichgewicht mehr leisten kann. Für die Ergebnisse der folgenden Analyse ist diese Vereinfachung jedoch nicht von grundlegender Bedeutung. Um die Darstellung möglichst einfach zu halten, werden deshalb in den anschließenden Ausführungen vertikale Geldangebotsfunktionen zugrundegelegt.

Die LM-Kurve spiegelt die Summe aller Kombinationsmöglichkeiten von i und Y_r wider, bei denen sich der Geldmarkt im Gleichgewicht befindet. Auch hier soll zunächst auf die Frage nach der Lage, sodann auf die nach der Steigung der LM-Kurve näher eingegangen werden.

In Analogie zur IS-Kurve lassen sich die Überlegungen zur Lage umformulieren in die Frage, wie es zu Verschiebungen der LM-Kurve kommt. Wird - wie im folgenden - eine stabile Geldnachfrage unterstellt, d. h. kommt es bei gegebenen Y_r und i-Werten zu keinen Schwankungen bei der Geldnachfrage, so sind Verschiebungen der LM-Kurve einzig auf Veränderungen des realen Geldangebots zurückzuführen. Hierbei lassen sich zwei Fälle unterscheiden: (1) Eine Erhöhung (Verminderung) des realen Geldangebots kommt zustande, wenn bei einem konstanten nominalen Geldangebot das Preisniveau sinkt (steigt). (2) Eine Erhöhung (Verminderung) des realen Geldangebots erfolgt durch eine Erhöhung (Verminderung) des nominalen Geldangebots bei stabilem Preisniveau. Im folgenden soll - wie bisher - zunächst von einem konstanten Preisniveau ausgegangen werden.

---

[87] Die vereinfachende Annahme eines exogenen, von der Notenbank vorgegebenen nominalen Geldangebots läßt allerdings unerklärt, wie das zusätzliche Geld in die Kassen der Wirtschaftssubjekte gelangt. Auch Kunstgriffe wie der Friedman'sche Hubschraubereffekt, wonach das Geldangebot dadurch steigt, daß Hubschrauber über Land fliegen und Geldscheine abwerfen, vermögen diese Lücke nicht zu schließen. Transmissionstheoretisch steht dahinter die Überlegung, daß aufgrund der Ausweitung der Geldmenge durch die Notenbank die Wirtschaftssubjekte bei gegebenen Y und i Werten „plötzlich" zuviel Geld in der Kasse haben ($M^S > M^D$), weshalb diese mit dem überschüssigen Geld Wertpapiere nachfragen, was zu steigenden Kursen und damit zu sinkenden Zinsen führt.

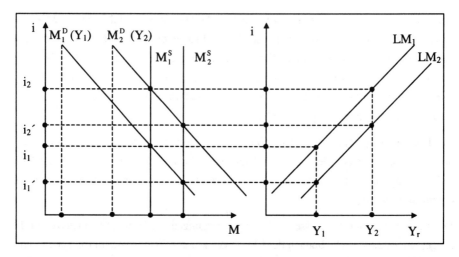

Wie aus obiger Abbildung ersichtlich, ist eine Erhöhung des realen Geldangebots von M_1^S auf M_2^S bei einem gegebenen Gleichgewichtseinkommen mit einem sinkenden Zinssatz verbunden (Y_1: $i_1 \rightarrow i_1'$; Y_2: $i_2 \rightarrow i_2'$). Die LM-Kurve verschiebt sich somit nach rechts.

Für die Steigung der LM-Kurve ist einerseits die Einkommens-, andererseits die Zinselastizität der Geldnachfrage entscheidend. Auch hier soll zunächst das theoretische Grundmuster der LM-Kurve in Erinnerung gerufen werden.

$$Y_r \rightarrow M_{T,V}^D \rightarrow M^D \neq M^S \rightarrow i$$

Eine Veränderung des Gleichgewichtseinkommens führt zu gleichgerichteten Reaktionen bei der Geldnachfrage, wodurch bei gegebenem Geldangebot ein Ungleichgewicht am Geldmarkt entsteht, was eine Veränderung des Zinssatzes bewirkt.

Ist die *Einkommenselastizität der Geldnachfrage* gering, so bewirkt ein gegebener Einkommensanstieg lediglich einen schwachen Anstieg der transaktionsbedingten Geldnachfrage. Bei gegebener Zinselastizität der Geldnachfrage bedarf es nur einer relativ geringen Zinssatzerhöhung, um das zusätzlich für Transaktionen benötigte Geld zu mobilisieren. Die LM-Kurve verläuft somit relativ flach. Umgekehrt verhält es sich bei einer einkommenselastischen Geldnachfrage. Die Höhe der Einkommenselastizität läßt sich graphisch durch das Ausmaß der Verlagerung der Geldnachfragefunktion illustrieren.

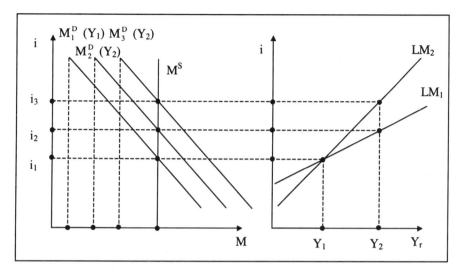

Dieser Sachverhalt wird aus obiger Abbildung ersichtlich. Ausgehend vom Gleichgewichtseinkommen Y_1, bei dem der Zinssatz i_1 ein Geldmarktgleichgewicht herstellt, soll es zu einer Erhöhung des Gleichgewichtseinkommens auf Y_2 kommen. Im Fall einer einkommensunelastischen Geldnachfrage reicht eine Erhöhung des Zinssatzes auf i_2 aus, um ein neues Geldmarktgleichgewicht zu erreichen. Im Falle einer einkommenselastischen Geldnachfrage hingegen muß der Zinssatz stärker, und zwar auf i_3, steigen, um das für Transaktionszwecke benötigte Geld zu mobilisieren. Im ersten Fall verläuft die LM-Kurve also flacher als im zweiten, weil ein gegebener Einkommensanstieg eine geringere Zinssatzerhöhung hervorruft.

Als zweite Variable beeinflußt die *Zinselastizität der Geldnachfrage* die Steigung der LM-Kurve. Ausgegangen wird wiederum von einer Erhöhung des Gleichgewichtseinkommens, die zu einer Zunahme der Nachfrage nach Transaktionskasse führt. Bei einer zinselastischen Geldnachfrage genügt eine geringe Zinssatzerhöhung, um das zusätzlich benötigte Geld für Transaktionszwecke verfügbar zu machen. Die LM-Kurve hat einen flachen Verlauf. Umgekehrt verhält es sich bei einer zinsunelastischen Geldnachfrage. Wichtig ist, daß die Keynesianer eher eine zinselastische, die Monetaristen hingegen eher eine zinsunelastische Geldnachfrage annehmen.

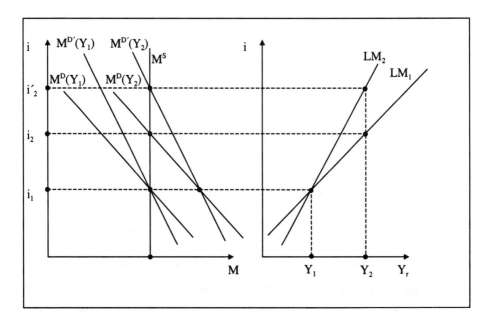

Ausgangspunkt bildet das Gleichgewichtseinkommen Y_1, bei dem sich der Geldmarkt beim Zinssatz i_1 im Gleichgewicht befindet. Es soll nun zu einem Anstieg des Einkommens auf Y_2 kommen, was durch eine Parallelverschiebung der Geldnachfragefunktionen illustriert wird. Im Fall einer zinselastischen Geldnachfrage (flacher Verlauf) wird - im Vergleich zu einer zinsunelastischen Geldnachfrage - nur eine verhältnismäßig geringe Zinssatzsteigerung benötigt, um das zusätzlich für Transaktionszwecke benötigte Geld (durch Rationalisierung der Kassenhaltung oder durch Abzug aus der Spekulationskasse) zu mobilisieren. Anders formuliert kommt der Geldmarkt bei einem gegebenem Anstieg des Gleichgewichtseinkommens bereits bei einem relativ geringen Zinsanstieg wieder ins Gleichgewicht. Die LM-Kurve nimmt somit einen flachen Verlauf an; eine zinsunelastische Geldnachfrage hingegen schlägt sich in einer steilen LM-Kurve nieder.

In der folgenden Übersicht sind die Bestimmungsgrößen der Steigung von IS- und LM-Kurve zusammengestellt:

	Steigung der IS-Kurve		Steigung der LM-Kurve	
	flach	steil	flach	steil
Zinselastizität der Investitionsgüternachfrage	hoch	niedrig	---	---
Einkommensmultiplikator	groß	klein	---	---
Zinselastizität der Geldnachfrage	---	---	hoch	niedrig
Zinselastizität des Geldangebots	---	---	hoch	niedrig
Einkommenselastizität der Geldnachfrage	---	---	niedrig	hoch

Bisher wurde im Rahmen der Diskussion der LM-Kurve das Preisniveau als konstant angenommen; diese Restriktion soll jetzt aufgehoben werden.

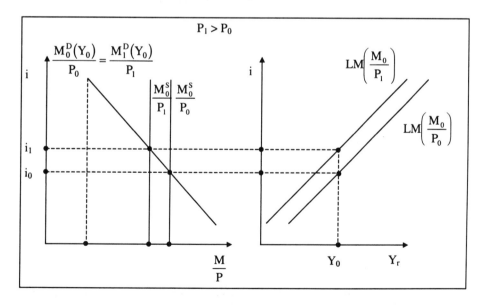

Wie aus obiger Abbildung ersichtlich, hat eine Veränderung des Preisniveaus keine Auswirkung auf die reale Geldnachfrage. Die nominale Geldnachfrage reagiert entsprechend der Änderung des Preisniveaus, weil die Wirtschaftssubjekte nach wie vor eine bestimmte reale Gütermenge nachfragen wollen. Steigt beispielsweise das Preisniveau um 10%, so nimmt auch die nominale Geldnachfrage um 10% zu; die reale Geldnachfrage bleibt demzufolge unverändert.[88] Anders hingegen ist es beim Geldangebot. Eine Veränderung des Preisniveaus hat nicht automatisch eine entsprechende Veränderung des nominalen Geldangebotes zur Folge, da dieses dem Einfluß der Notenbank unterliegt. Eine Veränderung des Preisniveaus bewirkt vielmehr - aufgrund des gegebenen nominalen Geldangebots - eine entsprechende Veränderung des realen Geldangebots. Steigt beispielsweise das Preisniveau, so sinkt die reale Geldmenge.

Für den Geldmarkt hat dies zur Folge, daß beim gegebenen Zinssatz (hier: i_0) ein Geldnachfrageüberhang entsteht, der zu einer (nominalen) Zinssatzerhöhung führt. Der Geldmarkt kommt demzufolge bei einem gegebenen Realeinkommen (hier: Y_0) erst bei einem höheren Zinssatz (hier: i_1) ins Gleichgewicht. Für die LM-Kurve hat dies eine Verlagerung nach links zur Folge. Umgekehrt verhält es sich bei einer Preisniveausenkung.

Bei der weiteren Analyse im Rahmen des IS-LM-Modells wird – vom Nominalzins abgesehen – auf reale, d.h. preisniveaubereinigte Größen abgestellt.

---

[88] Als Normalfall kann davon ausgegangen werden, daß die Nominaleinkommen mindestens in Höhe der Inflationsrate steigen. In diesem Falle blieben die Realeinkommen konstant.

3. Zusammenspiel von Güter- und Geldmarkt

Nachdem die IS- und die LM-Kurve im einzelnen besprochen wurden, kann nun das Zusammenwirken von Güter- und Geldmarkt verdeutlicht werden. Wie ausgeführt, befindet sich der Gütermarkt auf allen Punkten der IS-Kurve, der Geldmarkt auf allen Punkten der LM-Kurve im Gleichgewicht. Der Schnittpunkt von IS- und LM-Kurve stellt somit ein simultanes Gleichgewicht auf beiden Märkten dar.

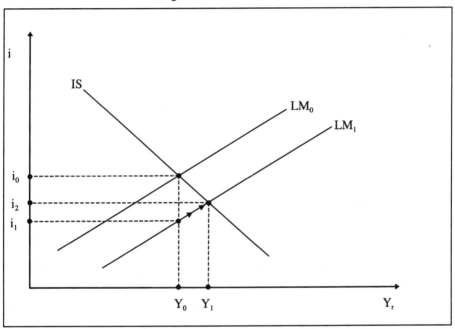

Ausgangspunkt in obiger Abbildung stellt das simultane Gleichgewicht i_0/Y_0 dar. Nun soll es als Folge einer expansiven Geldpolitik der Zentralbank (Zinssatzsenkung am Geldmarkt) zu einer Erhöhung der nominalen Geldmenge kommen (Verschiebung der LM-Kurve nach rechts von LM_0 auf LM_1). Der gesunkene Zinssatz, und zwar in obigem Beispiel auf i_1, geht mit einer steigenden Investitionsgüternachfrage einher, wodurch das Gleichgewichtseinkommen zunimmt. Damit erhöht sich aber auch wieder die Nachfrage nach Transaktionskasse, was einen Wiederanstieg des Zinssatzes bewirkt. Das neue simultane Gleichgewicht wird beim Zinssatz i_2 und beim Gleichgewichtseinkommen Y_1 erreicht. Die geldpolitisch ausgelöste Zinssatzänderung ($i_0 \rightarrow i_1$) bezeichnet man auch als *Liquiditätseffekt*; die vom Gütermarkt ausgelöste Geldnachfrage- und Zinssatzerhöhung ($i_1 \rightarrow i_2$) heißt *Einkommenseffekt*.

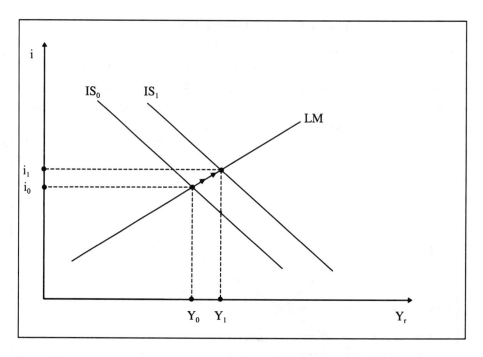

Eine Erhöhung der Staatsnachfrage führt hingegen zu einer Rechtsverschiebung der IS-Kurve. Da der Staat aber seine zusätzliche Nachfrage finanzieren, also Transaktionskasse mobilisieren muß, wird er z. B. Wertpapiere auf den Markt bringen. Um die Wertpapiere absetzen zu können, müssen die Konditionen besser sein als die bisherigen Marktkonditionen; d. h. der Zinssatz steigt. Hierdurch werden aber private Investitionen unrentabel und somit verdrängt (*crowding-out*). Das neue simultane Gleichgewicht wird bei i_1/Y_1 erreicht.

4. Zur Wirksamkeit von Geld- und Fiskalpolitik

Bei der Beurteilung alternativer Politiken spielen Annahmen vor allem über die Zinselastizität der Investitionsgüter- und Geldnachfrage eine wichtige Rolle. Während keynesianisch orientierte Ökonomen mit einer weitgehend zinselastischen Geldnachfrage, aber mit einer nahezu zinsunelastischen Investitionsgüternachfrage rechnen, halten Monetaristen eher das Gegenteil für zutreffend, gehen also von einer vergleichsweise zinsunelastischen Geld- und einer zinselastischen Investitionsgüternachfrage aus. Zunächst soll die Wirksamkeit der *Geldpolitik* vor dem Hintergrund unterschiedlicher Annahmen über die Zinselastizität der Investitionen diskutiert werden.

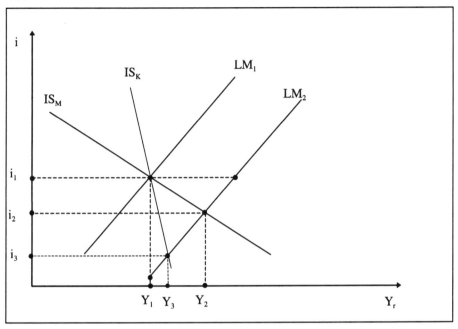

In obiger Abbildung sind IS-Kurven unterschiedlicher Zinselastizität der Investitionsgüternachfrage abgebildet. Kommt es nun zu einer Geldmengenerhöhung aufgrund einer expansiven Geldpolitik ($LM_1 \rightarrow LM_2$), so bewirkt dies bei vergleichsweise hoher Zinselastizität der Investitionen (IS_M) einen relativ großen Anstieg des Gleichgewichtseinkommens (Y_2).

Andere Wirkungen einer expansiven Geldpolitik ergeben sich nach der keynesianischen Position. Eine relativ zinsunelastische Investitionsgüternachfrage (IS_K) führt zu einem steileren Verlauf der IS-Kurve. Ein im Ausmaß gleich starker expansiver geldpolitischer Impuls bewirkt hier nur eine schwache Erhöhung der Investitionstätigkeit und somit letztlich nur einen geringen Anstieg des Gleichgewichtseinkommens (Y_3). Bei einer - der keynesianischen Position entsprechenden - höheren Zinselastizität der Geldnachfrage (flacherer Verlauf der LM-Kurven) ergeben sich geringere Nachfragewirkungen.

Anders hingegen ist die Wirksamkeit der *Fiskalpolitik* zu beurteilen.

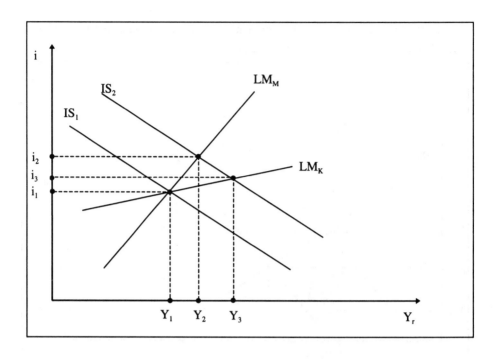

Nach monetaristischen Befunden führt eine expansive Fiskalpolitik (die IS-Kurve verschiebt sich nach rechts) über einen Anstieg der Geldnachfrage - es wird mehr Transaktionskasse benötigt - zu starken Zinssatzsteigerungen. Die Annahme einer relativ zinsunelastischen Geldnachfrage (LM_M) bedeutet, daß ein starker Zinsanstieg benötigt wird, um das zusätzlich für Transaktionszwecke benötigte Geld zu mobilisieren. Diese Zinserhöhung wiederum löst einen starken Rückgang der Investitionsgüternachfrage aus (*crowding-out-Effekt*), so daß per Saldo nur ein schwacher Effekt auf die Gesamtnachfrage verbleibt. Der Anstieg des Gleichgewichtseinkommens wird sich demnach in engen Grenzen halten (Y_2).

Gänzlich anders ist die Fiskalpolitik aus keynesianischer Sicht zu beurteilen. Eine expansive Fiskalpolitik führt wegen der relativ zinselastischen Geldnachfrage nur zu einem geringen Zinsanstieg; dieser Zinsanstieg führt zu keinen gravierenden Rückgängen der Investitionsgüternachfrage. Der *crowding-out-Effekt* bleibt also gering; vielmehr wird ein großer Nachfrage- und somit Einkommenseffekt erzielt (Y_3).

Es gehört nicht viel Phantasie dazu sich vorzustellen, welche Einkommenswirkungen von geld- und fiskalpolitischen Maßnahmen ausgehen, wenn gleichzeitig die Kombinationen niedriger (hoher) Zinselastizität der Investitionsgüternachfrage und hoher (niedriger) Zinselastizität der Geldnachfrage vorliegen sollten.

Die unterschiedlichen Positionen und deren Konsequenzen für die Wirksamkeit der Geld- und Fiskalpolitik sind in folgender Übersicht zusammengestellt:

	Keynesianische Position	Monetaristische Position
Zinselastizität der Geldnachfrage	hoch	niedrig
Zinselastizität der Investitionsgüternachfrage	niedrig	hoch
Wirksamkeit der Geldpolitik	niedrig	hoch
Wirksamkeit der Fiskalpolitik	hoch	niedrig

5. Vom IS/LM-Modell zur gesamtwirtschaftlichen Nachfragefunktion

Bisher wurde implizit unterstellt, daß es auf dem Gütermarkt unausgelastete Kapazitäten gibt, so daß Nachfrageveränderungen unmittelbar reale Produktions- und Einkommensveränderungen nach sich zogen. Die Zins- und Realeinkommenskombinationen, die sich auf der IS-Kurve befinden, sind deshalb nur dann als effektive Gleichgewichtspunkte von Angebot und Nachfrage auf dem Gütermarkt anzusehen, wenn das nachfrageseitig mögliche Einkommen durch entsprechende Produktionsreserven abgesichert ist. Schnittpunkte der IS- mit der LM-Kurve sind deshalb als nachfrageseitige Gleichgewichtspunkte unter Berücksichtigung geldmarktbedingter Restriktionen zu interpretieren.

In der Realität stößt die Befriedigung der Güternachfrage aber nicht nur auf monetäre Engpässe, sondern auch auf Produktionsgrenzen, z. B. infolge eines Arbeitskräftemangels. Um zu realitätsnäheren Aussagen zu gelangen, muß deshalb die Angebotsseite explizit in die Analyse einbezogen werden.

Wenn das IS/LM-Schema nur dann wirkliche Gleichgewichtssituationen abbildet, soweit die Produktion der Nachfrage beliebig zu folgen vermag, wird bereits intuitiv deutlich, daß mit diesem Schema die gesamtwirtschaftliche Nachfragesituation eingefangen wird. Die reale *gesamtwirtschaftliche Nachfragefunktion* (Y_r^D) läßt sich unschwer ableiten, wenn man verfolgt, was Preisniveauveränderungen unter bestimmten, durch IS- und LM-Kurven beschriebene, Güter- und Geldmarktbedingungen bewirken.

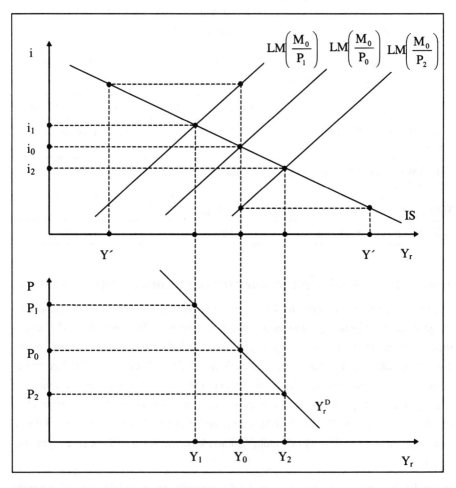

Wie die Abbildung zeigt, führt eine Veränderung des Preisniveaus zu einer Verschiebung der LM-Kurve.[89] Sinkt beispielsweise das Preisniveau von P_0 auf P_2, so kommt es infolge einer Zunahme des realen Geldangebots zu einer Verschiebung der LM-Kurve nach rechts. Vorausgesetzt, es gibt keine Schranken auf der Angebotsseite, kommt es zu einem neuen Gleichgewicht bei (i_2/Y_2). Trägt man diese Einkommensänderung in Ab-

---

[89] Von möglichen preisniveaubedingten Verschiebungen der IS-Kurve sei zunächst abgesehen. Siehe Kapitel IX, 2.2.3.

hängigkeit von der Preisniveauänderung ab, so zeigt sich, daß mit sinkendem Preisniveau die reale gesamtwirtschaftliche Nachfrage steigt (von P_0/Y_0 nach P_2/Y_2). Gäbe es auf der Angebotsseite keinerlei Restriktionen, würde bei gegebener Gütermarkt- und Geldmarktkonstellation eine Preisniveauänderung eine Nachfrageänderung auslösen, die zu den realen Sozialprodukten Y_0, Y_1 und Y_2 führte.

Auch hier können wir wieder die Frage anschließen, wovon die Lage bzw. Verschiebungen der Y_r^D-Funktion abhängig sind. Da die gesamtwirtschaftliche Nachfragefunktion aus den Schnittpunkten der IS/LM-Kurven gewonnen wird, sind Verschiebungen der gesamtwirtschaftlichen Nachfragefunktion ebenfalls auf Verschiebungen der IS- und LM-Kurve zurückzuführen. Da Preisniveauänderungen bereits berücksichtigt sind, können auf dem Geldmarkt ausgelöste Verschiebungen der Gesamtnachfrage nur noch auf Änderungen des nominalen Geldangebots beruhen.

Zur Klärung der Frage, welche Variablen einen Einfluß auf das Steigungsmaß der gesamtwirtschaftlichen Nachfragefunktion haben, ist es auch hier zweckmäßig, sich das theoretische Grundmuster klarzumachen, das hinter der Y_r^D-Funktion steht:

$$P \to \frac{M^S}{P} \to i \to I^b \to m \cdot I^b \to Y_r' \to \frac{M^D}{P} \to i \to \cdots Y_r^D$$

Ausgehend von einem Gleichgewicht am Geldmarkt ($M^S/P = M^D/P$) führt eine Veränderung des Preisniveaus zu einer Veränderung des realen Geldangebotes. Ein daraus resultierendes Ungleichgewicht am Geldmarkt führt zu Änderungen des Zinssatzes; dadurch wird die Nachfrage nach Investitionsgütern beeinflußt, die ihrerseits multiplikative Nachfrageeffekte auslöst und somit auf eine Veränderung der Gesamtnachfrage hinwirkt (*Keynes-Effekt*). Zu einer Abschwächung des ursprünglichen Nachfrageimpulses (Y')[90] kommt es im Zuge der Anpassungsprozesse durch die Nachfrage nach Transaktionskasse (Einkommenselastizität der Geldnachfrage), die der anfänglichen Zinsentwicklung etc. entgegenwirkt.

Untersucht man die Variablen, die Einfluß auf das Steigungsmaß im einzelnen haben, so stößt man wiederum auf die Größen, die das Steigungsmaß der IS- bzw. der LM-Kurve beeinflussen.

---

[90] Die Strecken Y_0 – Y' in der Graphik sind nur fiktiv. Sie sollen die Nachfrageanstöße verdeutlichen, die zu Zinsänderungen führen - und weitergehende realwirtschaftliche und monetäre Anpassungen auslösen. Y' ist kein realisiertes Einkommensniveau.

Zunächst hat somit die Höhe der *Zinselastizität der Geldnachfrage* Einfluß auf das Steigungsmaß der Y_r^D-Funktion. Wie bereits erörtert, führt ein Rückgang des Preisniveaus zu einem Anstieg des realen Geldangebots. Im Falle einer zinselastischen Geldnachfrage wird dieses erhöhte reale Geldangebot bereits bei einer geringen Zinssatzsenkung von der spekulativen Geldhaltung absorbiert. Aufgrund dieser geringen Zinssatzsenkung sind die Wirkungen auf die Investitionsgüternachfrage und somit auf die Gesamtnachfrage gering. Die Y_r^D-Funktion verläuft steil, d. h., sie ist preisunelastisch. Anders hingegen ist es bei einer zinsunelastischen Geldnachfrage. Hier führt das Ungleichgewicht am Geldmarkt zu einer starken Zinssatzsenkung, wodurch es zu einer starken Erhöhung der Investitionsgüternachfrage kommt. Die Y_r^D-Funktion nimmt demzufolge einen flachen Verlauf an; sie ist preiselastisch.

Zum zweiten ist die *Zinselastizität der Investitionsgüternachfrage* anzuführen. Die durch einen Rückgang des Preisniveaus bedingte Zinssatzsenkung hat bei einer zinselastischen Investitionsgüternachfrage einen starken Anstieg der Investitionsgüternachfrage, bei einer zinsunelastischen Investitionsgüternachfrage einen schwachen Anstieg zur Folge. Ceteris paribus kommt es im ersten Fall zu einer starken realen Nachfrageerhöhung (Y^D steigt stark an), im zweiten Falle zu einer schwachen realen Nachfrageerhöhung. Die Y_r^D-Funktion verläuft bei hoher Zinselastizität der Investitionsgüternachfrage mithin flach, im anderen Falle steil.

Als Drittes ist die Größe des *Einkommensmultiplikators* entscheidend. Nimmt der Multiplikator einen großen Wert an, so führt - überspringt man bei obiger Argumentationskette die ersten Stufen - eine gegebene Erhöhung der Nachfrage nach Investitionsgütern zu einer starken multiplikativen Nachfrageausweitung und somit zu einem entsprechend starken Anstieg der realen Gesamtnachfrage. Die Y_r^D-Funktion verläuft flach. Analog dazu führt ein geringer Multiplikatorwert zu einem steilen Verlauf der Y_r^D-Funktion.

Schließlich bleibt als vierte Einflußgröße noch die *Einkommenselastizität der Geldnachfrage*. Geht man - wiederum unter Vernachlässigung der ersten Schritte des Ablaufprozesses - von einer gestiegenen Nachfrage nach Investitionsgütern aus, so bedeutet eine hohe Einkommenselastizität der Geldnachfrage, daß im Zuge dieses Prozesses die Nachfrage nach Transaktionskasse stark ansteigt, was über einen starken Zinsanstieg den Expansionsprozeß wieder abschwächt, so daß die reale gesamtwirtschaftliche Nachfrage verhältnismäßig schwach zunimmt. Die Y_r^D-Funktion verläuft steil. Anders hingegen liegt der Fall bei einer einkommensunelastischen Geldnachfrage. Hier fällt der transaktionskassenbedingte Zinsanstieg geringer aus, so daß bei einem gegebenen

Preisniveaurückgang eine stärkere Zunahme der realen gesamtwirtschaftlichen Nachfrage resultiert. Die Y_r^D-Funktion verläuft demzufolge flacher.

Die transmissionstheoretische Grundstruktur der Wirkung von Impulsen zur Nachfragebeeinflussung ist in der folgenden Übersicht zusammengestellt.

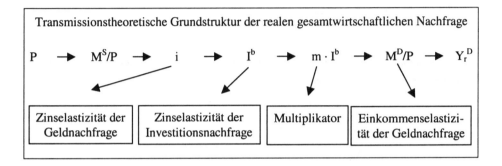

6. Die gesamtwirtschaftliche Nachfragefunktion der klassischen Theorie

Für das klassische System kann die Herleitung einer gesamtwirtschaftlichen Nachfragefunktion nicht aus dem IS-LM-Modell erfolgen. Zwar könnte man noch die LM-Kurve unter der Annahme einer vollkommen zinsunelastischen Geldnachfrage verwenden, was einen vertikalen Verlauf der LM-Kurve implizieren würde. Die IS-Kurve hingegen ist mit klassischen Überlegungen nicht vereinbar. Im Rahmen der IS-Kurve führt eine Zinssatzsenkung über eine entsprechend steigende Investitionsgüternachfrage zu multiplikativen Einkommenssteigerungen, die ihrerseits das Sparen erhöhen. Nach Ansicht der klassischen Ökonomen führt eine Zinssatzsenkung zwar ebenfalls zu einer Erhöhung der Investitionsgüternachfrage, bei sinkenden Zinsen geht jedoch die Ersparnis zurück. Multiplikative Effekte treten hier nicht auf.

Die Herleitung einer realen *gesamtwirtschaftlichen Nachfragefunktion* (Y_r^D) muß *im klassischen System* vielmehr vom Geldmarkt her erfolgen. Hierzu genügt der Rückgriff auf die klassische Geldnachfragetheorie, die bekanntlich nur eine einkommensabhängige Kassenhaltung kannte.

$$M^D = k \cdot Y_r \cdot P$$

oder $$\frac{M^D}{P} = k \cdot Y_r$$

k stellt hier den *Kassenhaltungskoeffizienten* dar. Bildet man den Kehrwert von k, so erhält man die *Umlaufsgeschwindigkeit* des Geldes v. Gemäß klassischen Überlegungen kann k bzw. v zumindest auf kürzere Sicht als konstant angesehen werden.

Im Geldmarktgleichgewicht gilt:

$$M^S = M^D$$

Da das nominale Geldangebot M^S dem tatsächlich vorhandenen nominalen Geldbestand M entspricht, kann auch geschrieben werden:

$$M = M^D$$

oder $$M = k \cdot Y_r \cdot P$$

bzw. $$\frac{M}{k} = Y_r \cdot P$$

Da gilt $\frac{1}{k} = v$ läßt sich dieser Sachverhalt zur *Quantitätsgleichung*[91] (*Fisher'sche Verkehrsgleichung*)

$$M \cdot v = Y_r \cdot P \quad \text{umformulieren.}$$

Daraus folgt, daß mit einem vorhandenen nominalen Geldbestand (M) - bei gegebenem v - ein umso höheres reales Sozialprodukt (Y_r) nachgefragt werden kann, je niedriger das Preisniveau ist - und umgekehrt.

---

[91] Bei der Quantitätsgleichung handelt es sich um eine bloße Identität (Identitätsgleichung), da das gesamtwirtschaftliche nominale Transaktionsvolumen ($Y_r \cdot P$) in einer Geldwirtschaft immer dem Produkt aus Umlaufgeschwindigkeit des Geldes und der Geldmenge entsprechen muß. Kausalaussagen lassen sich aus dieser Identitäsgleichung nicht herleiten. Die Quantitätsgleichung läßt sich aber in die *Quantitätstheorie* überführen, wenn bestimmte Annahmen über das Verhalten der in ihr aufgenommenen Größen getroffen werden. Ausgehend von der Vollbeschäftigungsannahme und einer als zumindest auf mittlere Sicht konstanten Umlaufgeschwindigkeit folgerten die klassischen Ökonomen, daß das Preisniveau vom Geldangebot (Geldmenge), das sie als exogen, das heißt von den geldpolitischen Instanzen vorgegeben annahmen, bestimmt wird.

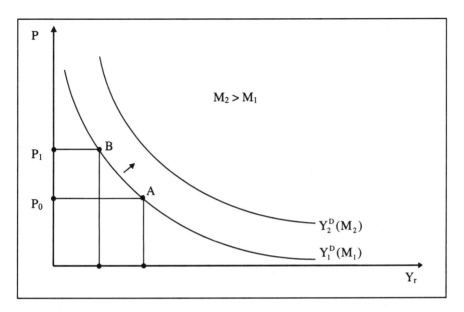

Hinter der Nachfragefunktion in obiger Abbildung steht eine bestimmte (nominale) Geldmenge, somit bei konstanter Umlaufgeschwindigkeit eine bestimmte nominale gesamtwirtschaftliche Nachfrage. Steigt nun das Preisniveau (von P_0 auf P_1), so sinkt die reale Gesamtnachfrage (von A nach B), weil die nominale Geldmenge real entwertet wird. Wird hingegen die nominale Geldmenge erhöht, so erhöht sich die nominale und - bei gegebenem Preisniveau - auch die reale Gesamtnachfrage. Die Y_r^D-Funktion verlagert sich nach rechts.

VII. Kapitel

Die gesamtwirtschaftliche Angebotsfunktion

Im vorigen Kapitel haben wird die gesamtwirtschaftliche Nachfrage (Y^D) als eine fallende Funktion des Preisniveaus kennengelernt. Die Kenntnis der gesamtwirtschaftlichen Nachfragefunktion allein erlaubt allerdings keine Aussage über die Konsequenzen etwa geldpolitischer Maßnahmen auf Einkommen, Beschäftigung und Preise. Hierzu müßte die gesamtwirtschaftliche Angebotsfunktion (Y^S) bekannt sein.

Wie das gesamtwirtschaftliche Angebot auf gesamtwirtschaftliche Nachfrageänderungen reagiert, läßt sich nicht pauschal beantworten, sondern hängt von speziellen Bedingungen ab, unter denen dem Arbeitsmarkt in Ergänzung zum Güter- und Geldmarkt sowie dem Zeithorizont besondere Bedeutung zukommt. Die gesamtwirtschaftlichen Verknüpfungen werden im Rahmen der Totalanalyse (IX. Kapitel) näher aufgezeigt. An dieser Stelle sollen nur die grundsätzlichen Angebotsvarianten im Zusammenspiel mit der Gesamtnachfrage skizziert werden. Drei Möglichkeiten[92], die zur Vereinfachung in einer Zeichnung gebündelt werden, kommen in Frage:

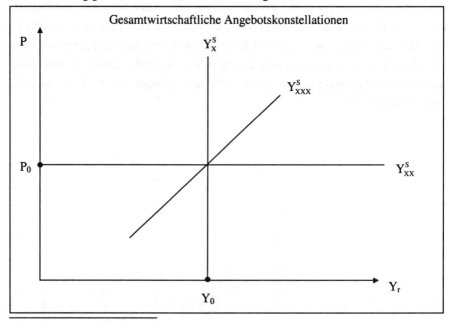

---

[92] Vgl. auch die Darstellung auf S. 58.

Die drei möglichen Angebotsreaktionen gelten zwar für unterschiedliche Zeithorizonte und Ausgangsbedingungen, ihnen gemeinsam ist jedoch das Vorstellungsbild einer Volkswirtschaft mit einem durch Arbeitskräfte, Kapitalausstattung und technisches Wissen gegebenen Produktionspotential.

1. Vertikale Angebotsfunktion

Der vertikale Verlauf wird üblicherweise als langfristiges Angebotsverhalten oder auch als klassische Angebotsfunktion bezeichnet. Begründen läßt sich dieser Verlauf mit den klassischen Annahmen einer preisgesteuerten Marktwirtschaft, in der der Wettbewerb dafür sorgt, daß die Preise voll flexibel sind und vorhandene Produktionsmöglichkeiten voll genutzt werden. Bei Vollauslastung des Produktionspotentials können definitionsgemäß Nachfrageerhöhungen nicht mehr zu Produktionserhöhungen, sondern nur noch zu Preissteigerungen führen ($P_0 \rightarrow P_1$).

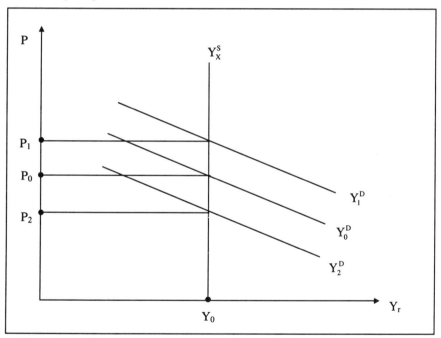

Nachfragesenkungen führen unter den Bedingungen wettbewerbsbedingten Preisdrucks zu Preissenkungen ($P_0 \rightarrow P_2$).

Die geläufige Bezeichnung der vertikalen Angebotsfunktion als langfristiges Angebotsverhalten ist mißverständlich, weil sie auf ein durch die Produktionsfunktion gegebenes

Produktionspotential abstellt. Langfristig ist jedoch das Produktionspotential flexibel. Verbesserung des Humankapitals, erhöhte Kapitalausstattung und technische Fortschritte erweitern die gesamtwirtschaftlichen Angebotsmöglichkeiten. Solche Wachstumsprozesse, die sich graphisch in einer Rechtsverschiebung der Angebotsfunktion niederschlagen würden, sind mit „langfristigem" Angebotsverhalten nicht gemeint.

2. Horizontale Angebotsfunktion

Da die horizontale Angebotsfunktion ebenfalls kein Angebotsverhalten in langfristiger (Wachstums-) Perspektive, sondern nur im Rahmen eines gegebenen Produktionspotentials beschreiben soll, kann es sich nur um einen begrenzten Teilbereich handeln. Dies wird in der folgenden Graphik illustriert, in der eine vertikale und horizontale Angebotsfunktion kombiniert sind.

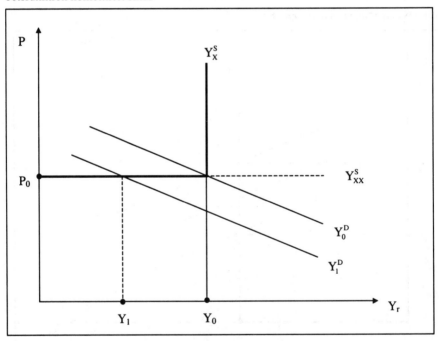

Ausgehend von Y_0, P_0 würde eine Nachfrageerhöhung wegen der gesamtwirtschaftlichen Kapazitätsschranke nur zu Preissteigerungen führen. Der nach rechts gestrichelt gezeichnete Ast von Y_s^{xx} ist irrelevant. Ein horizontaler Verlauf des Angebots kann sich also nur unterhalb der Vollauslastung des Produktionspotentials von Y_0 ergeben. Eine Verringerung der Nachfrage ($Y_0^D \to Y_1^D$) würde zu einer Produktionseinschränkung von Y_0 auf Y_1 führen. Unterstellt wird hierbei eine völlige Inflexibilität der Preise nach unten.

Derartige Preisstarrheiten nach unten spielen eine wichtige Rolle in der keynesianischen Theorie und werden in ihren gesamtwirtschaftlichen Zusammenhängen in der Totalanalyse (IX.2) genauer verfolgt. An dieser Stelle genügt es festzuhalten, daß die Preisstarrheiten, die einen horizontalen Verlauf des Angebots auf gesamtwirtschaftlicher Ebene bedingen, allenfalls ein sehr kurzfristiges Phänomen sein können. Ebenfalls nur höchst kurzfristiger Natur - wenn überhaupt - dürfte der Fall sein, daß Nachfrageerhöhungen in der Situation nicht ausgelasteten Produktionspotentials (Y_1, P_0) ausschließlich zu Produktionserhöhungen führen. Schiebt man diese Bedenken einmal beiseite, bestünde die Angebotsfunktion aus einem horizontalen und einem vertikalen Ast (fett gezeichnet).

3. Preiselastische Angebotsfunktion

Die dritte Angebotsvariante spielt als Beschreibung kurzfristigen Verhaltens des gesamtwirtschaftlichen Angebots zur Zeit in der makroökonomischen Theorie eine dominierende Rolle. Anders als bei der klassischen Angebotsfunktion wird von einer - wenn auch begrenzten - positiven Beziehung zwischen Preisniveau- und Produktionsentwicklung ausgegangen.

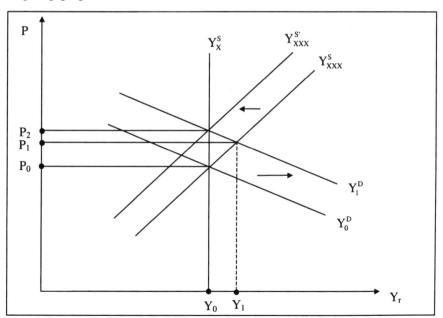

Ohne hier auf einzelne Begründungselemente einzugehen (siehe IX.3), der Hauptgrund für die unterschiedlichen Resultate besteht darin, daß von der klassischen Theorie-Welt jederzeit voll flexibler Preise und voller Ausnutzung der Produktionsmöglichkeiten Abstand genommen wird, ohne allerdings das klassische Theoriegebäude prinzipiell in Frage zu stellen. Statt der klassischen „Vollkommenheiten" wird von gewissen Produktionsreserven einerseits sowie von Informationsmängeln, Fehleinschätzungen und kontraktbedingten Preisrigiditäten andererseits ausgegangen. Die vertikale Angebotsfunktion (Y_X^S) wird nicht so rigoros interpretiert wie bislang. „Vollauslastung" des Produktionspotentials in der klassischen Angebotsfunktion wird durch „Normalauslastung" ersetzt. Dies bedeutet, daß - ausgehend von Y_0, P_0 - bei einem Nachfrageanstieg noch gewisse Produktionsspielräume genutzt werden können. Das Überschreiten der als normal angesehenen Kapazitätsauslastung ist jedoch mit Preissteigerungen ($P_0 \rightarrow P_1$) verbunden, die in die Entscheidungen auf Güter- und Faktormärkten zunächst nicht eingegangen sind. Kosten- und Preissteigerungen lösen jedoch Rückkoppelungseffekte aus, die schließlich wieder zur Normalauslastung des Produktionspotentials (Y_0) bei höheren Preisen (P_2) führen. Das gesamtwirtschaftliche Angebot ist nach dieser Theorie also kurzfristig preisabhängig; längerfristig stellt sich jedoch das klassische Resultat der Preisunabhängigkeit des Angebots ein.

Bevor verschiedene Angebotsreaktionen auf Nachfrageimpulse im gesamtwirtschaftlichen Kontext detaillierter verfolgt werden, muß vorher ein für die Reaktionsmöglichkeiten des Angebots wichtiges Verbindungsstück, das bislang weitgehend ausgeblendet wurde, näher betrachtet werden: der Arbeitsmarkt.

VIII. Kapitel

Angebot und Nachfrage am Arbeitsmarkt

Wie bereits zu Beginn der makroökonomischen Analyse angedeutet, ist die Verfügbarkeit über Arbeitskräfte eine wichtige Bestimmungsgröße der Reaktionsfähigkeit des Angebots. Um eine gesamtwirtschaftliche Angebotsfunktion herleiten zu können, müssen deshalb die Arbeitsmarktbedingungen, also Arbeitsangebot und Arbeitsnachfrage, bekannt sein.

1. Das Modell des aggregierten Arbeitsmarktes

Makroökonomische Arbeitsmarktmodelle operieren mit der Fiktion eines *aggregierten Arbeitsmarktes*, auf dem Arbeitsangebot und Arbeitsnachfrage die gesamtwirtschaftliche Beschäftigungsmenge und das Lohnniveau bestimmen. Die *Arbeitsnachfrage* ist eine aus der Produktionsfunktion abgeleitete Nachfrage. Der Kalkül, der hinter der Arbeitsnachfrage der Unternehmen steht, ist die Erzielung eines möglichst hohen Gewinns. Es werden solange zusätzliche Arbeitskräfte beschäftigt, wie hierdurch der Gewinn erhöht wird. Die Beschäftigungsgrenze ist erreicht, wenn die von der letzten Arbeitseinheit erwirtschaftete wertmäßige Produktion (= *Wertgrenzprodukt der Arbeit*: dY_r/dA[93] $\cdot P$) dem *Nominallohnsatz* (ℓ) entspricht:

$$\frac{dY_r}{dA} \cdot P = \ell$$

oder

$$\frac{dY_r}{dA} = \frac{\ell}{P}$$

Das *Grenzprodukt der Arbeit* bzw. die *Grenzproduktivität* dY_r/dA stellt dabei das durch die letzte Arbeitseinheit erwirtschaftete reale Sozialprodukt, ℓ/P den *Reallohnsatz*[94] dar.

---

[93] Mathematisch ist dY_r/dA die partielle Ableitung der Produktionsfunktion [$Y_r = f(A, K, T)$] nach A.

[94] In den „*Reallohnsatz*" einzubeziehen sind auch die Personalzusatzkosten wie beispielsweise vom Arbeitgeber zu zahlende Beiträge zur Kranken- und Rentenversicherung, Urlaubs-, Weihnachtsgeld etc., die zusammen mit dem laufenden Arbeitsentgelt den *Produzentenreallohn* ausmachen.

Um die Arbeitsnachfrage zu bestimmen, müssen die Produktionsbedingungen bekannt sein. Üblicherweise wird davon ausgegangen, daß auf makroökonomischer Ebene bei gegebenem Kapitalbestand (K) und technischem Wissen (T) ein zunehmender Arbeitseinsatz zu sinkenden Grenzerträgen ($dY_r/dA \downarrow$) führt.

Dieser Sachverhalt geht auch aus der nachstehenden Abbildung hervor. Ausgehend von A_1 führt eine sukzessive Erhöhung des Arbeitseinsatzes zu einem immer geringeren Produktionszuwachs. Eine Erhöhung des Kapitaleinsatzes ($K_0 \to K_1$) und/oder technischer Fortschritt ($T_0 \to T_1$) führen bei gegebenem Arbeitseinsatz zu höherer Produktion (Y_2 anstatt Y_1 bei A_1). Die Erhöhung der *Arbeitsproduktivität* wird durch eine Verschiebung der Produktionsfunktion nach oben illustriert.

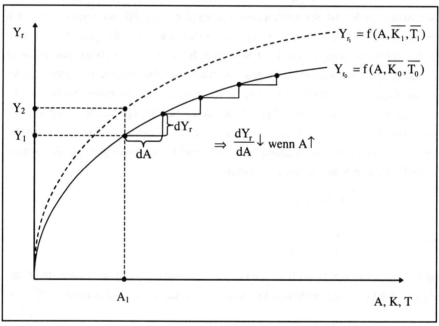

Wenn ausgehend von einer Übereinstimmung des Reallohns (ℓ/P) und der Grenzproduktivität (dY_r/dA) der zuletzt eingesetzten Arbeitseinheit zusätzliche Arbeitskräfte zu diesem Reallohn beschäftigt würden, entstünden zunehmend Verluste. Mit anderen Worten, eine Beschäftigungserhöhung wäre bei diesen Ausgangsbedingungen nur mit einem der sinkenden Grenzproduktivität entsprechend fallenden Reallohn möglich. Aus diesen Überlegungen ergibt sich weiterhin, daß beispielsweise bei einer Reallohnerhöhung die Unternehmen ihre Nachfrage nach Arbeit solange reduzieren, bis die letzte noch eingesetzte Arbeitseinheit gerade wieder

noch eingesetzte Arbeitseinheit gerade wieder ihren Reallohn erwirtschaftet. Steigende Reallöhne führen also zu rückläufiger Arbeitsnachfrage - und umgekehrt.[95]

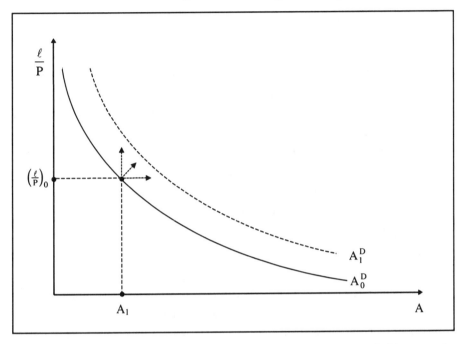

Selbstverständlich führen Reallohnerhöhungen nicht generell zu Beschäftigungsrückgängen. Dies widerspräche offenkundig der empirischen Erfahrung. Die Gründe hierfür bestehen darin, daß der Kapitalbestand und das technische Wissen auf längere Sicht nicht konstant sind. Verbesserte Kapitalausstattung und erweitertes technisches Wissen bewirken Erhöhungen der Arbeitsproduktivität und damit den notwendigen Spielraum für Reallohnsteigerungen. Der Verschiebung der Produktionsfunktion nach oben entspricht eine gleichgerichtete Verschiebung der Arbeitsnachfragefunktion (von A_0^D nach A_1^D).

Die Einbeziehung des Produktivitätsfortschritts macht auf wichtige Konsequenzen für den Arbeitsmarkt aufmerksam: Der Produktivitätsfortschritt kann zur Reallohnerhö-

---

[95] Mathematisch läßt sich die Nachfragefunktion nach Arbeit ermitteln, indem man $dY_r/dA = \ell/P$ setzt und nach A auflöst. Bei der Herleitung der Nachfragefunktion nach Arbeit wird unterstellt, daß die Unternehmen Gewinnmaximierung betreiben. Zur mikroökonomischen Herleitung vgl. etwa Fehl, U./Oberender, P., Grundlagen der Mikroökonomie, 8. Auflage, München 2002, S. 116 ff.

hung, zur Beschäftigungserhöhung oder zu einer Kombination der beiden Möglichkeiten genutzt werden.

Dem Reallohn ist ebenfalls für das *Angebotsverhalten* der privaten Haushalte eine dominierende Bedeutung beizumessen. Ein Anstieg des Reallohnes verteuert die Opportunitätskosten der Freizeit, wodurch das Arbeitsangebot zulasten der Freizeit i.d.R. zunehmen dürfte. Es ist zwar zu berücksichtigen, daß aufgrund tarifvertraglicher Arbeitszeitvereinbarungen die Flexibilität des Arbeitsangebots eingeschränkt ist. Zu bedenken ist jedoch zum einen, daß Selbständige solchen institutionell bedingten Beschränkungen des Arbeitsangebots nicht unterworfen sind. Zum anderen bestehen auch Flexibilitätsspielräume durch Überstunden und Änderungen der Erwerbsbeteiligung. Mit letzterem ist gemeint, daß es Personen gibt, die erst ab einem bestimmten Reallohnniveau (*Anspruchslohn*) als Arbeitsanbieter auftreten. Sind die Spielräume der Angebotsausdehnung erschöpft, verläuft die Angebotsfunktion vertikal.

In der folgenden Darstellung des Arbeitsmarktes sind deshalb „normale" Preis/Mengen-Zusammenhänge angenommen worden. Zur Vereinfachung werden lineare Verläufe unterstellt. Während nicht-reallohnbedingte Änderungen von Arbeitsnachfrage und Arbeitsangebot wie etwa Produktivitätsfortschritte und demographische Entwicklungen sich in Verlagerungen der Nachfrage- bzw. Angebotsfunktion niederschlagen, spiegeln Bewegungen auf den Kurven den Einfluß von Reallöhnen wider. Beim Reallohnsatz $(\ell/P)_0$ besteht Gleichgewicht, d. h. alle diejenigen, die zu diesem Reallohn arbeiten wollen, können auch arbeiten (*Arbeitsmarktgleichgewicht*)[96]. Würde hingegen ein staatlicher *Höchstlohn* von $(\ell/P)_1$ festgesetzt, käme nur ein Beschäftigungsniveau von A_1 zustande; die Unternehmen könnten ihren Arbeitskräftebedarf (A_3) nicht decken. Würden der Staat oder die Tarifparteien einen *Mindestlohn* von $(\ell/P)_2$ festlegen, ergäbe sich Arbeitslosigkeit ($A_4 - A_2$).

---

[96] Arbeitskräfte, die nur bei einem höheren Lohn arbeiten wollen, sind mithin arbeitslos. Die Gleichgewichtssituation A_0 darf daher nicht mit einer Arbeitslosigkeit von Null in der Arbeitsmarktstatistik gleichgesetzt werden.

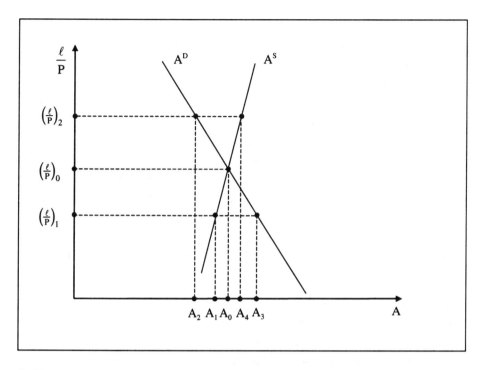

2. Funktionsprobleme des Arbeitsmarktes

Arbeitslosigkeit muß sich jedoch nicht nur als Folge solcher Reallohnfixierungen ergeben, sondern sie kann - wie die neuere Arbeitsmarkttheorie zeigt - zum einen auch aus der Interessenlage der Arbeitsmarktparteien (Arbeitgeber, Gewerkschaften) und zum anderen auch aus unzureichender Beweglichkeit auf und zwischen den Teilarbeitsmärkten resultieren.

2.1 Vollbeschäftigungsinkonforme Reallöhne

Nicht zuletzt die anhaltend hohe Arbeitslosigkeit in sehr vielen Ländern hat die Zweifel an der Erklärungskraft der im traditionellen Arbeitsmarktmodell enthaltenen Lohnsteuerungkapazität verstärkt. Es geht hierbei nicht um die - im Kern unumstrittene - Beschäftigungsrelevanz des Reallohns, sondern um die Fähigkeit des Arbeitsmarktes über Reallohnflexibilität Vollbeschäftigung im oben erwähnten Sinne zu gewährleisten. Von den vielfältigen Hypothesen sollen hier nur zwei kurz behandelt werden, die im Zentrum der Arbeitslosigkeitsdiskussion stehen: Effizienzlohntheorie und Insider-Outsider-Theorie.

Die *Effizienzlohntheorie* stellt Informations- und Anreizprobleme in den Vordergrund. Da die Unternehmer die Produktivität der Arbeitnehmer nur unzureichend kennen und überwachen können, werden sie als Anreiz- und Disziplinierungsinstrument über die mit Vollbeschäftigung vereinbaren Reallöhne hinaus Zuschläge zahlen. Hierbei wird angenommen, daß die Lohnzuschläge überproportionale Produktivitätssteigerungen bewirken, so daß die Lohnstückkosten sinken und die Unternehmensgewinne steigen. Läge beispielsweise in der Ausgangssituation Vollbeschäftigung vor und würde nun eine neue Arbeitsmarktlage zur Aufrechterhaltung der Vollbeschäftigung Reallohnsenkungen erfordern, würden diese nach der Effizienzlohntheorie z. B. infolge von Bummelei zu überproportionalen Produktivitätseinbußen führen. Für die Unternehmen ist es deshalb günstiger an den „zu hohen" Löhnen festzuhalten. Arbeitslosigkeit ist die Folge. Neben dem Produktivitätsanreiz gibt es noch einen Disziplinierungseffekt, da bei Arbeitslosigkeit die Wiederbeschäftigungschancen der Personen sinken, deren Bummelei entdeckt wurde.

Die Effizienzlohntheorie vermag zwar plausibel zu machen, warum die Reallöhne über das vollbeschäftigungskonforme Niveau hinausgehen; da gewinnmaximierende Strategien der Unternehmen aber keine neuen Erscheinungen sind, ist der Erklärungwert für das Entstehen und die Zunahme der Massenarbeitslosigkeit seit Mitte der 70er Jahre nicht einsichtig.

Die *Insider-Outsider-Theorie* hebt den Interessenkonflikt zwischen Beschäftigten (Insider) und Arbeitslosen (Outsider) hervor. Die Insider brauchen die Lohnkonkurrenz der Outsider bis zur Höhe der Entlassungskosten (Abfindungszahlungen, Sozialplankosten, Kosten arbeitsgerichtlicher Auseinandersetzungen) nicht zu fürchten. Erst wenn die Outsider um mehr als diese Fluktuationskosten Lohnunterbietung betrieben, hätten sie Beschäftigungschancen. Gewerkschaften können den Schutz der Insider einmal dadurch verstärken, daß sie auf die Entlassungskosten (z. B. Kündigungsschutzregelungen) Einfluß nehmen; zum anderen können sie Allgemeinverbindlichkeit der tarifvertraglich vereinbarten Mindestlöhne durchzusetzen versuchen, um ein Eindringen der Outsider auszuschließen.

Die Insider-Outsider-Theorie ist recht gut geeignet, Dauerarbeitslosigkeit zu erklären. Da die Insider gegenüber den Outsidern in dem erwähnten Umfang Konkurrenzschutz genießen, können vollbeschäftigungsinkonforme Reallohnsteigerungen durchgesetzt werden, die die Interessen der Arbeitslosen praktisch ignorieren. Nimmt man noch betriebsspezifische Humankapitalverluste als Folge der Arbeitslosigkeit, Demotivierungserscheinungen vergeblicher Arbeitsplatzsuche und die aufgrund solcher Einflüsse oder einfach vorurteilsbedingte negative Einstufung von Langzeitarbeitslosen durch potentielle Arbeitgeber hinzu, wird Arbeitslosigkeit persistent. Der Arbeitsmarkt kehrt aus sich selbst heraus nicht mehr zur Vollbeschäftigung zurück.

2.2 Die Bedeutung von Teilarbeitsmärkten

Das traditionelle Arbeitsmarktmodell vernachlässigt die Existenz vielfältiger Teilarbeitsmärkte. Den *gesamtwirtschaftlichen Arbeitsmarkt*, auf dem ein standardisiertes Gut „Arbeit" zu einem bestimmten Reallohn angeboten und nachgefragt wird, gibt es jedoch nicht. Das Reallohnniveau ist vielmehr das statistische Aggregat von Einzellöhnen auf nach Branchen, Regionen und Qualifikationen unterscheidbaren Teilarbeitsmärkten. Die theoretische Erklärung der Funktionsweise von *Teilarbeitsmärkten* entspricht zwar im Prinzip der Funktionsweise des gesamtwirtschaftlichen Arbeitsmarktes, denn die makroökonomische Theorie beruht auf der Übertragung einer gleichlautenden mikroökonomischen Theorie auf gesamtwirtschaftliche Durchschnittsgrößen. Diese Übertragung ist jedoch nicht unproblematisch.

Angenommen, das vollbeschäftigungskonforme Reallohnniveau sei bekannt. Da die Marktbedingungen auf den einzelnen Teilmärkten nicht diesem gesamtwirtschaftlichen Durchschnitt entsprechen, müßten sich Mengen und/oder Preise auf den Teilmärkten so ändern, daß im gewogenen Durchschnitt das gesamtwirtschaftlich erwünschte Resultat entsteht. Dies setzt aber allgemeine Preisflexibilität und/oder Beweglichkeit der Produktionsfaktoren zwischen den Teil(arbeits)märkten voraus. Ist diese Voraussetzung nicht erfüllt, bestehen also auf einzelnen Teilmärkten Starrheiten, können trotz gesamtwirtschaftlich vollbeschäftigungskonformer Durchschnittsgrößen auf einigen Teilmärkten Angebotsüberschüsse und gleichzeitig auf anderen Nachfrageüberhänge vorliegen. Mit anderen Worten, Beschäftigungsprobleme können auch durch gegenüber den spezifischen Marktbedingungen inflexiblen Lohnrelationen zwischen Berufen, Branchen oder Regionen und/oder unzureichender Mobilität der Arbeitnehmer bedingt sein. Dieser Sachverhalt wird in der folgenden Abbildung anhand zweier fiktiver Teilarbeitsmärkte, die als Ausschnitt aus der Vielzahl von Teilarbeitsmärkten zu verstehen sind und sich auf Branchen, Regionen oder berufliche Qualifikationen beziehen können, illustriert. Zur Vereinfachung wird für die Teilarbeitsmärkte unterstellt, daß das Arbeitsangebot etwa aufgrund tarifvertraglicher Vereinbarungen nicht in Abhängigkeit vom Reallohn schwanken kann.

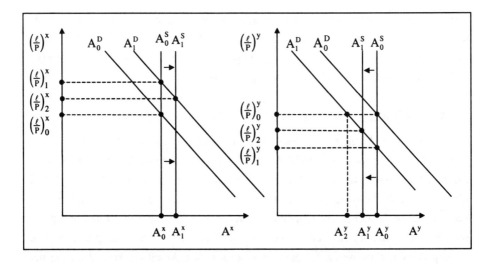

In der Ausgangssituation herrsche auf den beiden Teilarbeitsmärkten X und Y Gleichgewicht bei übereinstimmendem Reallohn $(\ell/P)_0$ und einer Beschäftigung von A_0^x bzw. A_0^y. Auf dem Teilmarkt X führe eine gestiegene Güternachfrage zu einem erhöhten Arbeitskräftebedarf; die abgeleitete Arbeitskräftenachfrage steigt von A_0^D auf A_1^D. Für den Teilmarkt Y liegen gegenläufige Tendenzen vor, die sich in einer Linksverschiebung der Arbeitsnachfragekurve A_0^D nach A_1^D niederschlagen. Die Veränderungen der Arbeitsnachfrage lösen bei unterstelltem Angebotsverhalten entgegengerichtete Reallohnänderungen aus; auf dem Teilarbeitsmarkt X steigt der Reallohn auf (ℓ/P), auf dem Teilarbeitsmarkt Y sinkt er auf (ℓ/P). Ein gesamtwirtschaftlich gegebenes Arbeitsangebot kann durchaus mit Beschäftigungsverlagerungen zwischen Teilarbeitsmärkten einhergehen. Solche Verlagerungen können von Veränderungen der Lohnrelationen ausgelöst werden. So führt etwa die Reallohnsenkung auf Teilmarkt Y zu einer Erhöhung des Arbeitsangebots auf dem Teilmarkt X; analog bewirkt der Lohnanstieg auf dem Teilmarkt X eine Angebotsreduktion auf dem Teilmarkt Y. Diese Abhängigkeit des Arbeitsangebots von den relativen Lohnänderungen kommt in der Verschiebung der Angebotsfunktionen (von A_0^S nach A_1^S) zum Ausdruck.

Ob die Konstellation $(\ell/P)_2^x/A_1^x$ und $(\ell/P)_2^y/A_1^y$ ein endgültiges Gleichgewicht ist oder ob erneute Anpassungsprozesse stattfinden, soll nicht weiter verfolgt werden. Das Beispiel sollte nur die Reaktionen einzelner Arbeitsmärkte auf Änderungen der Marktbedingungen illustrieren und zugleich verdeutlichen, daß Verschiebungen der Lohnrelationen weitergehende Substitutionsprozesse zwischen den Teilarbeitsmärkten bewirken. An dem einfachen Beispiel lassen sich außerdem die Beschäftigungskonsequenzen von

Lohninflexibilitäten leicht aufdecken. Sollten die Löhne trotz Nachfrageänderungen auf dem alten Niveau $(\ell/P)_0$ verharren, bliebe auf dem Teilarbeitsmarkt X das Beschäftigungsniveau gleich; die zusätzliche Arbeitskräftenachfrage wird nicht befriedigt. Auf dem Teilarbeitsmarkt Y käme es zu Entlassungen, weil oberhalb der Beschäftigungsmenge A_2^y der Reallohn nicht mehr durch den Wertschöpfungsbeitrag der Arbeitskräfte gedeckt wäre. Während also auf dem Teilarbeitsmarkt X offene Stellen unbesetzt bleiben, herrscht auf dem anderen Arbeitslosigkeit. An diesem Ergebnis ändert sich im Prinzip auch dann nichts, wenn die Löhne nicht auf dem alten Niveau verharren, sondern auf beiden Teilarbeitsmärkten eine einheitliche, z. B. auf dem Niveau $(\ell/P)_2^x$ entsprechende Lohnerhöhung vorgenommen würde. Abgesehen von möglicherweise unterschiedlichen Größenordnungen, die Ursache des Beschäftigungsproblems ist in beiden Fällen (*Lohnstarrheit* oder einheitliche Lohnerhöhung) gleich, und zwar eine gegenüber geänderten Marktbedingungen inflexible *Lohnstruktur*. Ein gewisser Ausgleich zwischen den Teilarbeitsmärkten kann lediglich dadurch bewirkt werden, daß die in die Arbeitslosigkeit „abgeschobenen" Arbeitskräfte Ausschau nach offenen Stellen halten. Da die Information von Knappheitspreisen entfällt, ist dies jedoch nur ein sehr unvollkommener Ersatz.

Auch bei Veränderungen von Lohnrelationen, die wechselnde Knappheiten von Arbeitskräften signalisieren, ist eine bedarfsgerechte Lenkung der Arbeitskräfte nicht sichergestellt. So ist hinreichend bekannt, daß die *Mobilität der Arbeitskräfte* begrenzt ist. Ursachen von Mobilitätsbeschränkungen sind sehr komplex und reichen von staatlichen oder berufsständischen Zugangsschranken (z. B. Befähigungsnachweise) über subjektive Hinderungsgründe (z. B. Familienbeziehungen, Möglichkeiten der Freizeitgestaltung) bis zu Mobilitätskosten in der Form des Verlustes bzw. der Notwendigkeit des Neuerwerbs unternehmensspezifischer Fähigkeiten (Humankapitalkosten), Informationskosten über alternative Beschäftigungsmöglichkeiten und Umzugskosten bei notwendigem Wohnortwechsel. Nicht übersehen werden dürfen auch zu hohe *Anspruchslöhne*, die aus Unterstützungsansprüchen gegenüber dem Sozialstaat (Arbeitslosengeld, Arbeitslosenhilfe) resultieren und die Übernahme geringer bezahlter Beschäftigungen behindern.

Aus der Existenz vielfältiger Mobilitätshemmnisse darf jedoch nicht der Schluß gezogen werden, flexible Lohnrelationen seien bedeutungslos, weil sie wegen der Mobilitätskosten keine Lenkungsfunktion ausüben könnten. Die Mobilitätskosten bilden eine Wanderungsbarriere, soweit sie den mit einem Arbeitsplatzwechsel verbundenen Einkommensgewinnen entsprechen oder diese sogar überschreiten. Zwischen verschiedenen Arbeitsmärkten sind also - abweichend zur angenommenen Ausgangssituation der obigen Abbildung - durchaus *Lohndifferenzen* zu erwarten. Jenseits der durch Mobilitätskosten markierten Grenzen behalten differenzierte Lohnrelationen aber ihre Steuerungsfunktion. Je höher die Mobilitätskosten sind, desto stärker müssen die Lohnsignale ausfallen.

Bedenkt man die sehr großen Unterschiede regionaler Beschäftigungsgrade etwa zwischen Baden-Württemberg und Mecklenburg-Vorpommern, die teilweise mit regional unterschiedlichen Branchenentwicklungen einhergehen oder berücksichtigt man, daß auch bei hoher gesamtwirtschaftlicher Arbeitslosenquote häufig über Facharbeitermangel geklagt wird, ist anzunehmen, daß das marktmäßige Kommunikationssystem zwischen den Teilarbeitsmärkten gestört ist. Die Vermutung liegt nahe, daß die Störung nicht nur in lohnunabhängigen Mobilitätshemmnissen begründet ist, sondern daß ebenfalls die Lohnstruktur die (geänderten) Knappheitsverhältnisse auf einzelnen Arbeitsmärkten unzureichend signalisiert und deshalb eine knappheitsorientierte Mobilität der Arbeitskräfte behindert wird.

Die Frage nach dem Ausmaß nicht marktgerechter Lohnstrukturen ist allerdings schwer zu klären, weil es in Marktwirtschaften nicht möglich ist, ex ante die Reallöhne für verschiedene Branchen, Regionen und Qualifikationen verläßlich zu bestimmen, die den Markt räumen, also Arbeitslosigkeit vermeiden. Die markträumenden Preise müssen in Marktprozessen, die auch Arbeitskräftewanderungen einschließen, herausgefunden werden. Aus einer Parallelität von Arbeitskräfteüberschuß auf einem Teilmarkt und Arbeitskräftedefizit auf einem anderen, kann lediglich ex post geschlossen werden, daß die Lohndifferenzierungen nicht ausreichen, um die Mobilitätshürden zu überwinden.

Als maßgebliche Ursache unzureichender *Lohndifferenzierungen* ist ein Durchschlagen distributiver gegenüber allokativen Zielsetzungen zu sehen. Von gewerkschaftlicher Seite wird eine sogenannte solidarische Lohnpolitik verfolgt, deren Ziel darin besteht, relative und absolute Lohnunterschiede abzubauen und eine „gerechte" Lohnstruktur zu verwirklichen. Bei allgemeiner Arbeitskräfteknappheit lassen sich solche Zielvorstellungen quasi automatisch durch Ausnutzung der Marktbedingungen realisieren; bei hoher Arbeitslosigkeit geraten sie jedoch mit allokativen Zielsetzungen in Konflikt und verschärfen die Wachstums- und Beschäftigungsprobleme. Eine spezielle Ausprägung dieses Problems bilden Verteilungsänderungen insbesondere zugunsten unterer Lohngruppen; deren Marktwidrigkeit schlägt sich dann in überdurchschnittlicher Arbeitslosigkeit gerade dieser Gruppen nieder (sogenannte *Mindestlohnarbeitslosigkeit*).

Die in den beiden letzten Abschnitten skizzierten Überlegungen dürften verdeutlichen, daß das Vorstellungsbild eines aggregierten Arbeitsmarktes mit ständiger Markträumung an Bedingungen geknüpft ist, die in der (heutigen) Realität nur begrenzt vorliegen. In der Realität haben wir es mit vielfältigen Regulierungen zu tun, die zwischen den Tarifparteien vereinbart oder vom Gesetzgeber erlassen wurden (z.B. Kündigungsschutzregelungen, Arbeitskosten in der Form von Sozialabgaben, zentralisierte Lohnfindungsprozesse) und für die seit Mitte der 70er Jahre anhaltend hohe Arbeitslosigkeit in Deutschland und vielen anderen europäischen Ländern mitverantwortlich sind. Die Tarifparteien sind offenbar nicht zu vollbeschäftigungskonformen Vereinbarungen über die Arbeitsbedingungen in der Lage. Wenn in der nachfolgenden Analyse von einem globalen Arbeitsmarkt ausgegangen wird, so liegt dem die Annahme eines von Regulierungen weitgehend freien, wettbewerblichen Arbeitsmarktes zugrunde. Als tatsächliche oder wünschbare Voraussetzungen sind dies fundamentale Grundlagen in der klassischen ökonomischen Theorie.

IX. Kapitel

Makroökonomische Totalanalyse: Sozialprodukt, Beschäftigung und Preisniveau

1. Gleichgewicht bei Vollbeschäftigung in der klassischen Theorie

Die Aussagen der Klassiker gelten unter der Bedingung, daß auf allen Märkten Wettbewerb herrscht. In diesem Falle werden Störungen des Marktgleichgewichtes über Preisanpassungen behoben; es bilden sich somit immer Gleichgewichtssituationen heraus. Flexiblen Preisanpassungen kommt im klassischen Denken also entscheidende Bedeutung zu.[97]

Die markträumende Funktion flexibler Preise gilt auch auf dem Arbeitsmarkt. Die hieraus resultierenden Anpassungsprozesse seien im folgenden kurz erläutert.

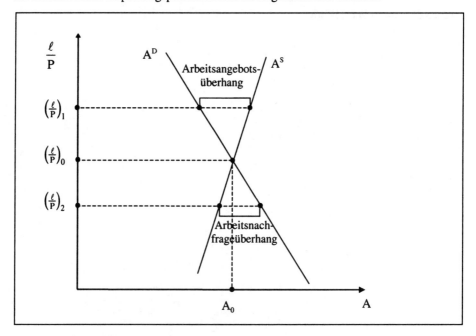

---

[97] Dies besagt nicht, daß die klassischen Ökonomen intensiven Wettbewerb auf allen Märkten als gegeben unterstellt hätten. Auch im 19. Jahrhundert entsprach dies nicht der Realität. Eine entscheidende Funktionsbedingung ist deshalb die Verhinderung von Wettbewerbsbeschränkungen durch Wettbewerbspolitik.

Beim Reallohn $(\ell/P)_0$ und dem Beschäftigungsvolumen A_0 besteht Gleichgewicht. Kommt es nun zu einem Anstieg des Reallohnes auf $(\ell/P)_1$, so herrscht zu diesem Reallohn zunächst ein Arbeitsangebotsüberhang, d. h. zu diesem Reallohn wird mehr Arbeit seitens der privaten Haushalte angeboten als von den Unternehmen nachgefragt. Unter Wettbewerbsbedingungen führt dies dazu, daß die Arbeitsanbieter sich gegenseitig mit ihren Nominallohnforderungen unterbieten, und zwar solange, bis wieder der Gleichgewichtsreallohn $(\ell/P)_0$ erreicht ist.

Sinkt der Reallohn hingegen auf $(\ell/P)_2$ ab, so kommt es zu einem Arbeitsnachfrageüberhang; die Unternehmen fragen zu diesem Reallohn mehr Arbeit nach als angeboten wird. Die Arbeitsnachfrager werden sich deshalb mit ihren Nominallohnangeboten überbieten, und zwar solange, bis wieder der alte Gleichgewichtsreallohnsatz $(\ell/P)_0$ erreicht ist. Ungleichgewichte auf dem Arbeitsmarkt können also nur temporär auftreten. Der Wettbewerb sorgt dafür, daß Ungleichgewichte rasch abgebaut werden.

Die Vollbeschäftigung beim Gleichgewichtsreallohn sollte nicht so interpretiert werden, daß es überhaupt keine Arbeitslosigkeit in dieser Situation gäbe. Die Informationen über Bedingungen auf den vielfältigen Teilarbeitsmärkten sind nie perfekt. Arbeitnehmer, die kündigen und eine neue Stelle suchen, benötigen hierfür ebenso Zeit wie der Arbeitgeber für die Suche nach dem am besten geeigneten Bewerber (*Sucharbeitslosigkeit* bzw. *friktionelle Arbeitslosigkeit*).

Mit der Vollbeschäftigungssituation ist auch die sog. *strukturelle Arbeitslosigkeit* vereinbar. Änderungen der Produktionsstrukturen sind mit Änderungen der Beschäftigungsstrukturen verbunden. Dies stellt Mobilitätsanforderungen an die Arbeitskräfte, etwa die Branche, den Beruf oder die Region zu wechseln. Auch bei genereller Mobilitätsbereitschaft sind solche Anpassungen ohne temporäre Arbeitslosigkeit kaum zu bewältigen. Die friktionelle und strukturelle Arbeitslosigkeit, die später *Milton Friedman* zusammenfassend als *natürliche Arbeitslosigkeit* bezeichnete, dürfte normalerweise jedoch über einen relativ niedrigen Bodensatz nicht hinausgehen.

Mit der Bestimmung des Arbeitsvolumens auf dem Arbeitsmarkt wird bei gegebenem Kapitalstock und technischem Wissen (K, T) auch das Realeinkommen festgelegt.

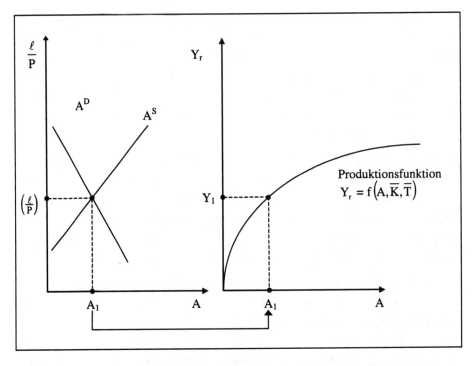

Wie aus obiger Abbildung ersichtlich, werden am Arbeitsmarkt das Arbeitsvolumen (hier: A_1) und über die Produktionsfunktion das angebotene Sozialprodukt (hier: Y_1) bestimmt.

1.1 Wirkungen fiskalpolitischer Impulse

Wird z. B. eine expansive Fiskalpolitik in Form einer Erhöhung der investiven Staatsnachfrage betrieben, ist dies im klassischen System analog einer Erhöhung der privaten Investitionsgüternachfrage zu behandeln.

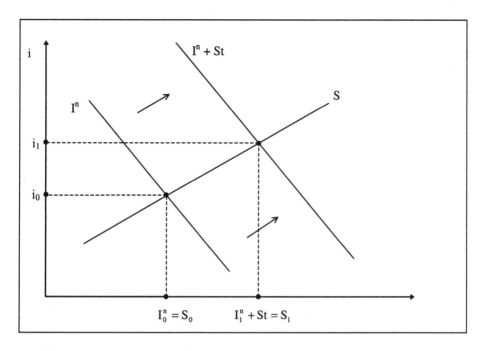

Wie aus obiger Abbildung hervorgeht, führt eine expansive Fiskalpolitik zunächst zu einer Erhöhung des Zinssatzes.[98] Der zusätzlichen Nachfrage, die vom Staat entfaltet wird, steht allerdings eine verminderte private Investitionsgüternachfrage (wegen der Zinssatzerhöhung) und eine verminderte private Konsumgüternachfrage (wegen der erhöhten Ersparnis aufgrund der Zinssatzerhöhung) gegenüber. Es kommt also zu einem 100%igen *crowding out*. Bei einer restriktiven Fiskalpolitik bleibt die Gesamtnachfrage ebenfalls unverändert. Die rückläufige Staatsnachfrage bewirkt allerdings über eine Zinssenkung eine Änderung der Nachfragestruktur zugunsten der privaten Investitions- und Konsumgüternachfrage.

---

[98] Im obigen Fall wird unterstellt, daß der Staat Kredite aufnimmt, d. h. langfristiges Kapital nachfragt, um die zusätzlichen Investitionen durchführen zu können. Es kommt allerdings auch zu einem Zinsanstieg, wenn der Staat die zusätzlichen Investitionen über eine Steuererhöhung finanziert, da in diesem Fall das verfügbare Einkommen der Haushalte und damit die Ersparnis, d. h. das Mittelangebot am Kapitalmarkt sinkt (Linksverschiebung der S-Kurve (des Mittelangebots), anstelle einer Rechtsverschiebung der I-Kurve (der Mittelnachfrage)).

1.2 Wirkungen geldpolitischer Impulse

Eine expansive Geldpolitik führt im Gegensatz zur expansiven Fiskalpolitik über eine Zunahme des nominalen Geldbestandes (bei Konstanz der Umlaufgeschwindigkeit) zu einer Ausweitung der nominalen Gesamtnachfrage. Dies wird anhand der folgenden Abbildung erläutert:

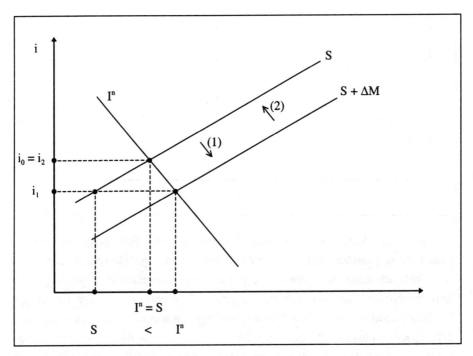

Beim Zinssatz i_0 besteht ein Gleichgewicht zwischen realer Investitionsgüternachfrage und realem Ersparnisangebot. Die Geldschöpfungsmöglichkeiten der Geschäftsbanken sind ausgeschöpft, und zu den realen und monetären Bedingungen hat sich ein bestimmtes Preisniveau eingespielt. Kommt es nun zu einer expansiven Geldpolitik, so weiten sich die Kredit- und Geldschöpfungsmöglichkeiten des Geschäftsbankensektors entsprechend aus. Ein zusätzliches Angebot an Krediten drängt auf den Markt (ΔM); der Marktzinssatz fällt (hier auf i_1).

Fällt aber der Marktzinssatz, so wird das Mittelangebot aus dem Sparaufkommen zurückgehen. Andererseits wird die Mittelnachfrage für Investitionszwecke zunehmen. Beim Zinssatz i_1 ist zwar der Kapitalmarkt im Gleichgewicht, jedoch gilt hier nicht mehr $I^n = S$, sondern $I^n > S$. Durch die monetäre Expansion ist der Marktzins unter das realwirtschaftlich bedingte Niveau („natürlicher Zins"), das bei i_0 vorlag, gedrückt worden. Die Folge ist, daß gegenüber der Ausgangssituation die Investitionsgüternachfrage und zugleich - wegen des gesunkenen Sparens - auch die Konsumgüternachfrage zugenommen haben. Dies bedeutet aber, daß wegen der expansiven Geldpolitik die Gesamtnachfrage gestiegen ist. Bei restriktiver Geldpolitik (Verminderung des nominalen Geldangebots) verläuft der Prozeß umgekehrt und endet mit verringerter Gesamtnachfrage.

Diese Zusammenhänge sollen nun unter Einschluß des Arbeitsmarktes vertieft werden.

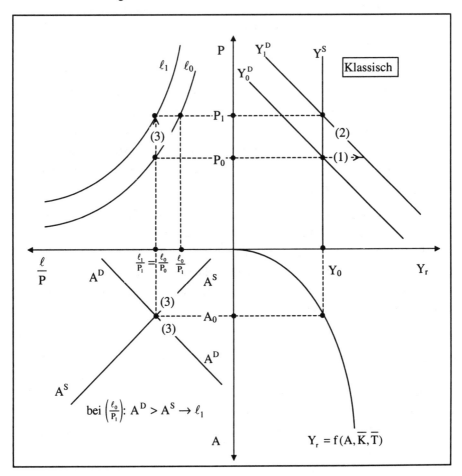

Die Ausgangssituation sei durch ein allgemeines Gleichgewicht bei einem Beschäftigungsvolumen A_0, einem Reallohn (ℓ_0/P_0), einem Realeinkommen Y_0 und einem Preisniveau P_0 charakterisiert.[99] Eine Erhöhung der Geldmenge führt über Zinssatzsenkungen zu einer Erhöhung der Gesamtnachfrage. Es kommt zu einer Rechtsverschiebung der Y^D-Funktion (von Y_0^D nach Y_1^D). Beim Preisniveau P_0 bedeutet dies aber, daß die Gesamtnachfrage (Y_1^D) das Angebot (Y^S) übersteigt. Da das Angebot aufgrund der herrschenden Vollbeschäftigung nicht ausgedehnt werden kann, werden die Unternehmen mit Preissteigerungen reagieren, und zwar solange, bis die erhöhte nominale Gesamtnachfrage real derart entwertet ist, daß wieder gilt $Y^S = Y_1^D$. Im obigen Beispiel ist dies beim Preisniveau P_1 der Fall. Bezogen auf den Kapitalmarkt bedeutet dies jedoch, daß das anfänglich durch die expansive Geldpolitik nominal und beim gegebenen Preisniveau P_0 auch real höhere Mittelangebot real entwertet wird, so daß sich wieder der alte Gleichgewichtszinssatz ($i_0 = i_2$ auf S. 184) einspielt.

Bei gegebenem Nominallohn (ℓ_0) ist im Wege dieses Prozesses der Reallohn aber aufgrund der Preisniveauerhöhung gesunken, und zwar auf (ℓ_0/P_1). Dies bedeutet jedoch, daß eine Arbeitskräfteübernachfrage am Arbeitsmarkt herrscht. Dies führt nun dazu, daß die einzelnen Unternehmen sich in ihren Nominallohnangeboten überbieten werden, und zwar solange, bis sich am Arbeitsmarkt ein neues Gleichgewicht bei einem erhöhten Nominallohn (hier: ℓ_1) einspielt. Der Reallohn (ℓ_1/P_1) entspricht nun wiederum dem der Ausgangssituation (ℓ_0/P_0).

Zusammenfassend läßt sich festhalten, daß eine expansive Geldpolitik im klassischen System nur die nominalen Größen (Preisniveau, Nominallohn) erhöht; real hingegen kann damit nichts bewirkt werden. Entsprechendes gilt - nur mit umgekehrtem Vorzeichen - für eine restriktive Geldpolitik. Fiskalpolitische Maßnahmen hingegen ändern nicht einmal die Nominalgrößen, da sie nur die Zusammensetzung, nicht aber die Höhe der Gesamtnachfrage beeinflussen.

Bei der Analyse der Anpassungsprozesse an Nachfrageänderungen (vgl. S. 182 ff.) war bereits auf die Irrelevanz von wirtschaftspolitischen Maßnahmen zur Nachfragebeeinflussung für das Realeinkommen hingewiesen worden. Die Gründe hierfür sind nun klar: Die Produktionsmöglichkeiten einer Volkswirtschaft werden nach klassischer Theorie durch die Faktorausstattung und das technische Wissen bestimmt. Herrscht auf allen Märkten Wettbewerb, wird dieses *Produktionspotential* auch voll genutzt. Eines

---

[99] Die Gesamtnachfragefunktion müßte eigentlich als Hyperbel, die Arbeitsnachfragefunktion entsprechend der Produktionsfunktion gekrümmt dargestellt werden. Die gezeichneten linearen Verläufe dienen nur der Vereinfachung.

(wirtschaftspolitischen) Anstoßes von der Nachfrageseite zur Vollauslastung des Produktionspotentials bedarf es deshalb nicht. Produktion, Einkommen und Nachfrage werden von den Angebotsbedingungen bestimmt; die Produktion wird bei flexiblen Preisen auch stets abgesetzt (*Saysches Theorem*). Produktionsrückgänge aufgrund unzureichender Gesamtnachfrage kann es bei Vorliegen der in der klassischen Theorie zugrundegelegten Bedingungen nicht geben. Gesamtwirtschaftlich kommt es lediglich temporär zu Ungleichgewichten, weil die Verarbeitung von Störungen Zeit benötigt. Wirtschaftspolitischer Handlungsbedarf zur Steuerung des Wirtschaftsablaufs besteht nicht. Die Keynesianische Theorie hingegen gelangt zu völlig konträren Schlußfolgerungen.

2. Keynesianische Erklärungen von (andauernder) Arbeitslosigkeit

2.1 Preis- und Lohnrigiditäten

Im Rahmen keynesianischer Vorstellungen werden im Gegensatz zur klassischen Annahme vollkommener Preis- und Nominallohnflexibilität in der Realität beobachtbare Preis- und Nominallohnstarrheiten hervorgehoben. In einer strikten Version wird von einer vollkommenen Preis- und Nominallohnstarrheit nach unten ausgegangen; in der von Keynes selbst angenommenen Version wird zwar Preisflexibilität, allerdings bei Nominallohnstarrheit zugrundegelegt.

Im Gegensatz zu klassischen Vorstellungen hat dies zur Folge, daß das marktwirtschaftliche System aus sich heraus bei Rückgängen der gesamtwirtschaftlichen Nachfrage nicht mehr zur Vollbeschäftigung findet; vielmehr kommt es zu sog. Unterbeschäftigungsgleichgewichten.

(1) Vollkommene Preis- und Nominallohnstarrheit nach unten

Ausgehend von einem Vollbeschäftigungsgleichgewicht soll es zu einem Rückgang der gesamtwirtschaftlichen Nachfrage kommen, beispielsweise aufgrund einer gesunkenen Investitionsbereitschaft wegen um sich greifender pessimistischer Zukunftserwartungen. Dieser Rückgang der gesamtwirtschaftlichen Nachfrage drückt sich in einer Linksverschiebung der Y^D-Funktion (hier von Y^D_0 auf Y^D_1) aus. Da annahmegemäß der Preis als Aktionsparameter ausfällt, bleibt den Unternehmen lediglich die Möglichkeit, ihre Produktion der geringeren Nachfrage anzupassen. Das angebotene reale Sozialprodukt wird somit von Y_0 auf Y_1 reduziert.[100] Dies hat aber auch zur Folge, daß die Arbeitskräftenachfrage entsprechend der Produktionsfunktion vermindert wird. Statt eines Beschäftigungsvolumens von A_0 wird in der neuen Situation nur noch eine Beschäftigung in Höhe von A_1 realisiert. Der Reallohn hat sich aufgrund der hier unterstellten Preis- und Nominallohnstarrheit hingegen nicht verändert. Er beträgt nach wie vor ℓ_0/P_0. In dieser Situation (P_0; Y_1) liegt ein sog. *Unterbeschäftigungsgleichgewicht* vor, weil der Güter- und der Geldmarkt sich zwar im Gleichgewicht befinden, dieses Gleichgewicht jedoch mit Unterbeschäftigung (Arbeitslosigkeit) einhergeht. Die Unterbeschäftigungssituation A_1 läßt sich nicht mit einem zu hohen Reallohn erklären. Vielmehr könnte der Reallohn noch auf (ℓ_1/P_0) steigen, ohne daß die Unternehmer noch weniger Arbeit als A_1 nachfragten. Entscheidend ist das Nachfragedefizit. Ohne (nachfragebelebende) Anstöße von außen ist dieses Unterbeschäftigungsgleichgewicht deshalb nicht zu überwinden.

---

[100] Da eine neoklassische Produktionsfunktion zugrunde gelegt wird, sinkende Produktion also mit steigenden Grenzproduktivitäten einhergeht, implizieren die Preis- und Reallohnkonstanz steigende (Gewinn-) Zuschläge auf die Kosten.

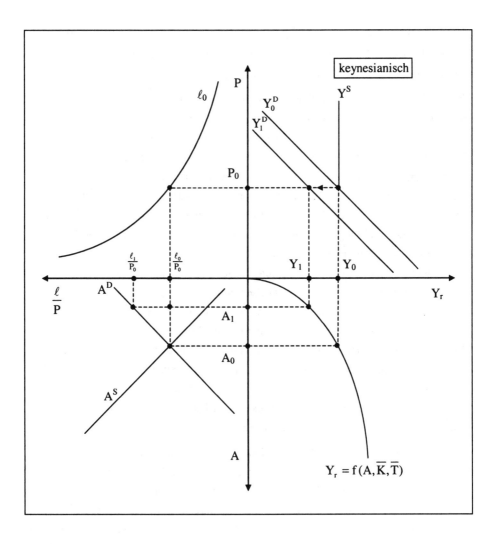

(2) Preisflexibilität, jedoch Nominallohnstarrheit nach unten

Der Fall völlig starrer Nominallöhne und Güterpreise nach unten ist als *spontane* „Angebotsreaktion" auf einen Nachfragerückgang durchaus plausibel. Zunächst können Tarifverträge noch eine längere Restlaufzeit haben. Lohnsenkungen würden zudem in verschiedenen Branchen in Abhängigkeit der jeweiligen wirtschaftlichen Situation unterschiedlich ausfallen. Die Beschäftigten in den am stärksten betroffenen Branchen werden die überdurchschnittlichen Einkommenseinbußen als ungerecht empfinden und - über ihre Gewerkschaft - Widerstand leisten.

Die Unternehmer werden mit Senkungen ihrer Güterpreise - etwa wegen Festpreisvereinbarungen mit ihren Abnehmern - zumindest zögern. Wenn Unternehmen Absatzeinbußen feststellen, wissen sie auf Anhieb nicht, ob es sich um einen allgemeinen Nachfragerückgang handelt oder nur um eine kurzfristige partielle Absatzflaute. Zu berücksichtigen sind auch Transaktionskosten von Preisänderungen, die sog. „*menu costs*". Hierzu zählen nicht nur direkte Kosten für neue Preisauszeichnungen, Preislisten und Kataloge, sondern auch der Zeitaufwand für die Festlegung neuer Preise, Verhandlungen mit Kunden und mögliche Nachteile durch Störungen von Kundenbeziehungen. Es kann deshalb durchaus rational sein, auf einen Absatzrückgang nicht sofort mit einer Preissenkung zu antworten, zumal spätere Preiserhöhungen am Markt eventuell schwer durchsetzbar sind. Solchen Verhaltensweisen wird in der sog. *Ungleichgewichtstheorie* bzw. *Neuen (keynesianischen) Makroökonomik* besondere Bedeutung beigemessen, indem auf Fernwirkungen von Mengenreaktionen hingewiesen wird, die möglichen Preisreaktionen zumindest deutlich vorangehen. In dem in der obigen Abbildung dargestellten Fall ist der Beschäftigungsrückgang nicht durch einen zu hohen Reallohn bedingt. Er ist vielmehr die Konsequenz der reinen Mengenreaktion auf einen Nachfragerückgang. Der Lohnanreiz für das Arbeitsangebot hat sich nicht geändert, aber dieses Angebot wird durch die Arbeitsnachfrage „rationiert".

Analog gilt dies auch für Gütermärkte, d. h. die Güterpreise signalisieren zwar (weiterhin) günstige Absatzmöglichkeiten, sie werden aber durch die geringere Nachfrage beschnitten. Da die Anbieter diese Nachfragebeschränkungen jedoch in ihren Produktionsplänen berücksichtigen werden, verringern sie ihrerseits die Nachfrage auf vorgelagerten Märkten - bis hin zum Arbeitsmarkt. Wir befinden uns schließlich in der oben abgebildeten Arbeitsmarktsituation: Der Reallohnsatz (ℓ_0/P_0) signalisiert den Arbeitsanbietern ein Einkommen entsprechend dem Beschäftigungsniveau A_0; wegen der geringeren Arbeitsnachfrage (A_1) fällt das Einkommen jedoch insgesamt niedriger aus und ruft seinerseits Einschränkungen bei der Konsumgüternachfrage hervor. Kurzum: Die Dominanz der Mengenreaktion ruft Ungleichgewichte hervor, die sich bei Nachfragerückgängen wie kontraktive Kettenreaktionen multiplikativ fortpflanzen und in ein „*Rationierungsgleichgewicht*" einmünden.

Dieser moderne Zweig des Keynesianismus soll hier nicht näher verfolgt werden. Zutreffend erscheint die Vorstellung, daß mangels Preisflexibilität in Teilbereichen der Volkswirtschaft entstandene Ungleichgewichte nicht auf diese Teilbereiche beschränkt bleiben, sondern auf andere Bereiche überspringen und damit kumulative Prozesse auslösen können. Für den Erklärungswert dieses Ansatzes ist freilich entscheidend, ob tatsächlich Mengenreaktionen durchschlagen oder ob nicht - wenn auch zeitverzögert - Preisreaktionen zu erwarten sind, die mögliche Depressionsspiralen verhindern.

Als ein Mittelweg zwischen völliger Preisflexibilität und Preisstarrheit kann der Fall partieller Preisflexibilität angesehen werden, der dem traditionellen Keynesianismus entspricht. Stellt sich ein allgemeiner Nachfragerückgang als dauerhaft heraus, sind Preisniveausenkungen wahrscheinlich. An der Rigidität des Faktorpreises Nominallohn dürfte sich hingegen kaum etwas ändern. Neben den üblichen Starrheiten von Preiskartellen spielen hier auch für mehrere Perioden abgeschlossene Lohnkontrakte eine Rolle. Zu erinnern ist auch an Ergebnisse neuerer Arbeitsmarkttheorien wie etwa der *Insider-Outsider Theorie*, die das Festhalten an hohen Nominallohnsätzen auf die Vermeidung von Fluktuationskosten zurückführt oder die *Effizienzlohntheorie*, die wahrscheinliche Produktivitätsverluste infolge von Lohnsenkungen unterstreicht.

Die Kombination von nach unten starren Nominallöhnen, aber flexiblen Güterpreisen ändert aus keynesianischer Sicht jedoch nichts an der wirtschaftspolitischen Reparaturbedürftigkeit der Marktwirtschaft. Zur Verdeutlichung soll auch hier zunächst von einem Rückgang der gesamtwirtschaftlichen Nachfrage ausgegangen werden.

Ein Rückgang der gesamtwirtschaftlichen Nachfrage hat zunächst zur Folge, daß beim gegebenen Preisniveau P_0 das Angebot die Nachfrage übersteigt. Dies wird - wenn auch mit zeitlicher Verzögerung - die Unternehmen dazu bewegen, die Preise zu senken, um ihre Waren absetzen zu können. Diese Preissenkungstendenzen werden freilich von der Kostenseite her (starre Nominallöhne!) gebremst. Ein Rückgang des Preisniveaus jedoch führt zu einer Zunahme des realen Geldangebotes, zu Zinssatzsenkungen und über eine steigende Investitionsgüternachfrage zu einem Anstieg der gesamtwirtschaftlichen Nachfrage. Andererseits bewirkt bei einem konstanten Nominallohn ein Rückgang des Preisniveaus eine Zunahme des Reallohnes, wodurch das Güterangebot zurückgeht. Angebot und Nachfrage bewegen sich somit bei sinkendem Preisniveau aufeinander zu. Beim Preisniveau P_1 entsprechen sich beide, so daß ein neues Gleichgewicht, - allerdings bei Unterbeschäftigung - erreicht ist. Der Reallohn ist auf (ℓ_0/P_1) gestiegen, das Beschäftigungsvolumen von A_0 auf A_1 zurückgegangen.

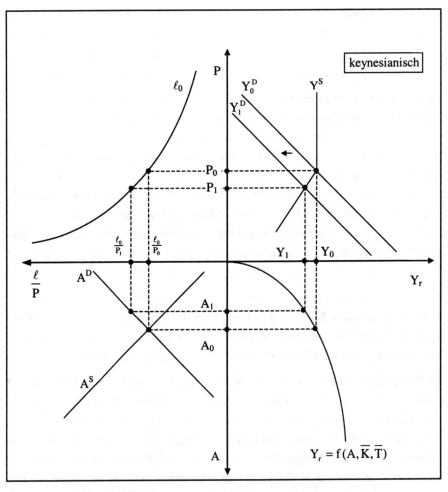

Das gesamtwirtschaftliche Angebot reagiert nach der zweiten Variante also in gewissem Umfang preiselastisch. Bei einem (Wieder-) Anstieg könnte sich dementsprechend ein positiver Zusammenhang zwischen Produktions- und Preisentwicklung ergeben - allerdings nur bis zur vollen Kapazitätsauslastung. (Vgl. aber IX.4).

2.2 Anomale Verhaltensweisen auf dem Geldmarkt und dem Gütermarkt

Wie bereits dargelegt, führt Keynes das Fehlen marktwirtschaftlicher Selbstheilungskräfte insbesondere auf in der Realität beobachtbare Preis- und Nominallohnrigiditäten zurück. In einer mehr theoretischen Analyse weist er aber auch auf zwei Extremfälle hin, bei deren Vorliegen selbst bei einer völligen Preis- und Nominallohnflexibilität das System nicht mehr zur Vollbeschäftigung zurückfände.

2.2.1 Vollkommen zinselastische Geldnachfrage („Liquiditätsfalle")

Im Falle einer vollkommen zinselastischen Geldnachfrage wird eine durch Preisniveausenkungen bedingte Erhöhung des realen Geldangebots ohne Zinssatzsenkung in der Spekulationskasse aufgenommen („*Liquiditätsfalle*"). Ökonomisch steht dahinter die Vorstellung, daß die Wirtschaftssubjekte Geld anstelle von Wertpapieren halten wollen, weil sie aufgrund des niedrigen Marktzinssatzes mit einem Zinsanstieg in der Zukunft rechnen; im Falle von Wertpapierkäufen befürchten sie deshalb Kursverluste. Bei der „Liquiditätsfalle" verläuft die Geldnachfragefunktion parallel zur Abszisse.

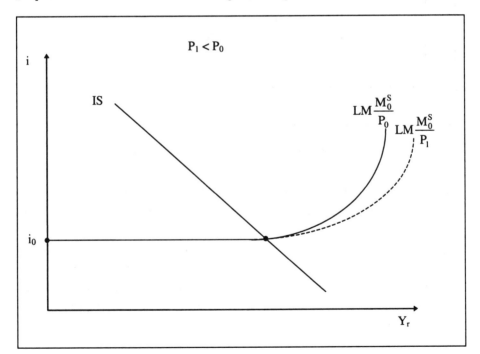

Wie aus der Abbildung ersichtlich, führt ein Rückgang des Preisniveaus von P_0 auf P_1 zu keiner Zinssenkung, da das erhöhte reale Geldangebot voll in die spekulative Geldhaltung fließt. Zinssatzsenkende Wertpapierkäufe werden nicht getätigt. Im Bereich der vollkommen zinselastischen Geldnachfrage verläuft die gesamtwirtschaftliche Nachfragefunktion somit vertikal, also parallel zur Ordinate, da eine Preisniveausenkung keine Erhöhung der gesamtwirtschaftlichen Nachfrage nach sich zieht.

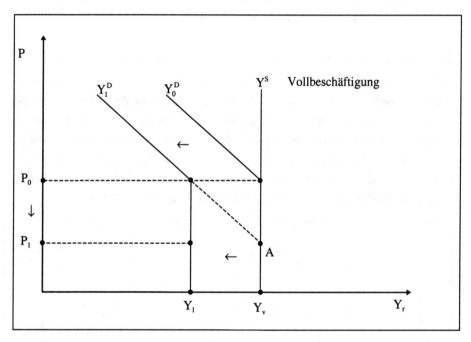

Kommt es nun - ausgehend von einem Vollbeschäftigungsgleichgewicht - zu einem Rückgang der gesamtwirtschaftlichen Nachfrage ($Y_0^D \rightarrow Y_1^D$), so führen Preisniveausenkungen, die von einem Rückgang des Nominallohnes flankiert werden, zwar zu einer Erhöhung des realen Geldangebots bei unverändertem Reallohn, jedoch wandert dieses zusätzliche reale Geldangebot sofort in die Spekulationskasse, so daß ein Zins- und somit ein Nachfrageeffekt unterbleibt. Dies hat aber zur Folge, daß die Wirtschaft auch bei sinkenden Preisen und Nominallöhnen in der Unterbeschäftigungssituation (Y_1) verharrt. Wäre hingegen die Erhöhung der realen Geldmenge mit einer Zinssenkung und daher auch mit Nachfrageeffekten verknüpft gewesen, hätte sich das klassische Resultat eingestellt (Punkt A).

2.2.2 Vollkommen zinsunelastische Investitionsgüternachfrage

Die Annahme einer vollkommen zinsunelastischen Investitionsgüternachfrage - unterhalb eines bestimmten Zinsniveaus - bedeutet, daß die Investitionsgüternachfrage nicht auf Zinssatzänderungen reagiert.

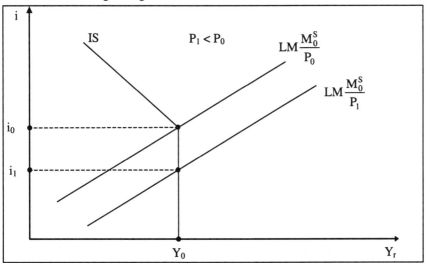

Wie aus obiger Abbildung ersichtlich, führt eine Verminderung des Zinssatzes von i_0 auf i_1 zu keiner Reaktion bei der Investitionsgüter- [$I(i_0) = I(i_1)$] und somit der gesamtwirtschaftlichen Nachfrage. Letztere verläuft folglich vertikal.

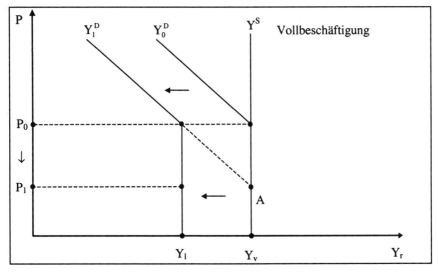

Kommt es - ausgehend von einer Vollbeschäftigungssituation - zu einem Rückgang der gesamtwirtschaftlichen Nachfrage ($Y_0^D \rightarrow Y_1^D$), so führen die Preisniveausenkungen zwar wiederum zu einer Erhöhung des realen Geldangebots und in diesem Fall auch zu Zinssatzsenkungen, jedoch haben diese wegen der vollkommen zinsunelastischen Investitionsgüternachfrage keinen Nachfrageeffekt. Auch hier verbleibt die Wirtschaft in einer Unterbeschäftigungssituation. Das klassische Resultat (Punkt A) kommt nicht zustande.

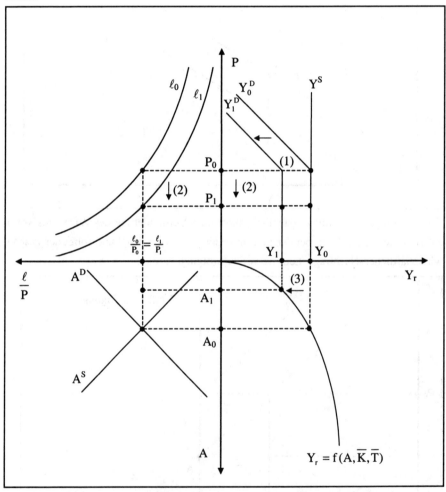

Wie aus dem Vier-Quadranten-Schema deutlich wird, führt ein Rückgang der gesamtwirtschaftlichen Nachfrage zunächst zu einer Linksverschiebung der gesamtwirtschaftlichen Nachfragefunktion [(1)]. Unterstellt man nun, daß die Unternehmen auf diesen

Nachfragerückgang mit Preissenkungen reagieren, die von entsprechenden Nominallohnsenkungen begleitet werden [(2)], so führt dies zwar dazu, daß der Reallohn unverändert bleibt, so daß die Unternehmen nach wie vor ein Sozialprodukt in Höhe von Y_0 anbieten wollen, jedoch bewirken die Preisniveausenkungen keine Erhöhung der gesamtwirtschaftlichen Nachfrage. Letztlich müssen die Unternehmen sich deshalb mit ihrer Produktion an die niedrige Nachfrage anpassen [(3)]. Dies bedeutet aber zugleich, daß die Nachfrage nach Arbeitskräften zurückgeht; es entsteht Unterbeschäftigung.

2.2.3 Zur Neoklassischen Kritik

An der These, bei Auftreten der keynesianischen Extremfälle komme es auch bei nach unten flexiblen Preisen und Nominallöhnen nicht mehr zu Vollbeschäftigung, setzt die Kritik *Pigous* an. Er geht davon aus, daß die private Konsumgüternachfrage nicht nur einkommens-, sondern auch vermögensabhängig ist. Wenn das Preisniveau sinkt, steigt der reale Wert der finanziellen Aktiva. Dieser Vermögenszuwachs macht das Sparen weniger „notwendig"; es sinkt. Die Preis- und Nominallohnsenkungen brauchen also nur lange genug anzuhalten, bis über steigendes Vermögen die Erhöhung der Konsumgüternachfrage (= sinkendes Sparen) wieder für Vollbeschäftigung sorgt (*Pigou-Effekt* bzw. *Realkasseneffekt*).

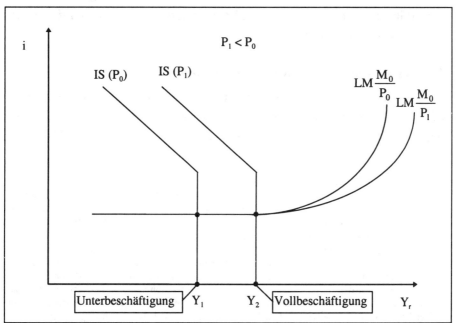

Obige Abbildung illustriert diesen Sachverhalt. Aufgrund der Preisniveausenkung verschiebt sich nach Pigou die LM-Kurve (Zunahme des realen Geldangebotes) nach rechts, aber auch die IS-Kurve (Vermögensabhängigkeit des Konsums), und zwar solange, bis wieder Vollbeschäftigung erreicht ist.

Kritisch ist hierzu anzumerken, daß von Preisniveausenkungen zwar Gläubiger profitieren (der Realwert ihrer Forderung steigt), jedoch Schuldner die Verlierer sind. Gesamtwirtschaftlich kommt es somit nur dann zu den erwähnten Vermögenseffekten, wenn es Schuldner gibt, deren Ausgabenverhalten unabhängig von ihrer Schuldenlast ist. Zu denken wäre hier an die Gruppe der öffentlichen Haushalte. Der mögliche *Vermögenseffekt* wird durch die Beschränkung auf diese Gruppe aber bereits beträchtlich reduziert. Ist zudem die Ausgabenneigung der Schuldner größer als die der Gläubiger, so kann per Saldo sogar ein negativer Effekt auf die Gesamtnachfrage ausgehen.

Ein anderer Kritikpunkt an Pigou ist darin zu sehen, daß die Wirtschaftssubjekte im Zuge des Preissenkungsprozesses auf weitere Preissenkungen hoffen könnten und deshalb ihre Ausgaben zurückstellen („*Attentismus*"), was negativ auf die Gesamtnachfrage wirkt. Alles in allem scheint es wirtschaftspolitisch also wenig ratsam, auf den Pigou-Effekt zu vertrauen.

2.3 Wirtschaftspolitische Schlußfolgerungen zur Überwindung der Unterbeschäftigung

2.3.1 Vermeidung von Nominallohnsenkungen

Der Forderung, eine Unterbeschäftigungssituation mittels einer Senkung der Nominallöhne zu überwinden, tritt Keynes entgegen. Vielmehr befürchtet er sogar, daß in einer solchen Situation Nominallohnsenkungen depressionsverschärfend wirken könnten.[101]

---

[101] Aus der Ablehnung von Nominallohnsenkungen in der Depression kann freilich nicht die von gewerkschaftlicher Seite häufig erhobene Forderung nach kräftigen Nominallohnerhöhungen hergeleitet werden (sog. *Kaufkrafttheorie des Lohnes*). Außer dem Einkommensabfluß an das Ausland für Importe und an den Staat für die erhöhte Steuerschuld kann die Nachfragewirkung zusätzlich durch eine sinkende Konsumquote beschnitten werden. In einer Situation der Unterbeschäftigung dürften kräftige Lohnsteigerungen die Angst um den Arbeitsplatz und damit auch um die Einkommenssicherheit wachsen lassen. Das als permanent anzusehende Einkommen wäre nicht oder nur kaum gestiegen, so daß die Sparquote steigt. Fragwürdigen Nachfrage- und Beschäftigungserhöhungen stehen aber recht sicher auf betrieblicher Ebene Lohnkostensteigerungen gegenüber, die durch Personalabbau aufzufangen versucht werden. Jedem Beschäftigungseinbruch ist regelmäßig ein starker Anstieg der Löhne und der Lohnstückkosten vorausgegangen.

Dahinter steht die Überlegung, daß - ausgehend vom Unterbeschäftigungsgleichgewicht - ein Absinken des Nominallohnes zu einem Rückgang des Reallohnes führt, die Unternehmen aber auch bei einem niedrigeren Reallohn keine zusätzlichen Arbeitskräfte beschäftigen wollen, da sie befürchten, die Mehrproduktion nicht absetzen zu können. Bei unverändertem Arbeitsvolumen führt ein Rückgang des Reallohnes aber zu einer Verminderung der *Reallohnsumme* ($\ell/P \cdot A$), was eine verminderte Konsumgüternachfrage zur Folge haben kann. Zwar steigt - bei gegebenem Sozialprodukt - andererseits das Gewinneinkommen; jedoch wird dies in einer Situation der Unterbeschäftigung (Arbeitslosigkeit und unausgelastete Kapazitäten) kaum zu einer verstärkten Investitionstätigkeit führen. Per Saldo kann daraus aber ein Rückgang der gesamtwirtschaftlichen Nachfrage resultieren, so daß Produktion und Beschäftigung weiter sinken.

2.3.2 Forderung nach einer expansiven Wirtschaftspolitik

Da aus keynesianischer Sicht marktwirtschaftliche Systeme aus sich selbst heraus keine Selbstheilungskräfte entwickeln, bleibt zur Überwindung der Arbeitslosigkeit nur der Rückgriff auf eine expansive Wirtschaftspolitik zur Erhöhung der gesamtwirtschaftlichen Nachfrage. Keynes und die Keynesianer präferieren hierbei die Fiskalpolitik, da sie von einer tendenziell zinselastischen Geldnachfrage bzw. zinsunelastischen Investitionsgüternachfrage ausgehen.

Eine expansive Geldpolitik führt unter diesen Umständen zu keiner Erhöhung der gesamtwirtschaftlichen Nachfrage und somit ebenfalls nicht zu einer Produktions- und Beschäftigungserhöhung. Nicht nur, daß wegen der von Keynesianern angenommenen hohen Zinselastizität der Geldnachfrage mit einer expansiven Geldpolitik nur eine geringe Zinssatzsenkung erzielt werden könnte, auch hätte diese Zinssatzsenkung aufgrund der zinsunelastischen Investitionsgüternachfrage kaum Nachfrageeffekte. Anders hingegen im Fall einer expansiven Fiskalpolitik. Hier kommt es unmittelbar und aufgrund der zinsunelastischen Investitionsgüternachfrage sogar zu einem nahezu ungebremsten Anstieg der volkswirtschaftlichen Gesamtnachfrage.

2.4 Probleme keynesianischer Nachfragesteuerung

Fraglich ist jedoch auch der Erfolg einer Nachfragebelebung durch expansive Wirtschaftspolitik. Löst diese über einen Anstieg des Preisniveaus Reallohnsenkungen aus, so wird diese Strategie zur Überwindung der Arbeitslosigkeit dann scheitern, wenn die bereits bislang Beschäftigten Reallohnsenkungen nicht hinzunehmen bereit sind.

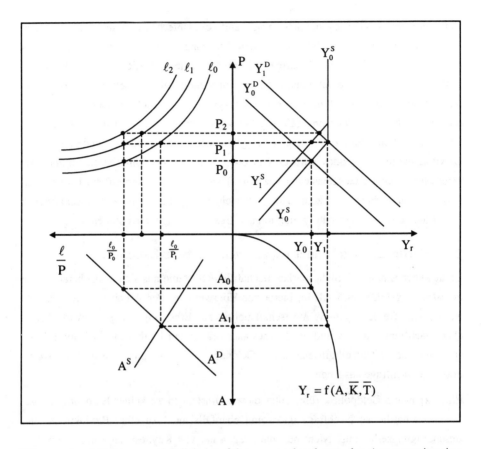

Wie aus der Abbildung ersichtlich ist, führt - ausgehend von der Ausgangssituation P_0/Y_0 (Unterbeschäftigungsgleichgewicht) - eine expansive Geld- und Fiskalpolitik zwar zunächst zu einer Erhöhung der gesamtwirtschaftlichen Nachfrage ($Y_0^D \to Y_1^D$) und damit zu einem Preisniveauanstieg auf P_1, der über eine damit verbundene Senkung des Reallohnes wieder Vollbeschäftigung ermöglicht. Sind die bisher beschäftigten Arbeitnehmer jedoch nicht bereit, diese Reallohnsenkung hinzunehmen und gelingt es ihnen, über ihre Gewerkschaft eine Nominallohnerhöhung durchzusetzen, welche die Preisniveauerhöhung wieder ausgleicht ($\ell_0 \to \ell_1$), so werden die Unternehmen ihr Angebot wieder auf das Ausgangsniveau (Y_0) reduzieren. D. h., daß die Unternehmen beim Preisniveau P_1 nur Y_0 anbieten werden; graphisch findet dies Niederschlag in einer Verschiebung der gesamtwirtschaftlichen Angebotsfunktion nach oben. Wie man sieht, herrscht in der neuen Situation wieder ein Nachfrageüberhang am Gütermarkt vor (bei ℓ_1/P_1: $Y^D > Y^S$), was Preisniveauerhöhungen auslöst, und zwar hier bis auf P_2. Im Zuge dieses Prozesses kommt es einerseits zu einem weiteren Rückgang der Nachfrage, andererseits aber wiederum zu einem Rückgang des Reallohnes. Nehmen dies die Arbeitnehmer wiederum nicht hin, so kommt es erneut zu Nominallohnerhöhungen ($\ell_1 \rightarrow \ell_2$), mit den oben bereits dargelegten Folgewirkungen. Es zeigt sich also, daß der ursprünglich expansive Nachfrageeffekt im Zuge dieses Prozesses über Preis- und Nominallohnerhöhungen wieder verpufft. Letztlich wird sich daher das gesamtwirtschaftliche Angebot wieder bei Y_0 einstellen; Unterbeschäftigung kann also nicht überwunden werden, wenn die Arbeitnehmer auf ihrem ursprünglichen Reallohnniveau (ℓ_0/P_0) beharren und dies auch durchzusetzen vermögen[102].

Die zuletzt angeschnittene Problematik enthält eine Fragestellung, die insbesondere in den 70er und 80er Jahren Gegenstand umfangreicher wirtschaftstheoretischer und wirtschaftspolitischer Kontroversen war, nämlich die Frage nach der Wirksamkeit der Wirtschaftspolitik überhaupt. Hier können nur ein paar knappe Hinweise auf diese Diskussion gegeben werden.

Wenn die Beschäftigten nicht zu Reallohnkonzessionen bereit sind, kann eine Verringerung der Arbeitslosigkeit nur durch ständige inflatorische Effekte expansiver Wirtschaftspolitik erzielt werden. Fraglich ist dann allerdings, ob eine derartige Strategie lange Zeit durchgehalten werden kann oder ob etwa aus Verteilungsrücksichten oder wegen außenwirtschaftlicher Probleme auf einen restriktiven Kurs umgeschaltet werden muß. Die zeitweilige Verringerung der Arbeitslosigkeit wird dann abgelöst durch eine *Stabilisierungskrise* mit einem Beschäftigungseinbruch, der nur allmählich überwunden werden kann. Auf diese Diskussion, die sich um die (modifizierte) Phillips-Kurve rankt, wird im Inflationskapitel (X.) noch näher eingegangen.

Die sog. *Neue (klassische) Makroökonomik* geht noch einen deutlichen Schritt weiter, indem sie für den oben geschilderten Fall auch die temporäre Wirksamkeit der Wirtschaftspolitik bestreitet. Kernstück der Neuen (klassischen) Makroökonomik ist die Theorie der *rationalen Erwartungen*. Vertreter dieser Theorie üben Kritik an dem traditionellen Ansatz *adaptiver Erwartungsbildung*, wonach die Wirtschaftssubjekte bei ih-

---

[102] Daß mit der Durchsetzung vollbeschäftigungswidriger Lohnerhöhungen zu rechnen ist, vermag die - oben bereits skizzierte - *Insider-Outsider Theorie* zu erklären. Danach haben Insider (Beschäftigte) beispielsweise wegen ihrer betriebsspezifischen Kenntnisse oder auch wegen besonderer gewerkschaftlicher Unterstützung gegenüber den Outsidern (Arbeitslose) einen Machtvorsprung, der ihnen Lohnsteigerungen auf Kosten der Arbeitslosen ermöglicht.

ren Plänen und Entscheidungen nur vergangenheitsbezogene Informationen berücksichtigen. In einer sich ständig ändernden Welt sei es irrational, in die Zukunft reichende Informationen zu ignorieren. Die Wirtschaftssubjekte würden vielmehr in ihrem ökonomischen Kalkül zukunftsorientierte Informationen einbeziehen. Wendet man diese Überlegungen auf die Frage nach der Wirksamkeit der oben geschilderten expansiven Wirtschaftspolitik an, so kommt man zu folgendem Ergebnis: Wenn Nominallohnerhöhungen zum wiederholten Male durch inflationäre Geldpolitik entwertet werden, lassen sich die Wirtschaftssubjekte nicht mehr täuschen. Anfängliche Prognosefehler bezüglich der inflationären Effekte einer expansiven Geldpolitik treten dann nicht mehr auf. Die Wirkungen der Geldpolitik werden antizipiert und schon zu Beginn der expansiven Wirtschaftspolitik in entsprechende Lohnforderungen umgesetzt. Die temporäre Reallohnsenkung unterbleibt und damit auch die entsprechende Verringerung der Arbeitslosigkeit.

3. Produktivitätswachstum und Beschäftigung im gesamtwirtschaftlichen Zusammenhang

Wenn Reallohnsenkungen, sei es durch Nominallohnsenkungen oder sei es durch inflatorisch wirkende Nachfragesteigerungen, kein erfolgversprechender Weg zur Beschäftigungserhöhung sind, so besagt dies nicht, daß die Lohnpolitik keinen wichtigen Beschäftigungsbeitrag zu leisten in der Lage ist. Allerdings ist hierbei von einer dynamischen Wirtschaft auszugehen, die typischerweise durch Produktivitätsfortschritte gekennzeichnet ist. Positive Beschäftigungseffekte ergeben sich dann, wenn der Produktivitätsfortschritt nicht (voll) in Reallohnerhöhungen weitergegeben wird. Dieser Fall ist in der folgenden Abbildung illustriert.

In der Ausgangssituation herrscht ein Unterbeschäftigungsgleichgewicht. Durch Erhöhung des Kapitalstocks ($K_0 \rightarrow K_1$) und/oder durch technischen Fortschritt ($T_0 \rightarrow T_1$) steigt die Arbeitsproduktivität. Dies schlägt sich in einer Verschiebung der Produktionsfunktion und der Arbeitsnachfragefunktion nieder. Beim alten Reallohn ℓ_0/P_0 erhöht sich die Arbeitsnachfrage auf A_1. Bei dieser Beschäftigung ergäbe sich eine Produktion von Y_1. Bei den alten Nachfragebedingungen (Y_0^D) müßten nun Preisniveau und Nominallohnniveau sinken bis über den Anstieg der realen Geldmenge die Finanzierung der Beschäftigungserhöhung sichergestellt ist (siehe *).

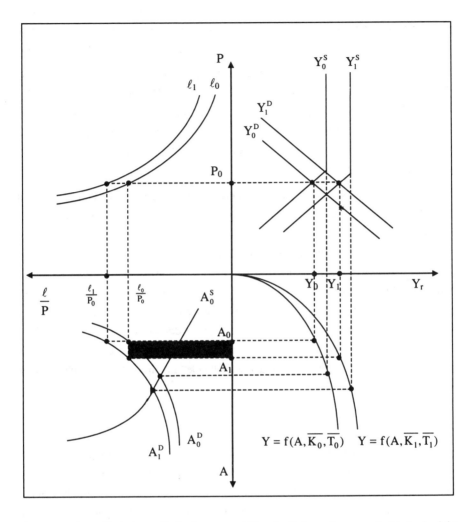

Diese - wenig realistischen - Preisniveau- und Nominallohnsenkungen sind jedoch nicht erforderlich. Da die Geldpolitik etwa des Eurosystems keine Preisniveausenkungen, sondern Preisniveaustabilität anstrebt, kann davon ausgegangen werden, daß die monetäre Alimentierung der zur Realisierung von Y_1 erforderlichen Nachfrageerhöhung sichergestellt wird. Eine Nachfragesteigerung ist im vorliegenden Falle schon einfach deshalb zu erwarten, weil bei gleichbleibendem Reallohn (ℓ_0/P_0) und erhöhter Beschäftigung ($A_0 \rightarrow A_1$) die Reallohnsumme steigt (schraffierte Fläche im 3. Quadranten), die zur Erhöhung der konsumtiven Nachfrage führt. Der Verzicht auf die Ausschöpfung der Produktivitätssteigerung durch Nominallohnerhöhungen verbessert zudem über sinkende Lohnstückkosten die internationale Wettbewerbsfähigkeit, so daß eine Stimulierung der Gesamtnachfrage auch in Form einer Erhöhung des Außenbeitrags erfolgen könnte.

In dem skizzierten Beispiel wurde der Reallohn konstant gehalten und der Produktivitätsfortschritt voll zur Beschäftigungserhöhung genutzt. Der andere Extremfall wäre, daß die Reallöhne dem Produktivitätswachstum entsprechend erhöht würden (ℓ_1/P_0); die Beschäftigungssituation bliebe unverändert. Hieraus wird ersichtlich, daß die Arbeitslosigkeit nur verringert werden kann, wenn die Reallohnentwicklung hinter der Produktivitätsentwicklung zurückbleibt.[103]

Mit der Erhöhung der Arbeitsnachfrage steigt der Gleichgewichtsreallohn und damit auch das Arbeitsangebot. Hierdurch wird vom Arbeitsmarkt her die Ausdehnung des Produktionspotentials ($Y_0^S \rightarrow Y_1^S$) ermöglicht. Die neue Beschäftigung ist zwar im Falle des hinter dem Produktivitätsforschritt zurückbleibenden Reallohnanstiegs gestiegen, sie liegt aber weiterhin unterhalb der Beschäftigung bei Gleichgewicht am Arbeitsmarkt. Es ist jedoch zu bedenken, daß das Arbeitsangebot nicht „uferlos" ansteigen kann. Mit zunehmender Erschöpfung von Möglichkeiten etwa der Arbeitszeitverlängerung oder der Erhöhung der Erwerbsbeteiligung geht der Verlauf der Arbeitsangebotskurve in horizontale Richtung. Doch auch für den Bereich des preiselastischen Arbeitsangebots ist zu berücksichtigen, daß „zurückhaltende" Lohnpolitik zur Beschäftigungserhöhung führt.

4. Von Keynes zurück zur Klassik

Die Kritik an den Erfolgsaussichten keynesianischer Nachfragesteuerung zur Erhöhung von Produktion und Beschäftigung erfolgte vor dem Hintergrund eines Unterbeschäftigungsgleichgewichts und partieller Preiselastizität des gesamtwirtschaftlichen Angebots. Wesentliche Kritikpunkte der Neuen klassischen Makroökonomie gelten jedoch nicht nur vor dem speziellen keynesianischen Hintergrund, sie beanspruchen auch Gültigkeit in bezug auf preiselastisches Angebotsverhalten, das auf weniger rigorosen Modellannahmen beruht als die klassische Angebotsfunktion. Ausgangspunkt bilden die

---

[103] Die zu berücksichtigende Produktivitätsentwicklung kann nur die sein, die sich unabhängig von der Lohnentwicklung einstellt. Wenn durch Lohnsteigerungen der Arbeitskräfteeinsatz im Produktionsprozeß verringert wird und hierdurch die Arbeitsproduktivität rechnerisch steigt, kann - wenn Arbeitslosigkeit bekämpft werden soll - dieser (ex post) Produktivitätsfortschritt nicht nochmals lohnpolitisch verteilt werden.

Ausführungen zur preiselastischen Angebotsfunktion (VII.3), die jedoch insbesondere durch Einbeziehung des Arbeitsmarktes erweitert werden.

4.1 Verhaltensspielräume

Ausgegangen sei von einem Gleichgewicht auf dem Gütermarkt und dem Arbeitsmarkt. Das güterwirtschaftliche Gleichgewicht sei ergänzend durch eine Auslastung des Produktionspotentials charakterisiert, die als normal angesehen wird (Y*). Das Arbeitsmarktgleichgewicht (A*) sei verbunden mit einer - bei Normalauslastung des Produktionspotentials - natürlichen Arbeitslosigkeit. Das tatsächliche Preisniveau entspreche dem unter diesen Bedingungen von Unternehmen und Haushalten erwarteten Preisniveau (P*).

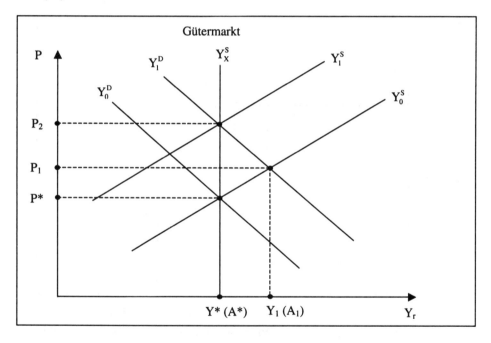

Die Angebotskurve besagt, daß die Preise auf der Basis der Stückkosten (Arbeitskosten, Kapitalnutzungskosten, in- und ausländische Vorleistungskosten) zuzüglich eines marktüblichen Gewinnaufschlags (Mark up auf die Kosten) festgesetzt werden. Lohnstückkostenerhöhungen beispielsweise würden als Verschiebung der Angebotskurve nach oben festgehalten ($Y_0^S \rightarrow Y_1^S$).

Wenn nun von dieser Gleichgewichtssituation ausgehend die Nachfrage steigt ($Y_0^D \rightarrow Y_1^D$), kann diese nur durch Überauslastung des Produktionspotentials befriedigt werden, wodurch den Unternehmen ein erweiterter Preiserhöhungsspielraum erwächst. Die Bewegung auf der Y_0^S-Kurve (Produktions-/Preiserhöhung auf Y_1/P_1) kann aber nur als kurzfristige Verhaltensweise verstanden werden. Längerfristig erfolgen insbesondere in Verbindung mit dem Arbeitsmarkt Anpassungsprozesse, die die Überauslastung des Produktionspotentials wieder auf die Normalauslastung zurückführen.

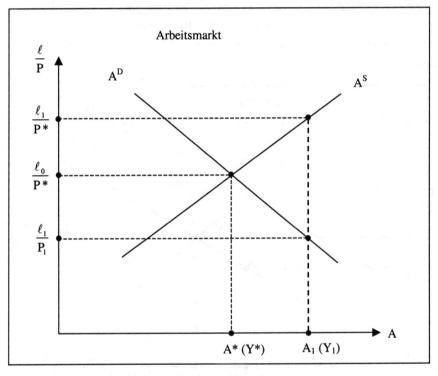

Dehnen die Unternehmen die Produktion aus, werden sie in der Regel zusätzliche Arbeitskräfte einstellen. Bei Überauslastung des Produktionspotentials sinkt mithin die Arbeitslosigkeit unter ihr natürliches Niveau ($A_1 > A^*$).[104] Geht man von einem Arbeitsmarktgleichgewicht mit natürlicher Arbeitslosigkeit aus, setzt die Beschäftigungserhöhung ($A^* \rightarrow A_1$) allerdings voraus, daß die Reallöhne zugleich steigen und sinken -

---

[104] Hier wird also nicht von dem speziellen Hintergrund einer Unterbeschäftigungssituation wie in Kapitel IX.2.4 ausgegangen.

was natürlich unmöglich ist. Wie im folgenden Kapitel (X.2.1) im Rahmen der Phillips-Kurven-Diskussion noch näher erläutert wird, läßt sich diese Quadratur des Kreises jedoch bei Fehleinschätzungen/Erwartungsfehlern (temporär) bewerkstelligen. Wenn die Unternehmen zwecks Beschäftigungserhöhung die Nominallöhne anheben, muß diese Erhöhung geringer als die ihrer Preise sein; denn nur bei sinkendem Reallohn ($\ell_1/\ell_0 <$ P_1/P^*) dehnen sie ihre Arbeitsnachfrage aus. Das Arbeitsangebot nimmt aber nur bei Reallohnanstieg zu. Dieser liegt subjektiv vor, wenn die Arbeitnehmer zwar die Nominallohnerhöhung, nicht aber die Preiserhöhung registrieren. Die vermeintliche Reallohnerhöhung führt zu einer Erhöhung des Arbeitsangebots.

4.2 Kurzfristige versus längerfristige Änderungen

Die Arbeitnehmer beziehungsweise die Gewerkschaften werden die Preisniveauerhöhung (und die tatsächliche Reallohnsenkung, Stern (*) auf der ℓ_1-Kurve) jedoch bemerken und einen Inflationsausgleich fordern. Wird er durchgesetzt, hat sich der Reallohn - und damit auch die Beschäftigung - letztlich nicht geändert.

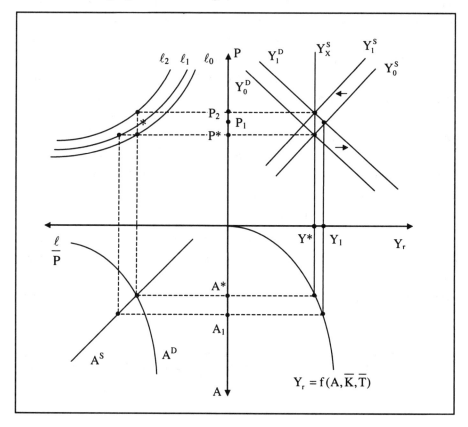

Geht man beispielsweise davon aus, daß der skizzierte Prozeß durch eine expansive Geldpolitik ausgelöst wurde ($Y_0^D \rightarrow Y_1^D$), ergibt sich kurzfristig eine Preis-/Produktions-/Beschäftigungserhöhung (P_1, Y_1, A_1). Die zum Inflationsausgleich nachziehende Arbeitskostensteigerung ($Y_0^S \rightarrow Y_1^S$) führt am Ende jedoch zum Ausgangsniveau von Produktions- und Beschäftigungsniveau (Y*, A*) zurück. Geblieben ist im Beispielsfall nur die Preisniveauerhöhung (P* → P_2). Die mittelfristige Angebotskurve wird zur Vertikalen über dem normal ausgelasteten Produktionspotential (Y*). Die Zusammenhänge sind im obigen Vier-Quadranten-Schema festgehalten.

Die temporäre Produktions- und Beschäftigungserhöhung durch eine expansive Geldpolitik wurde im dargestellten Modell auf unterschiedliche Einschätzungen der Preisentwicklung und damit der Nominal- und Reallohnentwicklung zurückgeführt. Eine Korrektur des Irrtums (der Arbeitnehmer) bewirkt die Rückkehr zum alten Gleichgewicht - allerdings bei höherem Preisniveau. Dieses Modell spielt zugleich eine prominente Rolle in der sogenannten Phillips-Kurven-Diskussion.

Der nur kurzfristige Gleichlauf von Preisniveauerhöhung einerseits sowie Produktions- und Beschäftigungserhöhung andererseits gilt jedoch nicht nur für diese Modellbedingungen. Modelle, die mit starren Nominallöhnen wegen noch laufender Tarifverträge operieren, führen letztlich zum gleichen Ergebnis.[105] Tarifvereinbarungen sind zwar Nominallohnvereinbarungen, sie werden jedoch in Erwartung bestimmter Preisentwicklungen getroffen. Stellt sich als Folge expansiver Geldpolitik heraus, daß sie die Preisentwicklung unterschätzt haben, werden sie zwar die „erforderliche" Lohnkorrektur durchzusetzen versuchen, sie können dies aber nur verzögert. Diese Modellvariante stellt also nicht auf Fehleinschätzungen von Nominal- und Reallöhnen ab, sondern auf institutionell bedingte Anpassungshemmnisse am Arbeitsmarkt. Zudem wird unterstellt, daß die Nachfrage die Beschäftigungshöhe bestimmt, die Reallohnsenkung während der Vertragsdauer also keine Arbeitsangebotseinschränkung bewirkt.

Auch Informationsmängel auf der Unternehmensebene werden für die zeitweilig positive Korrelation zwischen Preisen, Produktion und Beschäftigung verantwortlich gemacht. Wenn es infolge expansiver Geldpolitik zu Preissteigerungen kommt, können Unternehmen diese als Veränderung der relativen Preise zu ihren Gunsten interpretieren

---

[105] Zu verschiedenen Ursachen von Preisinflexibilitäten nach unten siehe etwa: Blinder, A./Canetti, E. R./Lebow, D. E./Rudd, J. B., Asking About Prices - A New Approach to Unterstanding Price Stickiness, New York 1998.

und deshalb mit einer Produktions- und Beschäftigungsänderung reagieren. Stellt sich heraus, daß es sich tatsächlich um eine inflationäre Entwicklung handelt, daß also nicht nur die eigenen Produktpreise, sondern auch die für Vorprodukte, Löhne, Kapitalnutzungen etc. gestiegen sind (= Verschiebung der Angebotsfunktion), fällt der Produktions- und Beschäftigungsimpuls in sich zusammen.

In allen skizzierten Fällen ergeben sich nur zeitweilige Produktions- und Beschäftigungsänderungen im Gefolge von nachfragestimulierenden Maßnahmen (in der vorstehenden Zeichnung durch Pfeile angedeutet). Ob solche - wenn auch nur zeitweiligen - Effekte eintreten, ist indes bei häufigen Wiederholungen zweifelhaft. Wird eine derartige Wirtschaftspolitik oft wiederholt, ist nicht auszuschließen, daß die Wirtschaftssubjekte die Zusammenhänge durchschauen und mit der Geldpolitik der Notenbank eine bestimmte Inflationserwartung verbinden. Werden die Inflationserwartungen in den Lohnabschlüssen antizipiert und kalkulieren die Unternehmen diese Preissteigerungen wie auch die für Vorprodukte etc. in ihre Preise ein, entfällt ein temporärer positiver Produktions- und Beschäftigungseffekt. Die Politik wird ineffektiv.

Das Für und Wider der konkurrierenden Positionen - temporäre Effekte ja oder nein - kann hier nicht ausdiskutiert werden. Stichwortartig sei jedoch auf einige Punkte aufmerksam gemacht: In der Hypothese der *Politikineffektivität* steckt insoweit ein wahrer Kern, als der fortwährende Einsatz bestimmter wirtschaftspolitischer Instrumente Abnutzungserscheinungen mit sich bringen kann. Die Vielzahl sog. Beschäftigungsprogramme und das Ausbleiben eines nachhaltigen Beschäftigungserfolgs deuten in diese Richtung. Andererseits sollte die Ineffektivitätsthese nicht zu sehr verallgemeinert werden. Wir haben es in der Realität mit unzulänglichen Informationen und auch mit unterschiedlichen Interpretationen bestimmter Informationen zu tun. Dies bedeutet noch nicht, rationales Verhalten zu leugnen; aber rational handeln kann man nur in Bezug auf einen bestimmten, möglicherweise subjektiv gefärbten Informationsstand. Schließlich können wir auch nicht völlig ausschließen, daß die Wirtschaftssubjekte durchaus häufig die gleichen Fehler machen.

5. Binnenwirtschaftliches und außenwirtschaftliches Gleichgewicht

Die bisherige Analyse hat die außenwirtschaftliche Komponente nur zum Teil eingeschlossen. Bei der Behandlung der gesamtwirtschaftlichen Nachfrage wurde zwar auch die Veränderung des Außenbeitrags berücksichtigt. Eine systematische Integration von Zahlungsbilanz und Wechselkurs unterblieb jedoch bisher. Welche Modifikationen sich durch deren Berücksichtigung ergeben, soll im folgenden in Grundzügen skizziert werden. Auf die ausdrückliche Einbeziehung des Arbeitsmarktes wird an dieser Stelle verzichtet, da die oben erläuterten grundlegenden Zusammenhänge zwischen Produktion, Einkommen, Preisen und Beschäftigung auch für offene Volkswirtschaften gelten. Hierbei wird stets davon ausgegangen, daß das betrachtete Land ein „kleines" Land in dem Sinne ist, daß es Einkommen, Preise und Zinsen in der übrigen Welt nicht beeinflussen kann.

Die Integration der Außenwirtschaftsbeziehungen läßt sich bewerkstelligen, indem die Gleichgewichtskurven für den Güter- und Geldmarkt (IS- und LM-Diagramm) um eine Kurve für das *Zahlungsbilanzgleichgewicht* (ZG) erweitert wird (*Mundell-Flemming-Modell*). Zahlungsbilanzgleichgewicht[106] liegt vor, wenn der gemeinsame Saldo aus Leistungs- und Kapitalbilanz Null beträgt, die Devisenbilanz also ausgeglichen ist.[107]

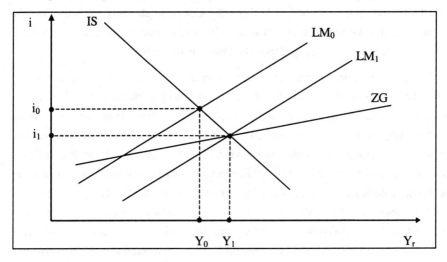

Die positive Steigung der ZG-Kurve ist folgendermaßen zu erklären. Wenn das Einkommen steigt, nehmen die Güter- und Dienstleistungsimporte zu und die Devisenbilanz gerät ins Defizit. Dieses Zahlungsbilanzungleichgewicht läßt sich vermeiden durch

---

[106] Mit dieser - international gebräuchlichen - Terminologie ist der gemeinsame Saldo der Teilbilanzen der Zahlungsbilanz ohne Devisenbilanz gemeint. Faßt man alle Teilbilanzen zusammen, kann es selbstverständlich kein Zahlungsbilanzungleichgewicht geben.

[107] Zur Vereinfachung wird von der Vermögensübertragungsbilanz abgesehen.

einen Zinsanstieg, der Kapitalimporte induziert[108] und den leistungsbilanzbedingten Devisenabfluß kompensiert. Aus diesen Überlegungen wird zugleich deutlich, daß die ZG-Kurve für einen gegebenen Wechselkurs gilt und alle Punkte oberhalb der ZG-Kurve Zahlungsbilanzüberschüsse, alle Punkte unterhalb Zahlungsbilanzdefizite markieren. Eine Währungsaufwertung beseitigt den Überschuß, eine Abwertung das Defizit. Im ersten Fall verschiebt sich die ZG-Kurve nach links, im zweiten Fall nach rechts.

In der vorstehenden ist in der Ausgangssituation das binnenwirtschaftliche Gleichgewicht auf Güter- und Geldmarkt (Y_0/i_0) offenbar verknüpft mit einem Zahlungsbilanzüberschuß. Welche Prozesse sich im Gefolge dieser Ausgangssituation abspielen, hängt vom *Wechselkurssystem* ab. Im Falle fester Wechselkurse muß die Zentralbank die mit dem Zahlungsbilanzüberschuß zufließenden Devisen aufkaufen, so daß es zur Geldmengenexpansion (von LM_0 nach LM_1) kommt. Bei Y_1/i_1 liegt simultan binnenwirtschaftliches und außenwirtschaftliches Gleichgewicht vor. Im Falle flexibler Wechselkurse verlaufen die Anpassungsprozesse anders. Der Überschuß führt zur Aufwertung, was zum einen gleichbedeutend mit einer Verschiebung der ZG-Kurve nach links und zum anderen - wegen der gefallenen Auslandsnachfrage - mit einer Verschiebung der IS-Kurve nach unten verbunden ist.

Die vorangegangenen Grundüberlegungen lassen sich leicht in die Wirkungsweise geld- oder fiskalpolitischer Maßnahmen einbinden: Ausgehend von einem simultanen binnen- und außenwirtschaftlichen Gleichgewicht führt bei *festen Wechselkursen* eine *expansive Fiskalpolitik* zu einem Zahlungsbilanzüberschuß, der seinerseits wegen der Interventionspflicht der Zentralbank eine Geldmengenexpansion bewirkt. Die Gesamtnachfrage und - entsprechende Potentiale vorausgesetzt - Sozialprodukt und Beschäftigung steigen. Eine *expansive Geldpolitik* ist bei fixen Wechselkursen hingegen wirkungslos. Zwar bewirkt sie binnenwirtschaftlich zunächst ein niedrigeres Zins- und höheres Einkommensniveau. Das damit einhergehende Zahlungsbilanzdefizit erfordert jedoch eine restriktive Geldpolitik, so daß der ursprüngliche expansive Effekt neutralisiert wird.

---

[108] Je höher diese Zinselastizität desto flacher die ZG-Kurve, da bei hoher Zinselastizität geringe Zinssteigerungen bereits relativ hohe Kapitalbewegungen auslösen.

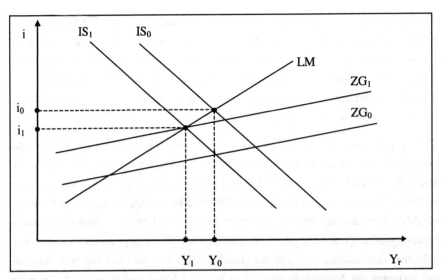

Die unterschiedliche Wirkung der Geldpolitik und der Fiskalpolitik veranlaßten *Mundell*, eine „Arbeitsteilung" zwischen den beiden Politiken vorzuschlagen (*Policy-mix*). Dies sei an einem einfachen stabilisierungspolitischen Beispiel demonstriert:

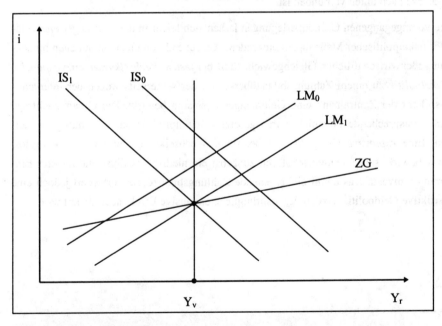

In der vorstehenden Graphik ist zusätzlich eine Kurve eingezeichnet, die das aktuell mögliche Vollbeschäftigungssozialprodukt (Y_V) markiert. Mit IS_0 und LM_0 geht die binnenwirtschaftliche Nachfrage also über die Produktionsmöglichkeiten hinaus, was sich in einer inflatorischen Entwicklung niederschlagen müßte. Zugleich existiert ein Zahlungsbilanzüberschuß. Weder Geldpolitik noch Fiskalpolitik können allein zugleich außenwirtschaftliches und binnenwirtschaftliches Gleichgewicht bei Vollbeschäftigung erreichen. Lösen läßt sich das Problem dadurch, daß der (restriktiven) Fiskalpolitik die binnenwirtschaftliche Stabilisierung (IS_1), der (expansiven) Geldpolitik die außenwirtschaftliche Absicherung (LM_1) übertragen wird.

Wesentlich einfacher sind die Zusammenhänge *bei flexiblen Wechselkursen*. Von einem simultanen binnen- und außenwirtschaftlichen Gleichgewicht ausgehend führt eine *expansive Fiskalpolitik* zu einem Zahlungsbilanzüberschuß, der jedoch über eine Aufwertung wieder abgebaut wird. Bei einer *expansiven Geldpolitik* ergibt sich ein Zahlungsbilanzdefizit das via Abwertung beseitigt wird. Im Gegensatz zum System fester Wechselkurse bleibt die Wirksamkeit der Geldpolitik erhalten, da keine entgegengerichteten monetären Impulse durch Devisenmarktinterventionen anfallen.

X. Kapitel

Inflation

In der vorangegangenen gesamtwirtschaftlichen Analyse sind verschiedentlich Preisniveauveränderungen angesprochen und hierbei verstreut auch einige Ursachen und Folgen aufgezeigt worden. Der Frage nach den Bestimmungsgründen und Konsequenzen von Preisniveauveränderungen soll in diesem Kapitel eingehender nachgegangen werden. Hierbei beschränken wir uns auf den Fall der Preisniveauerhöhungen, da nur diese vorzugsweise das praktisch relevante wirtschaftspolitische Problem darstellen. Anstatt von Preisniveauerhöhungen spricht man auch von *Inflation*.

Gemessen wird die Inflation anhand von Indizes, wobei die Entwicklung des *Preisindex der Lebenshaltung* aller Haushalte der gebräuchlichste Maßstab ist. Technisch geschieht dies derart, daß ein für Haushalte typischer Warenkorb ermittelt wird. Die Preise der einzelnen Güter und Dienstleistungen, die in diesem *Warenkorb* enthalten sind, werden monatlich erfaßt und mit den jeweiligen Verbrauchsmengen multipliziert. Die jährliche Inflationsrate läßt sich errechnen, indem der aktuelle Wert des Warenkorbes mit dem mengenmäßig gleichen, jedoch zu Vorjahrespreisen bewerteten Warenkorb in Beziehung gesetzt wird.[109] Implizit stellt dieser Inflationsbegriff auf marktwirtschaftliche Systeme mit freier Preisbildung ab. Inflation ist jedoch auch in Zentralverwaltungswirtschaften mit staatlich fixierten Preisen beobachtbar. Inflation äußert sich hier in einem unerwünschten Anwachsen der Kassenhaltung. Im folgenden wird diese Inflationsvariante nicht weiter verfolgt, das Augenmerk liegt ausschließlich auf den in Marktwirtschaften beobachtbaren Inflationstypen.

1. Inflationserklärungen

Zunächst stellt sich die Frage, welche Ursachen Inflation hervorrufen können. In der Literatur findet sich hier eine Reihe unterschiedlicher Ansätze. In der folgenden Übersicht wird zwischen den zwei Hauptausprägungen: Nachfragesog- und Angebotsdruck-

---

[109] Zu Problemen bei der Inflationsmessung siehe Görgens, E./Ruckriegel, K./Seitz, F., Europäische Geldpolitik, 2. Aufl., Düsseldorf 2001, S. 149.

theorien sowie deren Spezifikationen unterschieden. Eine Sonderstellung nimmt die sogenannte erwartungsinduzierte Inflation ein.[110]

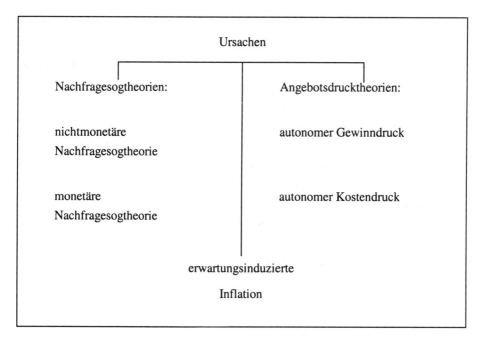

1.1 Nachfragesogtheorien

Den *Nachfragesogtheorien* ist gemein, daß hier die gesamtwirtschaftliche Nachfrage über das Angebot hinausgeht, wodurch inflationärer Druck entsteht. Im Hinblick auf die Ursache, die dem Nachfragesog zugrunde liegt, ist jedoch zwischen einer monetären und einer nichtmonetären Nachfragesogtheorie zu unterscheiden. Während die eine das Geldangebot in den Mittelpunkt rückt, stehen bei der anderen die einzelnen gesamtwirtschaftlichen Nachfrageaggregate im Zentrum der Ursachenanalyse.

Während bei der monetären Nachfragesogtheorie der inflationäre Impuls beim Geldangebot M^S seinen Ausgang nimmt und auf die gesamtwirtschaftliche Nachfrage durchwirkt, setzt die nichtmonetäre Nachfragesogtheorie bei den einzelnen gesamtwirtschaft-

---

[110] Soweit die Inflationsursache im Ausland ihren Ursprung hat, spricht man von *importierter Inflation*.

lichen Nachfrageaggregaten an, wobei eine monetäre Alimentierung ($M^S \cdot v$) als gegeben angesehen wird.

Die *monetäre Nachfragesogtheorie* („monetaristischer Ansatz") macht eine Erhöhung des nominalen Geldangebotes, welche über die Wachstumsrate der realen Produktionsmöglichkeiten hinausgeht, für Erhöhungen des Preisniveaus und bei anhaltend überhöhtem Geldmengenwachstum für Inflation verantwortlich. Wird das Geldangebot erhöht, so kommt es zu einem Geldmarktungleichgewicht ($M^S > M^D$), wodurch eine Störung des bisherigen Vermögensgleichgewichtes hervorgerufen wird; dieses Ungleichgewicht löst Anpassungsprozesse aus, die über den Mechanismus der relativen Preise auf die Nachfrage nach Konsum- und Investitionsgütern durchschlagen: Da bei der Erhöhung des Geldangebots der tatsächliche Kassenbestand den gewünschten übersteigt, werden die Wirtschaftssubjekte zunächst festverzinsliche Wertpapiere nachfragen. Hierdurch steigt deren Kurs und zugleich sinkt ihre Ertragsrate (Zins). Dies hat zur Folge, daß vorhandenes Sachkapital (z. B. Gebrauchtimmobilien) bei unveränderter Ertragsrate (interner Zinsfuß) relativ attraktiver und deshalb verstärkt nachgefragt wird; die nachfragebedingten Preissteigerungen dieser Aktiva lassen (bei gleichbleibenden Mieteinnahmen) deren Ertragsrate sinken. Schließlich verbleiben neu produzierte Konsum- und Investitionsgüter (z. B. Neubauten), deren Preis bisher noch unverändert und deren Ertragsrate somit noch relativ hoch ist. Mit verstärkter Nachfrage nach neu zu produzierenden Konsum- und Investitionsgütern steigt schließlich die gesamtwirtschaftliche Nachfrage und - bei begrenzten Produktionsmöglichkeiten - das Preisniveau.

Die Gültigkeit dieser Theorie ist vor allem an zwei Bedingungen geknüpft, die nach monetaristischer Überzeugung in der Realität vorliegen:

(1) Zumindest bei flexiblen Wechselkursen kann das nominale Geldangebot von den geldpolitischen Autoritäten (Regierung, Notenbank) bestimmt werden.

(2) Zum zweiten wird davon ausgegangen, daß die reale (nominale) Geldnachfrage in stabiler Beziehung zum realen (nominalen) Sozialprodukt steht.

Der monetaristische Ansatz geht also von der Exogenität des nominalen Geldangebots - etwa gemessen anhand von M3 - aus. Ein exogen - von den währungspolitischen Instanzen - vorgegebenes Geldangebot trifft danach auf eine von den Nichtbanken gewünschte, als stabil angesehene Geldnachfrage und löst, soweit es davon abweicht, Anpassungsprozesse aus. M.a.W. Geldangebot und Geldnachfrage werden unabhängig voneinander von unterschiedlichen Akteuren bestimmt. Falls das Geldangebot von der real gewünschten Geldnachfrage abweicht, kommt es über Veränderungen des Preisniveaus zu einer Anpassung des realen Geldangebots an die gewünschte Geldnachfrage. Diese Argumentation ist allerdings mißverständlich. Konfrontiert man sie mit den tatsächlichen Abläufen im monetären Sektor, so zeigt sich, daß das (nominale) Geldangebot keineswegs von den währungspolitischen Instanzen vorgegeben wird. Das Geldangebot resultiert vielmehr aus dem Zusammenspiel zwischen Geschäfts- und Nichtbanken. Es ist also von der Geldnachfrage her determiniert. Dies heißt aber auch, daß vom Geldangebot keine selbständigen inflationären Impulse ausgehen können, da das Geldangebot nur Reflex der gewünschten Geldhaltung ist. Formal wirkt das Verhalten der Nichtbanken, also die Geldnachfrage, und das der Geschäftsbanken über die Höhe des Geldschöpfungsmultiplikators auf das Geldangebot ein. Dies bedeutet freilich nicht, daß die geldpolitischen Instanzen keine Verantwortung für inflationäre Prozesse trügen. Über die Festlegung der Konditionen, zu denen sich die Geschäftsbanken bei der Notenbank refinanzieren können, vermögen sie Einfluß auf die Ausgabeentscheidungen der Nichtbanken und damit auch auf die Höhe der Geldnachfrage der Nichtbanken zu nehmen. Drohen beispielsweise die Ausgabenentscheidungen der privaten Wirtschaftssubjekte und die hierzu erforderliche Geldmenge das Wachstum des realen Produktionspotentials zu überschreiten, kann die Zentralbank diesem sich abzeichnenden inflationären Druck durch Anhebung der Geldmarktsätze entgegenwirken. Auf der anderen Seite kann die Notenbank einen monetären Nachfragesog erzeugen, indem sie einen bewußt expansiven Kurs fährt, also reichlich Zentralbankgeld zu niedrigen Zinssätzen anbietet, um die Ausgabeentscheidungen der Nichtbanken zu beflügeln.

Anders hingegen argumentiert die *nichtmonetäre Nachfragesogtheorie*. Im Mittelpunkt der Analyse stehen hier die einzelnen Nachfrageaggregate. Natürlich stellt sich sofort die Frage, warum denn einzelne Komponenten der Gesamtnachfrage steigen sollen, ohne daß etwa Einkommensänderungen oder monetäre Anreize diese Erhöhungen ausgelöst haben. Folgende Plausibilitätsüberlegungen sprechen für solche Möglichkeiten:

- Wahlgeschenke und Aufblähungen des Staatsapparats führen zu inflationär wirkenden Ausgabenschüben.

- Die private Konsumgüternachfrage könnte steigen aufgrund von Veränderungen der Konsumneigung, der Einkommens- und Vermögensverteilung sowie der Bevölkerungsentwicklung.

- Technische Neuerungen, Konkurrenzdruck sowie verbesserte Zukunftserwartungen können zu inflationären Ausgabenschüben bei der privaten Investitionsgüternachfrage führen.

– Schließlich ist die Nettoauslandsnachfrage als Inflationsverursacher ins Kalkül zu ziehen. Etwa dann, wenn bei festen Wechselkursen das Ausland stärker als das Inland inflationiert oder dort die Einkommen schneller zunehmen und dadurch die Exporte steigen, die Nachfrage nach inländischen Produkten somit zunimmt. Inflationäre Effekte können auch entstehen, wenn bei flexiblen Wechselkursen kapitalbilanzinduzierte reale Wechselkursabwertungen einen Nachfrageschub aus dem Ausland auslösen.

Eine strukturelle Variante der nicht-monetären Nachfragesogtheorie hebt auf Veränderungen der Nachfragestruktur und partielle Preisinflexibilitäten nach unten ab. Trotz unveränderter Gesamtnachfrage kann es danach zur Inflation kommen, wenn den Preissteigerungen in Teilbereichen mit steigender Nachfrage etwa infolge unzureichenden Wettbewerbs keine kompensierenden Preisrückgänge in Teilbereichen mit rückläufiger Nachfrage gegenüberstehen. Man spricht hier auch von *struktureller Inflation*.

Zur Klärung inflationärer Prozesse können obige Ansätze jedoch nur dann herangezogen werden, wenn sie nicht nur eine einmalige, sondern eine anhaltende Nachfrageänderung bewirken. Zum anderen muß eine monetäre Alimentierung gewährleistet sein. Eine monetäre Alimentierung kann sich dabei aus zwei Quellen speisen: zum einen aus einer Ausweitung der Geldmenge, zum anderen durch eine steigende Umlaufgeschwindigkeit, wobei - bei gegebener Technik im Zahlungsverkehr - letzteres allerdings nur in engen Grenzen möglich ist. Eine Ausweitung der Geldmenge wiederum stößt dann an ihre Grenzen, wenn die Notenbank dies nicht mehr toleriert und mit zinspolitischen Maßnahmen gegenhält.

1.2 Angebotsdrucktheorien

Neben den sog. Nachfragesogtheorien lassen sich auch *Angebotsdrucktheorien* als Erklärungsansätze identifizieren. Gemeinsam ist den Angebotsdrucktheorien, daß hier die Anbieter die Preise autonom heraufsetzen, ohne daß die Nachfrage diese Preiserhöhung gestatten müßte; die Anbieter nehmen also letztlich Absatzrückgänge in Kauf. Prinzipiell lassen sich in diesem Zusammenhang drei Ansatzpunkte ausmachen: Gewinndruck, Kostendruck und erhöhte Steuer- und Abgabenbelastungen (administrierte Preise).

Die These eines *autonomen Gewinndrucks* beruht auf der Vorstellung vermachteter Märkte, in denen es den einzelnen Anbietern möglich ist, autonom die Preise hochzusetzen. Probleme bereitet jedoch die Frage, wie es aufgrund des Gewinndrucks zu einem anhaltenden Anziehen der Preise kommen soll. Ist nämlich das Gewinnmaximum erreicht, so ist ein weiteres gewinninduziertes Ansteigen der Preise nicht mehr plausibel. Lediglich ein Ansteigen des Konzentrationsgrades, somit eine weitere Vermachtung der Märkte, könnte dann noch zur Begründung herangezogen werden. Auch wenn eine inflationsrelevante Konzentrationszunahme zweifelhaft ist, bedeutet dies freilich nicht, daß intensiver Wettbewerb für die Inflationsentwicklung weithin irrelevant und deshalb *Wettbewerbspolitik* insoweit entbehrlich wäre. Im Gegenteil: Zum einen begrenzt intensiver Wettbewerb generell die Preiserhöhungsmöglichkeiten auf Güter- und Faktormärkten. Zum anderen zwingt er die Marktbeteiligten zu ständiger Leistungsverbesserung wie auch zu flexibler Reaktion auf geänderte Angebots- und Nachfragebedingungen. Beides wirkt produktivitätssteigernd und dämpft daher die Inflation. Erwähnt sei auch noch ein indirekter Stabilitätsbeitrag des Wettbewerbs. Je intensiver der Wettbewerb, desto durchschlagskräftiger ist eine auf Preisniveaustabilität ausgerichtete Wirtschaftspolitik. Marktmacht hingegen erlaubt es, sich zumindest zeitweilig dem restriktiven wirtschaftspolitischen Zugriff zu entziehen.

Die These eines *autonomen Kostendrucks* fußt auf der Überlegung, daß Erhöhungen der Faktorpreise für Kapital, Arbeit, etc., die von den Unternehmen nicht durch entsprechende Produktivitätssteigerungen aufgefangen werden können, zu Stückkostenerhöhungen führen, die Unternehmen in der Form von Preiserhöhungen an ihre Kunden weitergeben.[111]

An erster Stelle ist der sog. Lohnkostendruck zu erwähnen. Nach dieser These gelingt es den Gewerkschaften aufgrund ihrer Machtposition, Nominallohnsteigerungen durchzusetzen, die über den Produktivitätssteigerungen liegen. Ursächlich für massive Lohnforderungen mag das Ziel sein, die Einkommensverteilung zugunsten der abhängig Beschäftigten zu ändern. Es kann auch sein, daß der Wettbewerb zwischen Einzelgewerkschaften zu einem Aufschaukeln von Lohnforderungen führt. Nominallohnsteigerungen aber, die über den Produktivitätszuwachs hinausgehen, führen zu einem Anstieg der

---

[111] Auch hier läßt sich analog zur strukturellen Variante der nicht-monetären Nachfragesogtheorie eine „*strukturelle Inflation*" identifizieren. Selbst bei gesamtwirtschaftlicher Übereinstimmung von Produktivitäts- und Kostenentwicklung werden dann inflationäre Effekte entstehen, wenn den stückkostenbedingten Preissteigerungen in Teilbereichen wegen fehlenden Wettbewerbs keine Preissenkungen in den Bereichen überdurchschnittlicher Produktivitätssteigerung gegenüberstehen.

Lohnstückkosten.[112,113] Zu den Lohnkosten zählen auch die Lohnnebenkosten wie etwa Arbeitgeberanteile zur Renten- oder Krankenversicherung, für deren Höhe allerdings weithin der Staat und nicht die Tarifparteien verantwortlich sind.

Eine zweite Quelle des Kostendrucks ist in steigenden Importpreisen zu sehen. Steigende Importpreise können auf zwei Ursachen zurückgehen: auf steigende Weltmarktpreise für die fraglichen Importgüter und auf die Entwicklung des Wechselkurses. Aufgrund der internationalen Arbeitsteilung kann vielfach, zumindest kurzfristig, auf bestimmte Importe (z. B. Rohstoffe) nicht verzichtet werden. Mangels Substitutionsmöglichkeiten schlagen Preiserhöhungen bei solchen Gütern dann auf das Inland durch. Generell stellt sich dieses Problem, wenn bei festen Wechselkursen die ausländische Inflationsrate die inländische übersteigt. Neben unmittelbar steigenden Importpreisen kann ein Überspringen der Preissteigerungen auf das Inland auch dadurch zustande kommen, daß die Exporteure die Preiserhöhungsmöglichkeiten auf ausländischen Märkten zum Anlaß nehmen, auch im Inland die Preise zu erhöhen.

Bei Wechselkursen, für die keine Absprachen existieren, die sich also am Markt frei herausbilden können („flexible Wechselkurse"), kommt die Wechselkursentwicklung als eigenständige Inflationsursache hinzu, wobei hier häufig zu beobachtende, starke Schwankungen der Wechselkurse das eigentliche Problem darstellen. Zur Analyse der Auswirkungen derartiger Wechselkursschwankungen auf das Preisniveau ist ein Maßstab erforderlich, um prüfen zu können, ob mit den Wechselkursbewegungen eine Über- bzw. Unterbewertung der jeweiligen Währungen verbunden ist. Hierzu wird weithin auf die *Kaufkraftparitätentheorie* zurückgegriffen, wonach Wechselkursänderungen auf die

---

[112] Die Lohnstückkosten beziehen die „Lohnkosten" auf das Produktionsergebnis, bei dessen Zustandekommen allerdings alle Produktionsfaktoren mitwirken. Zur Ermittlung der Lohnstückkosten für die Gesamtwirtschaft ist es gebräuchlich, den Index der Bruttoeinkommen aus unselbständiger Arbeit je Beschäftigten mit dem Index des realen Bruttoinlandsprodukts je Erwerbstätigen in Beziehung zu setzen. Steigende Lohnstückkosten drücken auf die Gewinnmarge der Unternehmen und führen so tendenziell zu Preisanhebungen.

[113] Eine spezielle Variante einer Lohnkostendruck-Inflation beschreibt der *Balassa-Samuelson-Effekt*. Wenn in einer Wirtschafts- und Währungsunion Länder unterschiedlicher Entwicklungs- und Produktivitätsniveaus zusammengeschlossen sind, werden in den weniger entwickelten Ländern durch den intensiveren Wettbewerb in den für den Außenhandel relevanten Sektoren Produktivitäts- und Lohnangleichungsanpassungen nach oben stattfinden. Die Lohnsteigerungen schlagen auch auf die Sektoren ohne Außenhandelsverbundenheit und deshalb niedrigerem Produktivitätsfortschritt durch. Hierdurch kommt es zu Lohnstückkosten- und Preissteigerungen.

unterschiedlichen Inflationsraten zurückgehen. Wenn Wechselkursschwankungen nur zu einem Ausgleich unterschiedlicher Inflationsraten führen, bleibt der *reale Wechselkurs* unverändert. Sie ermöglichen eine Abkopplung von der Inflationsentwicklung im Ausland, ohne daß durch die Wechselkursentwicklung selbst die internationale Wettbewerbsfähigkeit des jeweiligen Landes beeinflußt wird. Die in der Realität auftretenden starken Wechselkursschwankungen kommen aber keineswegs diesem Idealbild nahe. Vielmehr gehen sie weitgehend mit entsprechenden Veränderungen der realen Wechselkurse einher.

Kommt es beispielsweise zu einer (realen) Aufwertung, so hat dies eine Verbilligung der Einfuhrpreise zur Folge. Ob und mit welcher zeitlichen Verzögerung diese Preissenkungen an den Endverbraucher weitergegeben werden, hängt zum einen von der Wettbewerbsintensität auf den einzelnen Märkten und zum anderen von der Art der importierten Produkte ab. Bei Fertigprodukten wird dies tendenziell schneller gehen als bei Vorleistungen, die erst im Inland weiterbearbeitet werden. Abwertungen hingegen führen zu einer Verteuerung der Einfuhrpreise. Zu zusätzlichem Preisauftrieb kommt es, wenn die Exporteure ihre abwertungsbedingten Preiserhöhungsspielräume im Ausland zum Anlaß nehmen, ihre Produkte auch im Inland zu verteuern.

Wie rasch reale Auf- und Abwertungen auf die inländischen Preise durchschlagen, hängt von der Wettbewerblichkeit der einzelnen Märkte sowie von der (erwarteten) Dauerhaftigkeit einer bestimmten Wechselkursbewegung ab. Eher unwahrscheinlich ist, daß sich aufeinanderfolgende reale Auf- und Abwertungsphasen in ihrer Gesamtwirkung auf das Ziel der Preisniveaustabilität ausgleichen, da die Preis- und Lohnflexibilitäten asymmetrisch sind, d. h. nach oben größer sind als nach unten. So werden Unternehmen eher dazu tendieren, die Preise nach wechselkursbedingten Einfuhrpreisverteuerungen zu erhöhen als sie infolge von Verbilligungen zu senken. Nahezu ausgeschlossen ist es, daß Importverbilligungen zu Nominallohnsenkungen führen, wohingegen Lohnzuschläge bei importpreisbedingten Preisniveauerhöhungen durchaus üblich sind. Starke Wechselkursschwankungen dürften also insgesamt zu einem Mehr an Inflation führen.

Schließlich kann außer von Kapitalkostensteigerungen (Zinserhöhungen) auch von einer Erhöhung der *„administrierten Preise"*, also von staatlichen Preissetzungen, ein inflationärer Druck ausgehen. Zu denken ist bei letzteren an Erhöhungen von indirekten Steuern (z. B. Mineralölsteuer, Mehrwertsteuer) und an Gebühren und Preise, die von den Kommunen festgesetzt werden (z. B. für Wasser, Strom, Gas, öffentlichen Nahverkehr).

Lohnkostendruck, steigende Einfuhrpreise und Steuererhöhungen können auch gemeinsam auftreten. Außenwirtschaftlich bedingte Preissteigerungen oder Steuererhöhungen können von Gewerkschaften zum Anlaß genommen werden, die dadurch bedingten Realeinkommenssenkungen durch Nominallohnsteigerungen auszugleichen (*Zweitrundeneffekt*). Weitere Preissteigerungen sind die Folge. Dieser Zusammenhang sei anhand des gesamtwirtschaftlichen Angebots-/Nachfrageschemas illustriert.

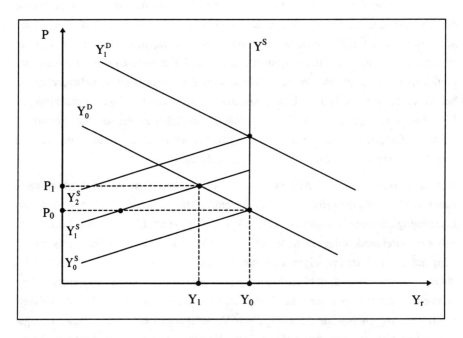

Die Ausgangssituation sei ein Vollbeschäftigungsgleichgewicht Y_0, P_0. Wenn nun beispielsweise die Importpreise steigen, erhöhen sich die Produktionskosten. Die Angebotsfunktion verschiebt sich nach oben ($Y_0^S \rightarrow Y_1^S$). Beim Preisniveau P_0 besteht bei Y_1^S eine Übernachfrage, so daß das Preisniveau auf P_1 steigt. Gegenüber der Ausgangssituation sind Reallohn, Produktion und Beschäftigung gefallen.

Wenn nun die Gewerkschaften zum Ausgleich der Reallohnsenkungen höhere Nominallöhne durchsetzen, kommt es zu einem erneuten Kostenschub (Y_2^S) mit weitergehenden Produktions- und Beschäftigungseinschränkungen. Wird versucht, die Unterbeschäftigung z. B. mittels expansiver Geldpolitik ($Y_0^D - Y_1^D$) zu bekämpfen, wird die Inflation weiter angeheizt. Die inflationsbedingten Reallohnsenkungen führen zu weiteren Nominallohnforderungen etc.. Werden zur Bekämpfung der Inflation restriktive Maßnahmen ergriffen (Linksverschiebung der Y^D-Kurve), wird die Unterbeschäftigungssituation weiter verschärft.

Aus den vorstehenden Ausführungen wird deutlich, daß eine durch Kostendruck ausgelöste Inflation nicht mit einer wirtschaftspolitischen Beeinflussung der Gesamtnachfrage bekämpft werden kann. Nachfrageexpansion verschärft die Inflation, Nachfragerestriktion die Arbeitslosigkeit. Nachfragesteuerung ist nur dann ursachenadäquat, wenn eine monetär geschaffene bzw. abgestützte Nachfrageerhöhung die Inflation verursacht hat. Liegen die Ursachen der Inflation auf der Angebotsseite, müssen auch hier die wirtschaftspolitischen Maßnahmen ansetzen. Wenn eine durch Importpreissteigerung bewirkte Umverteilung zugunsten des Auslandes nicht vermieden werden kann und eine binnenwirtschaftliche Umverteilung zulasten der Unternehmergewinne nicht (mehr) möglich ist, bleibt nur noch Zurückhaltung bei der Einkommenskategorie Löhne.

Diese Zurückhaltung dient nicht nur dem Ziel der Preisniveaustabilität, sondern auch dem Beschäftigungsziel (Kap. VIII). Kräftige, über den Produktivitätsfortschritt hinausgehende Nominallohnsteigerungen, wie sie das Lohn-Kaufkraft-Argument empfiehlt, verschärfen hingegen Inflation *und* Arbeitslosigkeit. Selbst wenn es zeitweilig gelingen sollte, das Beschäftigungsproblem durch Inflationsbeschleunigung zu überdecken, bleibt es nur ein Hinausschieben des Problems. Die Bekämpfung der Inflation ist letztlich unabdingbar, weil erfahrungsgemäß Inflationen dahin tendieren, sich selbst zu beschleunigen, indem sie entsprechende Erwartungen entstehen lassen.

1.3 Erwartungsinduzierte Inflation

Mit *Inflationserwartungen* als eigenständiger Inflationserklärung ist gemeint, daß es genügt, Inflation zu erwarten, um sie entstehen zu lassen. Zwei Ansatzpunkte lassen sich hierbei unterscheiden. Einmal kann ein erwartungsinduzierter Nachfragedruck entstehen. Vermindern nämlich die Wirtschaftssubjekte ihre Kassenhaltung, um sie der Geldentwertung zu entziehen (Ökonomisierung der Kassenbestände), so kommt es über ein Ansteigen der Umlaufgeschwindigkeit zu einer erhöhten monetären Nachfrage, was inflationsauslösend wirken kann. Andererseits ist aber auch ein erwartungsinduzierter Kostendruck nicht auszuschließen. In Erwartung einer bestimmten Inflationsrate kann es dann zu entsprechenden Preisanhebungen kommen, die die erwartete Inflationsrate durch ihre Antizipation auch eintreten lassen. Die Erwartung bestätigt sich selbst. Im einzelnen sind hier insbesondere folgende Übertragungskanäle auszumachen:

- Lohnfindung
  Kommt es (nachfragebedingt) zu höheren Inflationserwartungen, so schlagen diese sich i.d.R. auch in höheren Nominallohnforderungen der Gewerkschaften (Reallohnsicherung) nieder. Andererseits sind in einem solchen Fall aber auch die Arbeitgeber eher zu höheren Abschlüssen bereit, da diese dann annehmen, höhere Nominallöhne auch über höhere Preise überwälzen zu können.

- Zinsbildung
  Höhere Inflationserwartungen finden auch ihren Niederschlag in den langfristigen Zinsen, da die Anleger eine bestimmte Realverzinsung (Nominalverzinsung abzüglich Inflationsrate) ihres Kapitals anstreben. Wird eine Beschleunigung der Inflation erwartet, so werden die Anleger bei gegebenem Kapitalmarktzinssatz nicht mehr bereit sein, ihre Mittel langfristig anzulegen. Durch diese Verknappung des Kapitalangebots steigt der Zinssatz und so die im Kapitalmarktzins enthaltene Inflationsprämie. Steigende Finanzierungskosten aber wirken preistreibend.

- Bewertung des Außenwerts
  Höhere Inflationserwartungen können wegen befürchteter inflationsbedingter Exporteinbußen Abwertungserwartungen auslösen und so zur Vermeidung von Kursverlusten Kapitalabflüsse bewirken. Die Kapitalabflüsse wiederum verstärken den Abwertungsdruck. Eine Abwertung der Währung führt aber über steigende Importpreise und in einem zweiten Schritt über höhere Lohnforderungen zum Ausgleich der abwertungsbedingten Kaufkraftverluste zu Kosten- und Preiserhöhungen.

Im Hinblick auf die Realität ist hier aber auch auf das Zusammenwirken der bisher geschilderten Inflationsursachen zu verweisen. Ursprünglich nachfrage- oder angebotsinduzierte Preisniveauerhöhungen können über einen entsprechenden Einfluß auf die Inflationserwartungen zu einem selbsterhaltenden inflationären Prozeß führen. Lehrreich für ein solches Zusammenspiel verschiedener Inflationsursachen sind die Erfahrungen, die nach der deutschen Wiedervereinigung gemacht wurden, wobei der inflationäre Anstoß im wesentlichen von einer stark steigenden Staatsverschuldung ausgelöst wurde:[114]

---

[114] Vgl. hierzu auch: K. Ruckriegel, Staatsverschuldung als Auslöser inflationärer Prozesse, in: WISU, 24. Jg. (1995), S. 578-581.

Die Staatsverschuldung erhöhte sich von 990 Mrd. DM im Juni 1990 auf 1900 Mrd. DM zum Jahresende 1994. Die Nettokreditaufnahme stieg sprunghaft an, und zwar von 10 Mrd. DM im Jahre 1989 (nur Westdeutschland) über 135 Mrd. DM im Jahre 1991 auf den Spitzenwert von 180 Mrd. DM im Jahre 1993 (jeweils für Gesamtdeutschland). Hinzu kam die Schuldübernahme im Rahmen der Währungsunion, die eine wesentliche Voraussetzung für die Entfaltung kaufkräftiger Nachfrage in den neuen Bundesländern war. All dies führte zu einer merklichen Belebung der gesamtwirtschaftlichen Nachfrage, die auf eine gegen Ende der 80er Jahre bereits stark gestiegene Kapazitätsauslastung in Westdeutschland stieß. Die angesichts der guten Ertragslage der Unternehmen hohen Lohnabschlüsse führten in den Jahren 1991 und 1992 zu einem sprunghaften Anstieg der Lohnstückkosten. Inflationstreibend wirkten ferner Anhebungen indirekter Steuern. Die Folge von Nachfrage- und Kostenentwicklung war eine deutliche Beschleunigung der Inflationsrate von 2,8% im Jahre 1989 auf 4,2% im Jahre 1993. Zwar hätten von der Finanzierungsseite durch Kreditfinanzierung und Emission von Staatsanleihen zinsbedingte *crowding-out-Effekte* ausgehen können, doch durch die monetäre Alimentierung blieben diese Bremswirkungen aus. Dieser Sachverhalt wird einmal dadurch charakterisiert, daß bei der staatlichen Inanspruchnahme des Kapitalmarktes in Höhe von 850 Mrd. DM (1990 - 1993) zur gleichen Zeit vom Ausland 450 Mrd. DM zuflossen. Zum anderen wird die monetäre Alimentierung von der Geldmengenentwicklung unterstrichen. Bewegte sich diese 1989 noch im von der Bundesbank anvisierten Korridor, erreichte sie in den Jahren 1990 und 1991 jeweils den oberen Rand, um in den beiden folgenden Jahren in deutlichen Zielüberschreitungen einzumünden. Insbesondere 1992 wurde die Zielgröße von 3,5% bis 5,5% mit 9% drastisch überschritten. Vermutlich haben das - historisch nicht ungerechtfertigte - Vertrauen auf einen gleichwohl stabilitätsorientierten geldpolitischen Kurs der Bundesbank, möglicherweise aber auch investitionsdämpfende Wirkungen befürchteter zukünftiger Steuererhöhungen dafür gesorgt, daß die tatsächliche Inflationsentwicklung sich nicht in entsprechenden Inflationserwartungen verfestigte.

2. Inflationswirkungen

Bei den Inflationswirkungen kann zwischen binnenwirtschaftlichen Beschäftigungs-, Verteilungs- und Wachstumswirkungen einerseits und außenwirtschaftlichen Wirkungen andererseits unterschieden werden. Die Wirkungen sind jedoch interdependent.

2.1 Beschäftigungswirkungen

Im Rahmen der Beschäftigungswirkungen konzentriert sich die Diskussion auf den Verlauf der sog. *Phillips-Kurve* und damit auf die Frage, inwieweit sich mit Hilfe inflationärer Prozesse die Arbeitslosigkeit vermindern läßt. Die Phillips-Kurve hatte in ihrer ursprünglichen Gestalt keinen unmittelbaren Bezug zur Inflation. A. W. Phillips hatte die Entwicklung von Nominallöhnen und Arbeitslosigkeit gegenübergestellt und dabei einen inversen Zusammenhang gefunden. Dies heißt freilich nicht, daß die Arbeitslosigkeit durch sehr niedrige Nominallohnsteigerungen vergrößert bzw. durch kräftige Erhöhungen verringert werden könnte. Vielmehr spiegelt der inverse Zusammenhang die unterschiedliche Verhandlungsstärke von Gewerkschaften in Abhängigkeit der Arbeitsmarktsituation wider: Bei niedriger Arbeitslosenquote können höhere Lohnsteigerungen durchgesetzt werden als bei hoher Arbeitslosenquote. Für das Ausmaß der Arbeitslosigkeit und damit auch für die Verhandlungsstärke der Gewerkschaften kommt wiederum der Gesamtnachfrageentwicklung maßgebliche Bedeutung zu.

2.1.1 Inflation als Preis für Beschäftigung

Der Inflationsbezug wurde erst mit der *modifizierten Phillipskurve* hergestellt. Sie unterscheidet sich von der *ursprünglichen Phillipskurve* dadurch, daß der Arbeitslosenquote anstatt der Nominallohnzuwachsrate die Inflationsrate gegenübergestellt wird. Dieser Änderung liegt der einfache Sachverhalt zugrunde, daß bei Nominallohnerhöhungen, die den Arbeitsproduktivitätsfortschritt überschreiten, die Lohnstückkosten steigen. Von den Lohnstückkostenerhöhungen wird wiederum angenommen, daß sie die Inflation entsprechend beschleunigen.

Die inverse Beziehung zwischen Inflationsrate und Arbeitslosenquote in der modifizierten Phillipskurve legte eine wirtschaftspolitische Wahlmöglichkeit zwischen Preisniveaustabilität und Vollbeschäftigung nahe: Eine geld- und fiskalpolitische Erhöhung der Gesamtnachfrage wird zwar die Inflation beschleunigen, jedoch zugleich einen Beitrag zum Abbau der Arbeitslosigkeit leisten. Umgekehrt ist eine erfolgreiche Inflationsbekämpfung mit erhöhter Arbeitslosigkeit zu bezahlen.

Empirische Untersuchungen zeigten jedoch, daß es eine im Zeitablauf stabile (modifizierte) Phillipskurve und mithin den trade-off zwischen Preisniveaustabilität und Vollbeschäftigung nicht gibt. Dies ist allerdings auch nicht erstaunlich, wenn man von der üblichen Überlegung ausgeht, daß das Arbeitsangebot positiv und die Arbeitsnachfrage negativ mit der Reallohnentwicklung korrelieren. So sind die die Arbeitsnachfrage stimulierenden Reallohnsenkungen im Theoriezusammenhang der modifizierten Phillipskurve schwer konstruierbar, da sich hier die Inflation als Differenz zwischen Nominallohn- und Arbeitsproduktivitätsentwicklung ergibt, Reallohnsenkungen also nur im seltenen Fall absoluter Arbeitsproduktivitätsrückschritte zustande kommen. Hinter der Arbeitsproduktivitätsentwicklung herhinkende Nominallohnerhöhungen helfen auch nicht weiter, weil die Differenz sich nun in Preissenkungen niederschlagen müßte. Aber selbst wenn man sich von der engen Verknüpfung von Lohnstückkosten und Inflation löst, weil der Aufschlagssatz auf die Lohnstückkosten[115] in Abhängigkeit von der Nachfrageentwicklung schwanken dürfte, ist allenfalls ein temporärer Beschäftigungseffekt zu erwarten. Diese auf Milton Friedman zurückgehende Kritik soll an einem einfachen Beispiel erläutert werden.

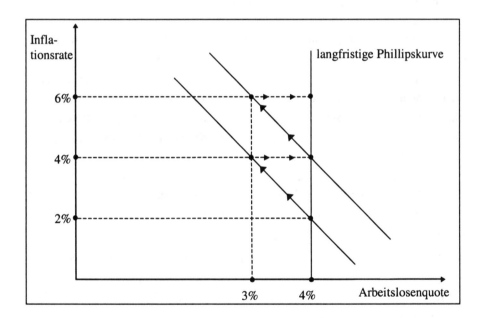

---

[115] Preis = Lohnstückkosten · (1 + Aufschlagssatz).

In der Ausgangssituation sei eine Arbeitslosenquote von 4% gegeben. Diese Arbeitslosenquote von 4% soll der sog. *„natürlichen Arbeitslosenquote"* entsprechen. Für die natürliche Arbeitslosenquote sind friktionelle und strukturelle Ursachen verantwortlich. Selbst bei global ausreichenden Beschäftigungsmöglichkeiten ist nämlich eine gewisse Arbeitslosigkeit unvermeidbar, weil der Wechsel des Arbeitsplatzes in der Regel Zeit benötigt. Außerdem haben wir es laufend mit strukturellen Änderungen zu tun, z. B. in der Form von Verlagerungen der Produktion und der Beschäftigung zwischen Branchen oder Regionen. Die hierdurch notwendige Mobilität der Arbeitskräfte ist ohne zeitweilige Arbeitslosigkeit nicht zu bewältigen.

Bei der Arbeitslosenquote von 4% betrage die Inflationsrate 2%. Die Steigerung des Nominallohnes sei in dieser Ausgangssituation ebenfalls 2%; sie gleicht somit gerade den Inflationsverlust aus. Von Produktivitätssteigerungen soll hier vereinfachend abgesehen werden. Expansive wirtschaftspolitische Maßnahmen mögen nun Spielräume für Preis- und Nominallohnerhöhungen eröffnen. Für mögliche Beschäftigungswirkungen ist entscheidend, daß die Erwartungen der Unternehmen von denen der Arbeitnehmer abweichen. Angenommen die Nominallöhne steigen als Folge der Nachfragebelebung um 3% und die Unternehmen erhöhen angesichts der guten Absatzlage den Aufschlagssatz auf die Lohnstückkosten so, daß sich letztlich eine Inflationsrate von 4% ergibt. In diesem Fall sinkt der Reallohn und die Unternehmen dehnen die Beschäftigung aus. Bilden die Arbeitnehmer hingegen ihre Inflationserwartungen aufgrund der Vergangenheit (*adaptive Erwartungsbildung*) und gehen sie weiterhin von einer Inflationsrate von 2% aus, so ist aus ihrer Sicht der Reallohn angestiegen; sie erhöhen ihr Arbeitsangebot. Beides führt also dahin, daß die Beschäftigung steigt, somit die Arbeitslosenquote sinkt.[116]

Gleichwohl sind die möglichen Beschäftigungswirkungen nur vorübergehender Natur. Wenn die Arbeitnehmer bemerken, daß der tatsächliche Preisniveauanstieg über dem erwarteten liegt und tatsächlich keine Reallohnerhöhung, sondern sogar eine Reallohnsenkung stattfand, werden sie die Erhöhung des Arbeitsangebots wieder rückgängig machen. Dies führt bei der durch die expansive Wirtschaftspolitik erhöhten Arbeitskräftenachfrage zu Nominallohnerhöhungen, die die erhöhte Inflationsrate ausgleichen. Am Ende des Prozesses ist die Arbeitslosenquote wieder auf das alte „natürliche" Niveau

---

[116] Vgl. auch die Ausführungen zur preiselastischen gesamtwirtschaftlichen Angebotsfunktion in Kapitel IX.4.

gestiegen bei einer Beschleunigung der Inflationsrate von 2% auf 4%. Lediglich durch eine weitere Beschleunigung der Inflation läßt sich in Zukunft wieder ein temporärer Beschäftigungseffekt erzielen. Die Beschleunigung (bezogen auf das Beispiel: über 4%) ist deshalb erforderlich, weil die „alte" Inflationsrate von 4% die aktuellen Erwartungen bestimmt (*Akzelerationshypothese*). Gehen die Arbeitnehmer hingegen von ihrer vergangenheitsbezogenen, d.h. adaptiven Erwartungsbildung ab und gelingt es ihnen, die tatsächlich eintretende Inflationsrate richtig abzuschätzen und diese in den Lohnverhandlungen erfolgreich geltend zu machen, so kann nicht einmal kurzfristig ein Beschäftigungseffekt auftreten, weil Reallohnsenkungen demgemäß unterbleiben. Es ergibt sich nur noch eine Bewegung auf der langfristigen Phillipskurve.[117]

2.1.2 Politikineffektivität bei rationalen Erwartungen

Diskutiert wird diese These wirtschaftspolitischer Wirkungslosigkeit im Rahmen der insbesondere mit R. E. Lucas verbundenen Neuen (klassischen) Makroökonomik. Diese geht von *rationaler Erwartungsbildung* aus, wobei deren Vertreter die monetäre Nachfragesogtheorie als zutreffende Inflationserklärung unterstellen. Dies bedeutet, daß es für die Arbeitnehmer bzw. für die Gewerkschaften genügt, die Entwicklung der nominalen Geldmenge und der realen Angebotsmöglichkeiten zu beobachten, um Inflation zutreffend prognostizieren zu können. Sind die Preiserwartungen zutreffend und wird deshalb die Preisentwicklung richtig antizipiert, ergeben sich keine realen und mithin auch keine Beschäftigungseffekte.

Die Bildung rationaler Erwartungen ist nach den rigorosen Modellvorstellungen der Neuen Klassischen Makroökonomik jedoch mit hohen Kosten verbunden, da stets alle verfügbaren Informationen, einschließlich derer über die Fortentwicklung des „richti-

---

[117] Der – zumindest langfristig – vertikale Verlauf der Phillipskurve wird von einigen Autoren (Tobin, Akerlof u. a.) für den Bereich sehr niedriger Inflationsraten in Zweifel gezogen. Niedrige Inflationsraten würden als Schmiermittel zur Senkung der Reallöhne dienen, um die negativen Beschäftigungseffekte nach unten starrer Nominallöhne abzumildern. Das Herunterdrücken einer Inflationsrate von drei oder zwei Prozent auf ein noch niedrigeres Niveau würde danach zu deutlichen Beschäftigungseinbußen führen. Diese Argumentation krankt vor allem daran, daß bei steigender Arbeitsproduktivität auch bei nach unten starren Nominallöhnen die Lohnstückkosten sinken. Da auf längere Sicht von steigender Arbeitsproduktivität ausgegangen werden kann, entstehen auch bei absolut starren Nominallöhnen Spielräume zu Beschäftigungserhöhung. (Zu einer theoretischen und empirischen Kritik siehe O. Issing, Why price stability?, in: Herrero, A.G./Gaspar, V./Hoogduin, L./Morgan, J./Winkler, B. (Ed.), First ECB Central Banking Conference, Frankfurt 2001, S. 190 f.).

gen" makroökonometrischen Modells, gesammelt und verarbeitet werden müßten. Ganz abgesehen von der Frage des „wahren" makroökonomischen Modells zur Erklärung bzw. Prognose der zu erwartenden Inflationsrate. Ein allgemein akzeptiertes Modell zur Inflationserklärung existiert (bislang) nicht. Realistischer dürfte es wohl sein, daß „rationale" Erwartungen vielmehr vor dem Hintergrund eines bestimmten, subjektiv gefärbten Wissens- und Informationsstandes gebildet werden. Der Fall nicht antizipierter Preissteigerungen und damit auch von Produktions- und Beschäftigungszunahmen ist somit keineswegs auszuschließen.[118]

Führt der Versuch die „natürliche Arbeitslosenquote" durch expansive Wirtschaftspolitik zu verringern, letztlich zu höherer Inflation, wäre dementsprechend eine stabile „natürliche" Unterbeschäftigung mit gleichbleibender Inflationsrate verbunden. Diese Vorstellung liegt der *NAIRU* (Non-Accelerating Inflation Rate of Unemployment) zugrunde: Eine über der „natürlichen Arbeitslosenquote" liegende Arbeitslosigkeit dämpft die Inflation; im anderen Fall wird die Inflation beschleunigt. Die Arbeitslosenquote könnte also als Maßgröße möglicher Inflationsgefahren dienen.

Der Informationswert der NAIRU darf jedoch nicht überbewertet werden. Zum einen lassen sich nur Schätzungen der „natürlichen Arbeitslosenquote" vornehmen, die naturgemäß mit Unsicherheiten behaftet sind. Zum anderen kann nicht von einer zeitlich stabilen „natürlichen Arbeitslosenquote" ausgegangen werden. Selbst wenn eine inflatorische Nachfrageexpansion zutreffend antizipiert wird und sie daher letztlich ungeeignet ist, die „natürliche Arbeitslosigkeit" zu verringern, so bedeutet dies nicht, daß diese Arbeitslosigkeit kampflos hingenommen werden müßte. Die beschäftigungspolitischen Maßnahmen müssen jedoch bei den Ursachen ansetzen, und zwar durch verbesserte Information über die Arbeitsmarktbedingungen, Förderung der Arbeitskräftemobilität und Lohn(struktur)flexibilität.

---

[118] Zudem wird auch von Vertretern rationaler Erwartungen die Möglichkeit von handlungsbestimmenden Irrtümern betont. So liegt der *Lucas' Angebotsfunktion* die Vorstellung zugrunde, die Unternehmer würden inflatorische Entwicklungen als unternehmensindividuelle Preissteigerungen interpretieren und deshalb ihr Angebot ausweiten. Wird bemerkt, daß allgemeine Preissteigerungen als Veränderung der relativen Preise mißverstanden worden waren, kommt es zur Korrektur der früheren Produktionsentscheidungen. Irrtümer bewirken also Outputschwankungen. - Angesichts der Informationsmöglichkeiten über inflatorische Entwicklungen erstaunt es aber doch, daß solche Irrtümer mit rationalen Erwartungen vereinbar sein sollen.

2.2. Verteilungswirkungen

Im Rahmen der Verteilungswirkungen werden insbesondere drei Thesen diskutiert: die Benachteiligung der Arbeitnehmer (Lohn-Lag-Hypothese), die Umverteilung zu Lasten der Transfereinkommensbezieher sowie die Benachteiligung von Gläubigern (Gläubiger-Schuldner-Hypothese).

Der *Lohn-Lag-Hypothese* liegt die Überlegung zugrunde, daß Nominallohnerhöhungen hinter Preisniveauerhöhungen herhinken würden, so daß die abhängig Beschäftigten zumindest temporäre Inflationsverlierer, die Unternehmen entsprechende Inflationsgewinner seien. Dies setzt jedoch zum einen voraus, daß bei den Lohnverhandlungen die zukünftige Inflationsrate nicht zutreffend antizipiert wird, zum anderen darf nicht der Inflationstypus einer lohnkosteninduzierten Angebotsdruckinflation vorliegen, da hier ja quasi automatisch die Nominallohnerhöhungen mit den Preisniveauerhöhungen einhergehen, wenn nicht gar zeitlich vorgelagert sind. Insgesamt dürfte die Einkommensverteilung zu Lasten der Arbeitnehmer durch Inflation unter den heutigen institutionellen Bedingungen und Informationsmöglichkeiten nicht von durchschlagendem Gewicht sein.

Eine durch Inflation bedingte Benachteiligung der Transfereinkommensbezieher (insbesondere der Rentner) liegt dann vor, wenn deren Bezüge allenfalls verzögert an die Inflation angepaßt werden. Insbesondere vor dem Hintergrund, daß die Entscheidung hierüber weitgehend im politischen Raum getroffen wird und daß sich ein Einsetzen für diese Gruppe als äußerst stimmenwirksam niederschlagen kann, ist diese These nicht pauschal aufrechtzuerhalten. Lediglich bei Betriebsrenten, deren Inflationsanpassung häufig äußerst zögerlich erfolgt, sind die behaupteten Verteilungswirkungen nicht von der Hand zu weisen.

Ausgangspunkt der sog. *Gläubiger-Schuldner-Hypothese* bildet die Überlegung, daß durch Inflation der Realwert von Forderungen und Verbindlichkeiten sinkt. Der Schuldner scheint also begünstigt zu werden. Dies setzt aber voraus, daß die zukünftige Inflationsrate sich nicht zutreffend in der Höhe des Nominalzinssatzes widerspiegelt bzw. keine Zinsanpassung während der Laufzeit des Kontraktes vorgesehen ist. Da in einem inflationären Umfeld exakte Prognosen der Inflationsrate über Jahre hinweg kaum möglich sind, werden die Kapitalgeber entweder hohe Risikozuschläge für langfristiges Kapital fordern oder nur noch kurzfristige Mittel bereitstellen bzw. auf Zinsgleitklauseln drängen. Während im ersten Fall viele Investitionsvorhaben bereits am hohen Marktzinssatz scheitern, wird im zweiten Fall die Investitionskalkulation mit zusätzlichen

Unsicherheitselementen belastet. Beides aber wirkt tendenziell investitions- und wachstumshemmend. In dieselbe Richtung geht, daß die Angst vor inflationsbedingten Vermögenseinbußen insgesamt die Ersparnisbildung beeinträchtigen kann.

2.3. Wachstumswirkungen

In der Diskussion möglicher Wachstumswirkungen der Inflation finden sich empirisch fundierte Hinweise, daß inflationäre Prozesse mit Verzerrungen der Preise einhergehen, die nicht nur eine Zunahme der allgemeinen Investitionsrisiken bedeuten, sondern zugleich strukturelle Verzerrungen bei der Investitionstätigkeit hervorrufen können. So kann das Bemühen der Wirtschaftssubjekte, ihr Kapital in möglichst inflationsgeschützten Bereichen anzulegen, Fehlinvestitionen verursachen. Dies trifft etwa zu, wenn im Vertrauen auf überdurchschnittliche Preissteigerungen in den Neubau von Wohnungen investiert wurde, die spekulativen Preiserwartungen von der tatsächlichen Nachfrage aber nicht honoriert wurden. Nach Abebben der Inflation wird die Fehlinvestition offenkundig.

Die Zunahme der Unsicherheit bei Investitionsentscheidungen beruht auf der Überlegung, daß inflationäre Prozesse sich nicht im selben Ausmaß auf alle Güter- und Faktorleistungen auswirken. Die Inflation bewirkt eine Verzerrung der Preisstruktur im marktwirtschaftlichen System. Beobachtbare Veränderungen der Preise sind dann nicht mehr ohne weiteres auf realwirtschaftlich bedingte Knappheitsveränderungen zurückzuführen, sondern können genauso gut inflationsbedingt sein; in diesem Falle signalisieren Veränderungen der relativen Preise nicht mehr Informationen über realwirtschaftlich bedingte Knappheitsänderungen, was zu Fehlentscheidungen im marktwirtschaftlichen System und somit zur Fehlallokation führt. Deutlich zutage treten diese Strukturverzerrungen selbstverständlich erst nach Überwindung der Inflation.

Die Inflation kann noch aus einem weiteren Grund wachstumshemmend sein. Wird eine inflatorisch wirkende Politik der Nachfrageexpansion betrieben, haben die meisten Unternehmen keine Absatzprobleme. Die Sorgfalt bei der Kontrolle der Investitionsentscheidung wird beeinträchtigt, und zwar sowohl bei den investierenden Unternehmen als auch bei den Kredit gewährenden Banken. Die inflatorische Politik begünstigt mithin Kapitalverschwendung; die Kapitalproduktivität sinkt und drückt auf das Wirtschaftswachstum.

Wachstumsschädlich wirken auch der Ressourcenverbrauch zur Absicherung gegen Inflation (*Schuhsohlen-Kosten*: Ressourcenverbrauch aufgrund einer inflationsbedingten

Verringerung der Kassenhaltung und Suche nach möglichst inflationsfreien Anlagen; *Speisekarten-Kosten*: Ressourcenverbrauch durch häufige Änderungen von Preislisten) sowie anreizschädliche Verzerrungseffekte durch das Steuer- und Sozialsystem (Progression).[119]

Empirische Untersuchungen legen die Vermutung nahe, daß die negativen Wachstumsfolgen der Inflation sich kaum bemerkbar machen, wenn die Inflationsraten sich auf dem niedrigen Niveau von etwa 3% bis 4% bewegen ("schleichende Inflation"). Bei deutlich höheren Inflationsraten schlagen die negativen Folgen jedoch durch. Da Inflationen erfahrungsgemäß den Keim der Selbstbeschleunigung in sich tragen, erscheint eine frühzeitige Bremsung inflatorischer Prozesse erforderlich.

2.4. Beeinträchtigung der internationalen Wettbewerbsfähigkeit

Bisher wurden nur binnenwirtschaftliche Auswirkungen der Inflation betrachtet. Bezieht man das Ausland ein, so tritt eine weitere negative Auswirkung von Preisniveausteigerungen in Erscheinung. Infolge der steigenden inländischen Güterpreise sinkt nämlich die internationale Wettbewerbsfähigkeit der Volkswirtschaft. Das ist jedenfalls dann der Fall, wenn die Preise im Inland schneller als im Ausland steigen und die Wechselkurse stabil gehalten werden. Die Ausländer müssen dann bei den gegebenen Umtauschkursen mehr für inländische Waren und Dienstleistungen bezahlen.

Im Falle flexibler Wechselkurse wird die inflationsbedingte Beeinträchtigung des Exports durch Abwertung der eigenen Währung gebremst. Der Leistungsbilanzausgleich - vom Kapitalverkehr sei vereinfachend abgesehen - erfolgt partiell aber auch über die Importseite, weil zu importierende Konsumgüter oder Vorprodukte der Unternehmen durch die Abwertung teurer werden. Diese höheren Konsumgüterpreise und Produktionskosten belasten aber die einheimische Wirtschaft.

---

[119] Neuere empirische Untersuchungen hierzu finden sich in Martin Feldstein (Hrsg.), The Costs and Benefits of Price Stability, Chicago u.a. 1999.

XI. Kapitel

Konjunkturschwankungen und Wirtschaftswachstum

Mit der Erörterung von Inflationsursachen und -folgen im vorangegangenen Kapitel und den dort aufgezeigten möglichen Beschleunigungseffekten durch Wechselwirkungen von Nachfragesog- und Kostendruckelementen im Zeitablauf wurde zugleich beispielhaft die zeitliche Dimension ökonomischer Prozesse angesprochen. Diese dynamische Perspektive ist konstitutiv für die Analyse zweier wirtschaftstheoretisch wie wirtschaftspolitisch sehr wichtiger Problemfelder, auf die noch kurz eingegangen werden soll: Konjunkturschwankungen und Wirtschaftswachstum.

Konjunktur und Wachstum sind miteinander verknüpfte Phänomene, was schon daraus hervorgeht, daß zur empirischen Erfassung gesamtwirtschaftliche Produktions- und Einkommensgrößen herangezogen werden und jeweils deren Veränderung im Zeitablauf interessieren. Der entscheidende Unterschied liegt im zeitlichen Horizont theoretischer Erklärung wie auch wirtschaftspolitischer Orientierung. Die (kurzfristigen) Schwankungen wirtschaftlicher Aktivität innerhalb eines Zeitraums von etwa vier bis fünf Jahren sind Objekt der Konjunkturtheorie und -politik. Die (langfristigen) Entwicklungen über mehrere Konjunkturzyklen hinweg sind Gegenstand der Wachstumstheorie und -politik.

1. Erfassung und Erklärung konjunktureller Schwankungen

Das Konjunkturphänomen läßt sich am einfachsten durch ein idealtypisches Schema des Konjunkturverlaufs verdeutlichen.

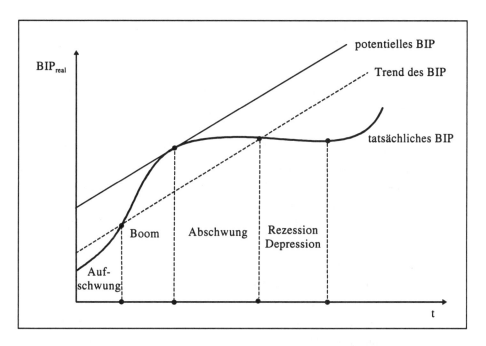

In der Realität sind weder ein derartiger linearer Anstieg des Produktionspotentials noch solch gleichförmige Schwankungen des tatsächlichen Bruttoinlandsprodukts anzutreffen. Die typisierende Darstellung erlaubt jedoch durchaus die Erfassung der Charakteristika von Konjunkturzyklen. Wie aus der Abbildung hervorgeht, lassen sich *Konjunkturschwankungen* als Schwankungen der Auslastung des Produktionspotentials oder auch als Schwankungen der tatsächlichen Produktion um den langfristigen Produktionstrend erfassen. Ein weiteres, wegen seiner leichten Verfügbarkeit sehr verbreitetes Meßverfahren hebt auf die prozentualen (jährlichen) Veränderungsraten des realen Bruttoinlandsprodukts ab.

Bei der Unterteilung des gesamten Konjunkturzyklus sind die wiedergegebene Vierteilung und die Phasenbezeichnungen vorherrschend. Die Richtungsänderungen konjunktureller Entwicklung vom Boom zum Abschwung und von der Rezession zum Aufschwung werden - mathematisch nicht korrekt - als *Wendepunkte* bezeichnet. Als Bezugsgröße zur Beschreibung des Konjunkturverlaufs dient vornehmlich die Entwicklung des Bruttoinlandsprodukts, und zwar des realen, um mögliche Verzerrungen durch inflatorische Prozesse auszuschalten. So wird üblicherweise in der Boomphase, wo die Grenzen der *Kapazitätsauslastung* erreicht sind, auch eine Inflationsbeschleunigung beobachtbar sein. Eine Beschleunigung der Inflation muß jedoch nicht wie im Boom auf eine die Produktionsmöglichkeiten übersteigende Nachfrage zurückgehen, sie könnte auch die Folge eines Kostenschubs bei möglicherweise unausgelasteten Kapazitäten sein.

Das Ausmaß der Konjunkturschwankungen und ihre regelmäßige Wiederkehr[120] sind Erklärungsgegenstand der Konjunkturtheorie. *Die allgemeine und zugleich empirisch fundierte Konjunkturtheorie gibt es bislang nicht.* Vielmehr existiert eine schier unübersehbare Fülle von Hypothesen und Modellen, auf die hier nur grob charakterisierend eingegangen werden kann. Eine geläufige, dem schwerpunktmäßigen Erklärungsansatz folgende Unterscheidung ist die zwischen *realen* und *monetären Konjunkturtheorien*. Konjunkturschwankungen können primär durch realwirtschaftliche Faktoren wie beispielsweise Innovationen, Strukturänderungen, verteilungsbedingte Änderungen der Konsumgüternachfrage oder primär durch monetäre Faktoren wie zum Beispiel außenwirtschaftlich verursachte Liquiditätsänderungen und geldpolitische Maßnahmen ausgelöst werden. In der Regel wird man jedoch im ersten Fall von monetär, im zweiten Fall von realwirtschaftlich abgestützten, sich aber wechselseitig beschleunigenden Auf- und Abschwungprozessen auszugehen haben. Ein stilisiertes Bild solcher kumulativen Prozesse könnte - ohne daß hiermit *der* typische Konjunkturzyklus suggeriert werden soll - folgendermaßen aussehen:

Im Tiefpunkt der Rezession[121] mögen die Kreditzinsen infolge geringer Kreditnachfrage und/oder expansiver geldpolitischer Maßnahmen so weit gefallen sein, daß in Teilbereichen der Wirtschaft Investitionen wieder als lohnend angesehen werden. Es mag aber auch sein, daß die Unternehmen den inländischen Nachfragerückgang durch verstärkte Exportbemühungen auszugleichen trachten. Solche monetären und realen Änderungen beleben die Investitionsgüternachfrage, wodurch vorgelagerte Wirtschaftsbereiche zusätzliche Nachfrageimpulse erhalten, die ihrerseits weitergehende Gewinn- und (häufig verzögert) Lohneinkommenssteigerungen, Konsumerhöhungen usw. nach sich ziehen. Mit zunehmender Kapazitätsauslastung versuchen die Unternehmen ihre Produktions-

---

[120] Wählt man zur Erfassung der konjunkturellen Entwicklung die Wachstumsrate des realen Bruttoinlandsprodukts, so betrug nach dem zweiten Weltkrieg in der Bundesrepublik Deutschland die Zykluslänge regelmäßig 4-5 Jahre. Lediglich in der zweiten Hälfte der 70er Jahre des letzten Jahrhunderts wurde diese Regelmäßigkeit einmal durchbrochen.

[121] Mit Rezession wird üblicherweise eine Situation rückläufiger, aber noch positiver Wachstumsraten des Bruttoinlandsprodukts bezeichnet. Depression meint hingegen eine Situation absoluten Rückgangs des Bruttoinlandsprodukts.

möglichkeiten weiter auszudehnen, wobei die aktuelle günstige Wirtschaftslage (Absatz- und Gewinnsteigerungen) optimistische Zukunftserwartungen begünstigt, die ihrerseits die Investitionstätigkeit beflügeln. Der Aufschwung verläuft vorläufig ungebremst, da auf den Faktormärkten noch keine Engpässe wirksam werden, die durch Lohnstückkosten- und Kreditzinserhöhungen die Entwicklung abbremsen.

Selbstverständlich kann diese Aufwärtsentwicklung nicht unbegrenzt anhalten. Mit sich beschleunigender Nachfrageexpansion werden in immer mehr Teilbereichen der Wirtschaft Kapazitätsschranken deutlich, ohne daß gesamtwirtschaftlich bereits Vollauslastung vorliegen müßte. In diesen Teilbereichen wird es zu Preissteigerungen kommen und damit ein allgemeiner Inflationsprozeß in Gang gesetzt. Dieser Inflationsprozeß kann während der Boomphase noch Selbstverstärkungseffekte dadurch entwickeln, daß die Wirtschaftssubjekte nun bei ihren Plänen und Entscheidungen steigende Inflationsraten kalkulieren. Den höheren zukünftigen Inflationsraten versucht man durch Ausdehnung der aktuellen Nachfrage zu den noch niedrigeren Preisen zu entgehen. Hierdurch wird der Inflationsprozeß angeheizt.

Diese mehr oder weniger inflationär aufgeblähte Entwicklung trägt jedoch den Keim des Umkippens in die Abwärtsentwicklung bereits in sich. Neben den Grenzen des Produktionspotentials werden monetäre Restriktionen zunehmend spürbar, die teils Folge der hohen Kreditnachfrage, insbesondere aber auch Folge eines restriktiven Kurses der Notenbank sind, der zur Verfolgung des Ziels der Preisniveaustabilität erforderlich wird. Die Belastung der Unternehmen durch diese Nachfragedämpfung wird am Höhepunkt des Booms vielfach noch verschärft durch steigende Kostenbelastungen in der Form nachhinkender Lohnsteigerungen, deren Höhe an der günstigeren früheren Wirtschaftslage orientiert ist. Die Unternehmer geraten in die Schere rückläufiger Nachfrage und steigender Kostenbelastungen; der Abschwung ist programmiert. Nachfrageausfall bei Konsumgütern und Investitionsrückgänge verstärken sich gegenseitig und führen, gepaart mit pessimistischen Erwartungen, in eine *Rezession* oder gar *Depression* (absolute Einkommensrückgänge) hinein. In der Rezession bilden sich wieder die Bedingungen für einen neuen Aufschwung heraus.

Auf eine formale Darstellung von Konjunkturmodellen soll hier verzichtet werden.[122] Kurz erläutert sei lediglich ein einfaches Modell, das in den meisten Einführungstexten zur Volkswirtschaftslehre nachgelesen werden kann. Dieses Modell wurde von *Samuelson* Ende der 30er Jahre entwickelt und baut auf der Kombination von Multiplikator und Akzelerator auf (*Multiplikator-Akzelerator-Modell*). Diese beiden Bausteine sind aus dem IV. Kapitel bekannt. Intuitiv ist bereits klar, daß das Ausmaß von Aufschwungs- und Abschwungsprozessen von der Höhe der Akzelerator- und Multiplikatorkoeffizienten abhängt. Mathematisch lassen sich nun bestimmte Parameterkonstellationen ermitteln, die die Abbildung von Konjunkturzyklen entsprechenden Schwingungen erlauben. Mit der Identifikation bestimmter Werte für Akzelerator und Multiplikator sind jedoch Annahmen verknüpft (Konstanz der Parameter im Konjunkturverlauf), die in realen Konjunkturzyklen gerade nicht gegeben sind, so daß der konjunkturpolitische Ertrag der auf diesen Elementen aufbauenden Modelle gering ist.

Für die *Konjunkturpolitik* von elementarer Bedeutung sind Informationen über die aktuelle und insbesondere zukünftige konjunkturelle Situation, auf die sich die wirtschaftspolitischen Maßnahmen beziehen. Ziel der Konjunkturpolitik ist, das Ausmaß der Schwankungen durch antizyklisches Gegensteuern (*Stabilisierungspolitik*) zu dämpfen. Hierfür sind insbesondere zwei Gründe maßgebend. Einmal sind die prozyklischen Begleiterscheinungen in der Form von Arbeitslosigkeit einerseits und Inflation andererseits wirtschaftspolitisch unerwünscht. Zum anderen wird befürchtet, daß ungedämpfte Schwankungen die längerfristige Entwicklung beeinträchtigen. Je länger eine Boomphase mit zunehmender Inflation wirtschaftspolitisch geduldet wird, umso gravierender werden die Inflationswirkungen. Diese müssen schließlich doch bekämpft werden; allerdings ist die erforderliche Eingriffsintensität mit zunehmender Handlungsverzögerung höher, so daß das Risiko einer wirtschaftspolitisch erzeugten *Stabilisierungskrise* mit Produktions- und Beschäftigungszusammenbrüchen wächst.

Bei der Wahl geeigneter *Konjunkturindikatoren* ist weiterhin zu beachten, daß jede wirtschaftspolitische Maßnahme Zeit erfordert, bis sie die erwünschte Wirkung erzielt. Eine erfolgversprechende Konjunktur- bzw. Stabilisierungspolitik müßte also idealerweise

---

[122] Insbesondere die Modelle der *Neuen Klassischen Makroökonomik* oder der *Real Business Cycle Theory* (RBC) operieren mit sehr restriktiven Vorgaben wie ständige Markträumung und vollständige Konkurrenz. Auch Annahmen wie Fehleinschätzungen trotz rationaler Erwartungsbildung und exogen vorgegebene Technologieschocks machen die Übertragbarkeit auf reale Konjunkturentwicklungen schwierig.

weise zum Maßnahmezeitpunkt Informationen über die konjunkturelle Situation zum Zeitpunkt der Wirkung der Maßnahme besitzen. Diesem Erfordernis sollen sog. Frühindikatoren dienen.

Die wichtigsten *Frühindikatoren* sind auf Umfragen beruhende Einschätzungen der Unternehmen, Baugenehmigungen und Auftragseingänge. In der Praxis der Konjunkturbeobachtung liegt dabei das Hauptaugenmerk beim Verarbeitenden Gewerbe und beim Bauhauptgewerbe, da diese beiden Sektoren, die zusammen mit der Elektrizitäts- und Gasversorgung das Produzierende Gewerbe bilden, das Zentrum konjunktureller Schwankungen ausmachen. So führt etwa das Ifo-Institut monatlich eine Umfrage zum Geschäftsklima und zu den Exporterwartungen der Unternehmen durch; sie ergeben ein recht zutreffendes Bild über die „Stimmungslage" bei den Unternehmen und lassen so gewisse Rückschlüsse auf die Investitionsbereitschaft in den nächsten Monaten zu. Aufgrund der Baugenehmigungen können mit großer Sicherheit die Bauausführungen in den kommenden zwei Jahren vorausgesagt werden. Die Auftragseingangsstatistik liefert Informationen über die Auftragslage, also mit welchem Absatz in den folgenden Monaten gerechnet werden kann. Als *Präsensindikatoren*, die den aktuellen Stand der Konjunktur beschreiben, dienen die Entwicklung der Produktion bzw. der Kapazitätsauslastung.[123] *Spätindikatoren* sind solche, die hinter der Konjunktur herhinken. Hierzu zählen insbesondere die Preis- und die Beschäftigungsentwicklung. Die verzögerte Preisentwicklung ergibt sich, weil in der konjunkturellen Aufwärtsentwicklung erst bei Erreichen der Kapazitätsgrenzen die Preise deutlich anziehen. Ähnlich verhält es sich bei der Beschäftigungsentwicklung. In der Rezession baut sich wegen Kündigungsschutzregelungen und Vermeidung von Entlassungs- bzw. Einstellungskosten in gewissem Umfang eine versteckte Arbeitslosigkeit auf. Diese wird in der Aufschwungsphase zunächst abgebaut, so daß der Abbau offener Arbeitslosigkeit verzögert erfolgt.

Der empirische Sachverhalt, daß Preis- und Beschäftigungsentwicklung Spätindikatoren sind, ist deshalb besonders wichtig, weil die wirtschaftspolitischen Instanzen sich häufig an diesen Indikatoren orientieren, also erst dann gegensteuernde Maßnahmen ergreifen, wenn die Arbeitslosigkeit oder die Inflation bereits ein politisch nicht mehr tolerierbares

---

[123] Zahlen zu den Auftragseingängen und zur Produktion werden monatlich erhoben und liegen etwa mit einer vierwöchigen Verzögerung vor. Umfrageergebnisse des Ifo Instituts über die Kapazitätsauslastung im Verarbeitenden Gewerbe liegen vierteljährlich, über die Geräteauslastung im Bauhauptgewerbe monatlich vor. Um den Trend der konjunkturellen Bewegung herauszufiltern, vor allem also witterungs- und ferienbedingte Ausschläge auszuschalten, werden die Zahlen i.d.R. saisonbereinigt.

Maß überschritten hat. Da aber Arbeitslosenquoten und Inflationsraten erst nachträglich Konjunkturprobleme belegen, kommen die stabilisierungspolitischen Maßnahmen zu spät, müssen stärker dosiert werden und /oder werden erst zu einem Zeitpunkt wirksam, wo aufgrund des zyklischen Verlaufs der Konjunktur die gegenteilige Maßnahme angebracht wäre. Einer der Kritikpunkte von *M. Friedman* an der praktizierten Stabilisierungspolitik betont gerade diesen verzögerungsbedingten Destabilisierungseffekt.

2. Wirtschaftswachstum

Wirtschaftliches Wachstum wird in der Regel durch die jährliche reale Wachstumsrate des Nationaleinkommens (Brutto- oder Nettonationaleinkommen) gemessen. Eine geläufige Präzisierung ist die Formulierung als Wachstumsrate pro Kopf. Wirtschaftswachstum ist nicht Selbstzweck, sondern Mittel zur Erhöhung des Lebensstandards der Bevölkerung.[124] Daß Nationaleinkommensgrößen hierüber nur begrenzt informieren können, wurde bei der Kritik der Volkswirtschaftlichen Gesamtrechnung bereits angesprochen. So kann beispielsweise die Umweltqualität durchaus als Bestandteil des Lebensstandards der Bevölkerung aufgefaßt werden. Da die Erfassung von Umweltnutzungen in der Volkswirtschaftlichen Gesamtrechnung bislang sehr unzulänglich erfolgt, ist diese qualitative Dimension des Wirtschaftswachstums entsprechend verzerrt. Diese Unzulänglichkeiten im volkswirtschaftlichen Rechenwerk bedeuten aber nicht, daß zwischen Wachstums- und Umweltziel konkurrierende Beziehungen vorlägen.

Wichtiger als definitorische Fragen sind selbstverständlich die nach den Wachstumsursachen und den wachstumspolitischen Möglichkeiten. Hier können nur skizzenhaft einige Grundüberlegungen angedeutet werden. Bei der Erörterung der Bestimmungsgründe des Produktions- und Einkommensniveaus wurde darauf hingewiesen, daß *Keynes* die Nachfrageseite in den Vordergrund stellte, weil er von einer Unterauslastung der Kapazitäten ausging. Die Investitionstätigkeit interessiert in diesem Zusammenhang deshalb auch nur als (multiplikativ wirkende) Nachfragekomponente. Diese sog. kurzfristige Analyse klammert jedoch den wichtigen Sachverhalt aus, daß Nettoinvestitionen zusätzliche Kapazitäten schaffen (*Kapazitätseffekt*), Investitionen also die Nachfrage- und die Angebotsbedingungen zugleich verändern.

---

[124] Aus diesem Grund wird im Rahmen von Wachstumsanalysen auch nicht das Inlandsprodukt, sondern das Nationaleinkommen als Meßgröße verwendet.

Diese Problemstellung wurde von *E. D. Domar* und *R. F. Harrod* aufgegriffen. Sie fragten nach der Wachstumsrate, bei der Kapazitäts- bzw. Produktionsentwicklung einerseits und Einkommens- bzw. Nachfrageentwicklung andererseits stets im Gleichgewicht sind. Die Einkommens-/Nachfrageseite kann durch die bekannte, hier lediglich auf Veränderungen abgestellte, Multiplikatorbeziehung beschrieben werden:

$$\Delta Y = \frac{1}{s} \cdot \Delta I^n$$

Die Kapazitäts-/Produktionsänderung läßt sich als Produkt aus Veränderung des Kapitalbestandes bzw. der diese bestimmenden Investitionen und marginaler Kapitalproduktivität ($\Delta P/I^n$) ausdrücken. Im Anschluß an *Domar* ist allerdings statt der marginalen Kapitalproduktivität deren reziproker Wert, der *marginale Kapitalkoeffizient* ($C' = I^n/\Delta P$), gebräuchlich.

$$\Delta P = \frac{1}{C'} \cdot I^n$$

Im Gleichgewicht müssen die Kapazitätsentwicklung (ΔP) und die diese auslastende Nachfrageentwicklung (ΔY) übereinstimmen, so daß gilt:

$$\frac{1}{C'} \cdot I^n = \frac{1}{s} \cdot \Delta I^n \qquad \text{bzw.}$$

$$\frac{\Delta I^n}{I^n} = \frac{s}{C'}$$

Die gleichgewichtige *Entwicklung* ist also dann gewährleistet, wenn die Investitionen mit der Rate s/C' wachsen. Variieren s ($= \Delta S/\Delta Y$) und C'($= I^n/\Delta P$ bzw. wegen der Gleichgewichtsbedingung ($\Delta P \equiv \Delta Y$) $I^n/\Delta Y$) im Zeitablauf nicht, ist die Wachstumsrate der Investitionen selbstverständlich konstant.

Gleichgewicht impliziert weiterhin, daß Investieren und Sparen übereinstimmen, also $\Delta I^n/I^n = \Delta S/S$. Geht man zudem von der empirisch begründeten Annahme der Konstanz der Sparquote (S/Y) aus, müssen die Wachstumsraten der Investitionen und des Sparens mit der Wachstumsrate des Sozialprodukts übereinstimmen. Aufgrund dieser Überlegungen gelangt man zu der auf *Domar* und *Harrod* zurückgehenden Wachstumsgleichung:

$$\frac{\Delta Y}{Y} = \frac{s}{C'}$$

Da im Gleichgewicht Spar- und Investitionspläne übereinstimmen, läßt sich die Wachstumsformel auch folgendermaßen schreiben:

$$\frac{\Delta Y}{Y} = \frac{i}{C'} \qquad (i = \text{Investitionsquote})$$

Festzuhalten ist, daß diese sog. *postkeynesianische Wachstumstheorie* keine Erklärung des Wirtschaftswachstums liefert, sondern die (logischen) Bedingungen für gleichgewichtiges Wachstum aufzeigt.

Löst man sich von diesem theoretischen Hintergrund, kann die Wachstumsgleichung auch als eine Zerlegung der Wachstumsrate des Sozialprodukts ($\Delta Y/Y$) in die beiden Wachstumskomponenten *Investitionsquote* (I^n/Y) und marginaler Kapitalkoeffizient ($I^n/\Delta Y$) aufgefaßt werden:

$$\frac{\Delta Y}{Y} = \frac{\dfrac{I^n}{Y}}{\dfrac{I^n}{\Delta Y}}$$

Investitionsquote und marginaler Kapitalkoeffizient (bzw. dessen Kehrwert: marginale Kapitalproduktivität) erscheinen hier als logische Bestimmungsgründe der Wachstumsrate des Sozialprodukts. Für die Wachstumspolitik kann diese Aufspaltung nützlich sein, wenn die unabhängigen Variablen dieser Komponenten und deren wirtschaftspolitische Beeinflussungsmöglichkeiten bekannt sind.

Ein zweiter Ast der Wachstumstheorie ist die sog. *neoklassische Wachstumstheorie*. Ihr Kernstück ist die makroökonomische Produktionsfunktion, mit deren Hilfe die Wachstumsrate des Sozialprodukts in Abhängigkeit von den Produktionsfaktoren bestimmt werden kann. In vereinfachter Schreibweise lautet die Beziehung:

$$\frac{\Delta Y}{Y} = a\frac{\Delta A}{A} + b\frac{\Delta K}{K} + \frac{\Delta T}{T}$$

Die Wachstumsrate wird also auf die mit den Parametern a und b gewichteten quantitativen Änderungen von Arbeit und Kapital sowie auf die Veränderungsrate des technisch-ökonomischen Wissens zurückgeführt. Gegenüber dem postkeynesianischen Ansatz erscheint hier der Faktor Arbeit ausdrücklich als Wachstumskomponente; Bevölkerungsentwicklung und/oder Änderung des Erwerbsverhaltens können die konkreten Ausprägungen dieses Wachstumsbeitrags sein. Die Fortschrittskomponente hat eine gewisse Verwandtschaft mit dem marginalen Kapitalkoeffizienten. Während im postkeynesianischen Ansatz alle Wachstumsbeiträge, die nicht der Investitionsquote zurechenbar sind, notwendigerweise auf den marginalen Kapitalkoeffizienten entfallen, gilt für die neoklassische Wachstumstheorie, daß die Fortschrittskomponente alle die Wachstumsursachen umschließt, die nicht mit den Beiträgen von Arbeit und Kapital erfaßt werden. Die Fortschrittskomponente ist deshalb von elementarer Bedeutung, weil für die Produktionsfaktoren Arbeit und Kapital sinkende Grenzproduktivitäten angenommen werden, ohne technischen Fortschritt mithin langfristig kein Wachstum des Pro-Kopf-Einkommens möglich ist.

Während mit der Beeinflussung des Arbeitsangebots und der Investitionstätigkeit die wachstumspolitischen Ansatzpunkte relativ leicht aufzudecken sind, ist dies bei der Produktivitäts- bzw. Fortschrittskomponente erheblich schwieriger. Hierzu müßten deren Ursachen und Beeinflussungsmöglichkeiten bekannt sein. Die herkömmliche neoklassische Wachstumstheorie hilft hier nicht weiter, da der technische Fortschritt als exogene Größe angesehen wird und damit unerklärt bleibt. Dieser Mangel ist deshalb so gravierend, weil empirische Untersuchungen zu dem Ergebnis kamen, daß internationale und intertemporale Wachstumsunterschiede in wesentlich größerem Umfang auf diese qualitativen Größen als auf die Quantitäten der Faktoren Arbeit und Kapital zurückgehen.

Seit Ende der 80er Jahre hat sich ein neuer Zweig der (neoklassischen) Wachstumstheorie entwickelt, der diesen Mangel zu überwinden versucht, indem der technische Fortschritt aus dem Wachstumsprozeß heraus erklärt wird (*endogene Wachstumstheorie*). Betont wird einmal das Humankapital, um das das Realkapital erweitert werden müsse. In dem Humankapital ist neues Wissen inkorporiert, das nicht nur von seinem Erfinder, sondern von vielen Anwendern genutzt werden kann und im Sinne positiver *externer Effekte* sinkenden Grenzproduktivitäten der Produktionsfaktoren entgegenwirkt. Als Verstärker wirken Lerneffekte im Zuge der Anwendungen und Nutzungen von Neuerungen (*Learning by Doing*). Darüber hinaus bleiben technische Fortschritte nicht auf den Entstehungsbereich beschränkt, sondern werden auch in anderen Bereichen genutzt und wirken dort ebenfalls produktivitätssteigernd (*Spill-Over-Effekte*). Das wirtschaftliche Wachstum wirkt so gleichermaßen als eingebautes Schwungrad der Wachstumsbeschleunigung. Die Folge ist, daß entgegen der nach der traditionellen neoklassischen Wachstumstheorie zu erwartenden Wachstumskonvergenz - diese ergäbe sich, weil wegen der sinkenden Grenzproduktivitäten in den reicheren Ländern die Produktionsfaktoren in die ärmeren Länder mit (noch) höheren Grenzproduktivitäten abwandern würden -, eher mit Wachstumsdivergenz zu rechnen ist. Von einer internationalen Einkommensangleichung kann in der Tat (bislang) nicht die Rede sein.

Grundlegend neue wachstumspolitische Implikationen ergeben sich aus der endogenen Wachstumstheorie nicht. Bildungspolitische Maßnahmen zur Hebung des Ausbildungsniveaus der Bevölkerung erscheinen ebenso angebracht wie die Begünstigung von Neuerungsaktivitäten und Abbau von Technikfeindlichkeit. Problematisch erscheinen hingegen gelegentlich gezogene wachstumspolitische Schlußfolgerungen, die auf Wettbewerbsbeschränkungen und/oder staatliche Subventionen hinauslaufen: Da das neue Wissen nicht exklusiv von den Erfindern, sondern auch von anderen als Trittbrettfahrer genutzt werden könne, bliebe die Wissensproduktion unter ihrem Optimalwert. Staatliche Hilfs- und Schutzmaßnahmen wären deshalb neuerungs- und wachstumsgünstig. Solche Forderungen sind jedoch unvereinbar mit Ergebnissen empirischer Untersuchungen, die stark die Vermutung unterstreichen, daß Produktivitätsfortschritte besonders von ordnungspolitischen Bedingungen abhängen. Maßnahmen zur Schaffung und Sicherung der für die Marktwirtschaft elementaren Wettbewerbsordnung kommt danach ein hoher Stellenwert zu.

Die Bedeutung der Ordnungspolitik für das wirtschaftliche Wachstum läßt sich beispielhaft anhand der von *Walter Eucken* formulierten „*konstituierenden Prinzipien*" einer Wettbewerbsordnung verdeutlichen. Vorrangig ist danach ein stabiler Geldwert. Die Inflation verfälscht die Wirtschaftsrechnung, führt deshalb infolge von Fehlsteuerungen der Investitionen zu Produktivitätseinbußen und - bei hohen Inflationsraten - schließlich auch zur Erlahmung der Investitionstätigkeit selbst. Die Produktivitätskomponente wird ebenfalls unmittelbar durch die Forderung nach Offenhaltung der Märkte angesprochen. Wird durch wettbewerbsbeschränkende Praktiken oder staatliche Privilegierungen der Marktzugang für inländische oder ausländische Konkurrenten versperrt, wird der wettbewerbliche Ausleseprozeß ausgehöhlt. Produktivitätsbeeinträchtigend wirkt auch die Aufhebung des Privateigentums (an den Produktionsmitteln), da hierdurch die Verbindung zwischen ökonomischer Entscheidung und den Folgen dieser Entscheidung in der Form von Gewinnen und Verlusten gelöst wird. Ähnliche Beeinträchtigungen sind anzunehmen, wenn einerseits die Suche nach der ökonomisch zweckmäßigsten Lösung durch staatliche Beschneidungen der Vertragsfreiheit eingeengt wird oder wenn andererseits die für Pläne und Entscheidungen Verantwortlichen sich der Haftung entziehen können. Schließlich gehört zur Sicherung der Wettbewerbsordnung die Konstanz der Wirtschaftspolitik. In einer Marktwirtschaft ist es selbstverständlich, daß die Wirtschaftssubjekte die auf Unsicherheit beruhenden Risiken ihrer Entscheidungen zu tragen haben. Werden diese Risiken jedoch künstlich erhöht, indem der Staat die Unternehmen beispielsweise einem Wechselbad von Privatisierungen und

Verstaatlichungen oder von expansiver und restriktiver Wirtschaftspolitik (stop-and-go-policy) aussetzt, sind Wachstumsbeeinträchtigungen die Folge.

Übungsaufgaben

I. VGR

Für Deutschland liegen gesamtwirtschaftlich folgende Daten vor:

Bruttoinvestitionen (I^b) darunter: I^b des Staates 25	100	Sozialbeiträge (Sozb.)	50
Abschreibungen (D) darunter: D des Staates 10	25	Konsum (C) darunter: C des Staates 90	255
Indirekte Steuern (T^i)	40	Exporte (Ex)	125
Subventionen (Z)	10	Transferzahlungen des Staates an die privaten Haushalte (Tr_{St}^{Hh}) an das Ausland (Tr_{St}^{A})	25 10
Faktoreinkommen des Inlands vom Ausland (FE_A^I)	10	Faktoreinkommen des Auslands vom Inland (FE_I^A)	5
Faktoreinkommen des Inlands vom Inland (FE_I^I)	340	Direkte Steuern von den Unternehmen (T^d_U) von den privaten Haushalten (T^d_{Hh})	15 35

Anmerkungen: Weitere Transferzahlungen existieren nicht. Der Staat bezieht keine Faktoreinkommen und nimmt keine Verkäufe vor. Weder zahlt die Europäische Union Subventionen an Deutschland, noch erhält die Europäische Union Produktions- und Importabgaben von Deutschland.

a) Erstellen Sie das gesamtwirtschaftliche Produktionskonto, das gesamtwirtschaftliche Einkommenskonto, das gesamtwirtschaftliche Vermögensänderungskonto sowie das Auslandskonto. Schließen Sie diese Konten ab und bezeichnen Sie evtl. Salden.
b) Ermitteln Sie das Bruttonationaleinkommen.
c) Ermitteln Sie anhand der sektoralen Konten das Sparen des Staates sowie den Finanzierungssaldo des Staates.
d) Berechnen Sie die Defizitquote (Hinweis: Finanzierungsdefizite weisen hier ein negatives, Finanzierungsüberschüsse ein positives Vorzeichen auf).
e) Ermitteln Sie die Ex-post-Identität.

II. Zahlungsbilanz

Zur Erstellung der deutschen Zahlungsbilanz liegen folgende Informationen vor:

1. Die AUDI AG, Ingolstadt, lieferte Fahrzeuge ins Ausland im Wert von 10 Mio. Euro auf Ziel.

2. Ein deutscher Importeur bezog Waren aus dem Ausland im Wert von 5 Mio. Euro auf Ziel.

3. Gebietsansässige Nichtbanken erzielten im Ausland Zinseinnahmen (Erwerbs- und Vermögenseinkommen) im Wert von 10 Mio. Euro, die auf ihren Konten bei Banken im Ausland gutgeschrieben wurden.

4. Die Bundesregierung leistete an die Europäische Union (EU) Beiträge in Höhe von 5 Mio. Euro (laufende Übertragungen). Sie wurden auf einem Konto der EU bei einer Geschäftsbank im Inland gutgebracht.

5. Ein Gebietsansässiger (Nichtbank) vererbte einem Gebietsfremden 5 Mio. Euro (Vermögensübertragung). Die Summe wurde auf einem Konto des Erben bei einer Geschäftsbank im Inland gutgeschrieben.

6. Ein in Deutschland ansässiges Unternehmen (Nichtbank) erwarb im Ausland eine Beteiligung (Direktinvestition) im Wert von 5 Mio. Euro. Der Kaufpreis wurde durch einen Abbau von Bankguthaben im Ausland beglichen.

7. Die Deutsche Bundesbank erwarb von einer gebietsansässigen Geschäftsbank Devisen (Währungsreserven) im Wert von 10 Mio. Euro. Der Kaufpreis wurde auf dem Konto dieser Bank bei der Deutschen Bundesbank gutgeschrieben.

8. Ein Gebietsansässiger (Nichtbank) legte bei einer in Luxemburg ansässigen Bank (Euromarkt) 10 Mio. Euro an. Den Gegenwert überwies er zugunsten eines Kontos der Luxemburger Bank bei einer Geschäftsbank im Inland.

9. Eine gebietsansässige Geschäftsbank gewährte einem Gebietsfremden einen Kredit in Höhe von 10 Mio. Euro. Der Gegenwert wurde zugunsten eines Kontos des Gebietsfremden bei dieser Bank gutgeschrieben.

Anmerkung: Folgen Sie bei der Erstellung der Kapitalbilanz der von der Deutschen Bundesbank gewählten Abgrenzung.

Erfassen Sie die einzelnen Vorgänge in der Zahlungsbilanz und beantworten Sie folgende Fragen:

a) Ermitteln Sie den Leistungsbilanzsaldo. Handelt es sich um einen Überschuß oder um ein Defizit?

b) Kam es in der Berichtsperiode zu Nettokapitalimporten oder zu Nettokapitalexporten? In welcher Höhe?

c) Kam es aufgrund der vorliegenden Informationen in der Berichtsperiode zu einer Veränderung der Nettoposition des Inlands gegenüber dem Ausland? In welcher Höhe (Zunahme/Abnahme)?

III. Konsumgüternachfrage

In einer Volkswirtschaft fließt den privaten Haushalten pro Periode ein Einkommen (Y_t) von 1000 vor Steuern zu. Der (marginale) Steuersatz beträgt t:

Es gilt:

$C_t = 80 + 0{,}5\, Y_{t\,verf.}$, wobei $Y_{t\,verf.} = Y_t - tY_t$

a) Zeichnen Sie die Konsumfunktion maßstabsgetreu in ein Koordinatenkreuz. Gehen Sie hierbei davon aus, daß t = 0,5 beträgt. Wie hoch sind die Konsumgüternachfrage, die marginale und die durchschnittliche Konsumquote in Periode 1?

b) Um die Konvergenzkriterien von Maastricht zu erfüllen, soll nun der (marginale) Steuersatz in der Periode 2 auf t = 0,6 erhöht werden. Dies ist mit der Ankündigung verbunden, den (marginalen) Steuersatz zum Ausgleich in Periode 3 auf t = 0,4 zu senken, bevor er in Periode 4 wieder auf t = 0,5 angehoben werden soll. Wie hoch sind jeweils die Konsumgüternachfrage, die marginale und die durchschnittliche Konsumquote (bezogen auf das verfügbare Einkommen) in Periode 2, 3 und 4?

c) Wie hoch wäre die Konsumgüternachfrage in den Perioden 1, 2, 3 und 4, wenn sich die Wirtschaftssubjekte nicht an ihrem aktuellen Einkommen ($Y_{t\,verf.}$), sondern an ihrem permanenten Einkommen (Y^p) orientieren würden. Gehen Sie hierbei davon aus, daß die Wirtschaftssubjekte pro Periode von einem permanenten Einkommen von 500 ausgehen und die Konsumfunktion $C_t = 0{,}7\, Y^p$ lautet.

d) Worin besteht der Unterschied zwischen der permanenten und der absoluten Einkommenshypothese?

IV. Devisenmarkt und Wechselkurs

Auf dem Devisenmarkt, auf dem Euro gegen US-Dollar gehandelt werden, ergeben sich die Euro-Nachfrage (Euro^D) und das Euro-Angebot (Euro^S) aus folgenden Funktionen:

$$Euro^D = 4000 - 200\,e$$

$$Euro^S = 4000 - 800/e$$

Der nominale Wechselkurs (e) ist definiert durch e = x US-\$ / Euro (x US-Dollar je Euro).

a) Berechnen Sie – ausgehend von flexiblen Wechselkursen - den nominalen Wechselkurs (e) und die gehandelte Euro-Menge im Marktgleichgewicht (e_0; x_0).

b) Ausgehend von der Ausgangssituation soll es nun zu einer Erhöhung des Angebots an Euro kommen. Die neue Angebotsfunktion lautet: Euro$^S_{neu}$ = 4600 - 800/e. Berechnen Sie – ausgehend von flexiblen Wechselkursen - den nominalen Wechselkurs (e) und die gehandelte Euro-Menge (e_1; x_1).

c) Gehen Sie nun davon aus, daß der Euro und der US-Dollar in einem System fester Wechselkurse eingebunden sind. Der Leitkurs (Mittelkurs) betrage e_L = 2 US-\$/Euro. Der nominale Wechselkurs (e) kann in einer Bandbreite von +/- 25 % um den Leitkurs schwanken. Ausgehend von der Ausgangssituation soll es nun zu einer Erhöhung des Angebots an Euro kommen. Die neue Angebotsfunktion lautet: Euro$^S_{neu}$ = 4600 - 800/e. Muß die Zentralbank intervenieren, wenn ja, wieviel Euro muß die Zentralbank kaufen bzw. verkaufen?

Hinweis: Die Lösung der quadratischen Gleichung $ax^2 + bx + c$ mit a ungleich 0 lautet:

$$x_{1,2} = \frac{-b \pm (b^2 - 4ac)^{1/2}}{2a}$$

V. Einkommensmultiplikator und Gleichgewichtseinkommen

In einer offenen Volkswirtschaft mit staatlicher Aktivität gelten folgende Annahmen:

$C = 20 + 0{,}8\, Y_{verf.}$ (Konsumnachfrage)

$I^b = 100$ (Investitionsnachfrage)

$Ex = 100$ (Exportnachfrage)

$Im = 10 + 0{,}2\, Y$ (Importnachfrage)

$Tr = 100$ (Transferzahlungen an private Haushalte)

$t = 0{,}25$ (marginaler Steuersatz)

$St = 40$ (Staatsnachfrage)

$T_a = 100$ (direkte einkommensunabhängige Steuer - „Kopfsteuer")

a) Ermitteln Sie die gesamtwirtschaftliche Nachfragefunktion (Y^D).
b) Berechnen Sie den Einkommensmultiplikator.
c) Berechnen Sie das Gleichgewichtseinkommen.
d) Die Exportnachfrage soll nun um 100 steigen. Wie hoch ist das neue Gleichgewichtseinkommen?

Anmerkung: Gehen Sie von unausgelasteten Kapazitäten aus. Geldmarktseitige Restriktionen liegen nicht vor.

VI. Arbeitsmarkt

Die gesamtwirtschaftliche Produktionsfunktion lautet:

$$Y_r = 0{,}1\, A^{0,5} \cdot K^{0,5},$$

wobei A den Arbeitseinsatz, K den Kapitalbestand bezeichnet. In der Ausgangssituation beträgt K = 100.

a) Leiten Sie – ausgehend vom Gewinnmaximierungsprinzip – die Nachfragefunktion nach Arbeit (A^D) ab.

b) Die Angebotsfunktion am Arbeitsmarkt sei $A^S = 128\, \ell/P$. Wie hoch sind Reallohn und Beschäftigungsvolumen im Arbeitsmarktgleichgewicht?

c) Der Kapitalbestand soll nun auf K = 400 gestiegen sein. Wie lautet – ausgehend vom Gewinnmaximierungsprinzip – jetzt die Nachfragefunktion nach Arbeit?

Lösung zu I. VGR:

a)

S	Produktionskonto		H		S	Einkommenskonto		H
D	25	I^b	100		C	255	T^i-Z	30
T^i-Z	30	C	255		Trs_t^A	10	FE_A^I	10
FE_I^I	340	Ex	125		$S^{2)}$	115	FE_I^I	340
FE_I^A	5	- $Im^{1)}$ 80	45					
	400		40			380		380

S	Vermögensänderungskonto		H		S	Auslandskonto		H
I^b	100	D	25		FE_A^I	10	Trs_t^A	10
$FÜ^{3)}$	40	S	115		Ex	125	FE_I^A	5
							Im	80
							$\Delta N^{4)}$	40
	140		140			135		135

Lösungshinweise:

[1] Die Angaben für das Produktionskonto sind unvollständig. Die Importe müssen als Restgröße ermittelt werden.
[2] Das Sparen ergibt sich als Saldo.
[3] Der Finanzierungssaldo (hier: Finanzierungsüberschuß = FÜ) ergibt sich als Saldo.
[4] Die Veränderung der Nettoposition (ΔN) ergibt sich als Saldo. Die Nettoposition gegenüber dem Ausland hat um 40 zugenommen.

b)

Es gilt

$$BNE = BIP + FE_A^I + Z_{EU}^I - FE_I^A - T_I^{i^{EU}}$$

da annahmegemäß Z_{EU}^I und $T_I^{i^{EU}}$ jeweils Null sind, kann auch geschrieben werden:

$$BNE = BIP + FE_A^I - FE_I^A$$

oder

$$BNE = D + T^i - Z + FE_I^I + FE_A^A + FE_A^I - FE_I^A$$
$$= D + T^i - Z + FE_I^I + FE_A^I$$
$$= 25 + (40 - 10) + 340 + 10$$
$$= 405$$

Hinter dem Übergang von BIP_M zum BNE steht also ein Übergang vom Inlandskonzept (Produktionskonto) zum Inländerkonzept (Einkommenskonto).

c)

S	Einkommenskonto Staat		H	S	Vermögensänderungskonto		H
C_{St}	90	T^i-Z	30	I^b_{St}	25	D_{St}	10
Tr_{St}^{Hh}	25	Sozb.	50			S	5
Tr_{St}^{A}	10	T^d_U	15			**FD**[2)]	10
$S^{1)}$	5	T^d_{Hh}	35				
	130		130		25		25

Lösungshinweise:

[1)] Sparen ergibt sich als Saldo.
[2)] Finanzierungsdefizit ergibt sich als Saldo.

d)

Die Defizitquote errechnet sich:

$$\frac{\text{Finanzierungssaldo}}{BIP_M}$$

Das BIP_M kann aus dem gesamtwirtschaftlichen Produktionskonto entnommen werden. Es beträgt 400. Der staatliche Finanzierungssaldo ergibt sich aus dem Vermögensänderungskonto des Staates. In obigem Fall handelt es sich um ein Finanzierungsdefizit in Höhe von 10 (also –10). Die Defizitquote beträgt demzufolge

$$\frac{-10}{400} = -2{,}5\,\%$$

e)

In einer offenen Volkswirtschaft gilt ex post:

$$S + D = I^b + (X - M) + (Tr_A^I - Tr_I^A)$$

bzw. nach Kürzung um die Abschreibungen (D)

$$S = I^n + (X - M) + (Tr_A^I - Tr_I^A)$$

im konkreten Fall also

$$115 = 75 + (125 + 10 - 80 - 5) + (0 - 10)$$
$$115 = 75 + 50 - 10$$
$$115 = 115$$

Lösung zu II. Zahlungsbilanz:

	Einn.+KIm		Zahlungsbilanz	Ausgaben+KEx
LB	1. WA	10	2. WE	5
	3. E. v. VE	10	4. lfd. Ü.	5
			LB-Überschuß	10
VÜB			5. VÜ	5
KB	2.	5	1.	10
	4.	5	3.	10
	5.	5	6.[1]	5
	6.[1]	5	8.	10
	7.[2]	10	9.	10
	8.	10		
	9.	10		
DB			7.[2]	10

Lösungshinweise:
Jede Transaktion wurde doppelt erfaßt.

[1] Der Erwerb der Beteiligung im Ausland stellt einen Kapitalexport (Forderungszuwachs), die Bezahlung des Kaufpreises durch einen Abbau von Bankguthaben im Ausland einen Kapitalimport (Abnahme von Forderungen gegenüber dem Ausland) dar.

[2] Bei dieser Transaktion handelt es sich um einen atypischen Fall, da hier eine Transaktion zwischen Gebietsansässigen zahlungsbilanzrelevant ist. Dies rührt von der Ausgliederung der Devisenbilanz aus der Kapitalbilanz her. Eine Zunahme der Währungsreserven der Deutschen Bundesbank führt nämlich zugleich zu einer Abnahme der Forderungen der restlichen Gebietsansässigen gegenüber dem Ausland. Die Gegenbuchung erfolgt also als Kapitalimport in der Kapitalbilanz. Konkret steht dahinter etwa ein Verkauf von US-$ Guthaben, die die inländische Geschäftsbank bei einer US-Bank unterhält, an die Deutsche Bundesbank. Nach Abschluß dieser Transaktion sind die US-$-Guthaben der Deutschen Bundesbank bei der US-Bank gestiegen, die US-$-Guthaben der inländischen Geschäftsbank bei der US-Bank gesunken.

a)

Es liegt ein Leistungsbilanzüberschuß in Höhe von 10 vor.

b)

In der Berichtsperiode kam es zu Kapitalimporten in Höhe von 50 und zu Kapitalexporten in Höhe von 45. Da die Kapitalimporte die Kapitalexporte überstiegen, kam es per Saldo also zu Nettokapitalimporten in Höhe von 5.

c)

Die Nettoposition gegenüber dem Ausland errechnet sich als Saldo aus Forderungen − Verbindlichkeiten. Da es aus der Kapitalbilanz heraus zu einer Verringerung der Nettoposition in Höhe von 5 (Nettokapitalimporte) gekommen ist, andererseits aber die Forderungen der Deutschen Bundesbank gegenüber dem Ausland um 10 gestiegen sind (Zunahme der Währungsreserven um 10), kam es per Saldo zu einer Erhöhung der Nettoposition gegenüber dem Ausland um 5 (-5 + 10). Zu diesem Ergebnis kommt man auch, wenn man von der Leistungs- und Vermögensübertragungsbilanz her argumentiert. In der Berichtsperiode stellte Deutschland dem Ausland realwirtschaftlich (Waren, Faktorleistungen) Leistungen in Höhe von 20 zur Verfügung. Als realwirtschaftliche Gegenleistung erbrachte das Ausland 5 (Waren). Realwirtschaftlich verbleibt also ein Saldo von 15 (20 − 5). Davon hat das Inland 5 in Form von laufenden Übertragungen und 5 in Form von Vermögensübertragungen ans Ausland verschenkt. Der verbleibende

Überschuß von 5 (20 – 5 – 10) führte zu einer Zunahme der Forderungen, d. h. zu einer entsprechenden Erhöhung der Nettoposition.

Lösung zu III. Konsumgüternachfrage

a)

Die Nachfragefunktion nach Konsumgütern lautet:

$$C_t = 80 + 0,5\, Y_{t\,verf.}$$

Um das verfügbare Einkommen zu ermitteln, müssen vom zufließenden Einkommen ($Y_t = 1000$) die Steuern abgezogen werden.

$Y_{t\,verf.} = Y_t - t \cdot Y_t$, wobei $t = 0,5$ ist. Ausgehend von einem Einkommen vor Steuern in Periode 1 von $Y_1 = 1000$ ergibt sich somit ein verfügbares Einkommen von

$$\begin{aligned}Y_{t\,verf.} &= 1000 - 0,5 \cdot 1000 \\ &= 1000 - 500 = 500.\end{aligned}$$

Eingesetzt in die Konsumfunktion folgt daraus eine Konsumgüternachfrage in Periode 1 in Höhe von:

$$\begin{aligned}C_t &= 80 + 0,5\, Y_{t\,verf.} \\ &= 80 + 0,5 \cdot 500 \\ &= 80 + 250 \\ &= 330,\end{aligned}$$

wobei die marginale Konsumquote (-neigung) $c = 0,5$ ist ($\frac{dC_t}{dY_{t\,verf.}} = 0,5$).

Die durchschnittliche Konsumquote ($\frac{C_t}{Y_{t\,verf.}}$) beträgt $\frac{330}{500} = 0,66$.

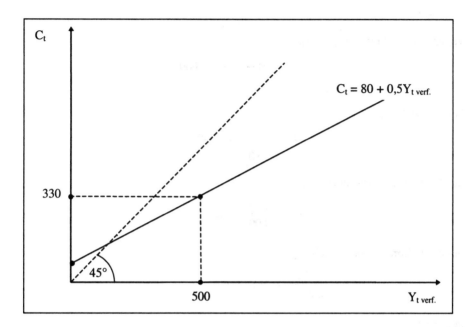

b)

Periode 2

Das verfügbare Einkommen beträgt:

$$Y_{2\,verf.} = 1000 - 0,6 \cdot 1000$$
$$= 400$$

Die Konsumnachfrage liegt bei:

$$C_2 = 80 + 0,5 \cdot 400$$
$$= 280$$

Die durchschnittliche Konsumquote beträgt:

$$\frac{C_2}{Y_{2\,verf.}} = \frac{280}{400} = 0,70$$

Die marginale Konsumquote (-neigung) beträgt:

$$\frac{dC_t}{dY_{t\,verf.}} = 0,5$$

Periode 3

verfügbares Einkommen ($Y_{t\,verf.}$):

$$Y_{3\,verf.} = 1000 - 0{,}4 \cdot 1000$$
$$= 600$$

Konsumnachfrage:

$$C_3 = 80 + 0{,}5 \cdot 600$$
$$= 380$$

durchschnittliche Konsumquote:

$$\frac{C_3}{Y_{3\,verf.}} = \frac{380}{600} = 0{,}63...$$

marginale Konsumquote (-neigung):

$$\frac{dC_t}{dY_{t\,verf.}} = 0{,}5$$

Periode 4

verfügbares Einkommen ($Y_{t\,verf.}$):

$$Y_{4\,verf.} = 1000 - 0{,}5 \cdot 1000$$
$$= 500$$

Konsumnachfrage:

$$C_4 = 80 + 0{,}5 \cdot 500$$
$$= 330$$

durchschnittliche Konsumquote:

$$\frac{C_4}{Y_{4\,verf.}} = \frac{330}{500} = 0{,}66$$

marginale Konsumquote (-neigung):

$$\frac{dC_t}{dY_{t\,verf.}} = 0{,}5$$

c)

Wenn sich die Wirtschaftssubjekte nicht an ihrem aktuellen Einkommen ($Y_{t\text{ verf.}}$), sondern an ihrem als dauerhaft erwarteten Einkommen ($Y^P = 500$[1]) orientieren, dann beträgt die Konsumnachfrage pro Periode:

$$C_t = 0{,}7 \cdot Y^P$$
$$C_t = 0{,}7 \cdot 500$$
$$= 350.$$

[1] Über die vier Perioden hinweg beträgt das verfügbare Einkommen im Durchschnitt 500 ($\frac{500 + 400 + 600 + 500}{4} = 500$).

d)

Während die absolute Einkommenshypothese unterstellt, daß die Haushalte sich bei ihrer Konsumgüternachfrage nur am aktuellen Einkommen orientieren, stellt die permanente Einkommenshypothese auf einen längeren Zeithorizont ab. Dies führt zum einen zu einer Glättung der Konsumnachfrage, zum anderen aber auch dazu, daß unabhängig vom aktuellen Einkommen Erwartungsänderungen über das zukünftige Einkommen (z. B. Verunsicherungen im Hinblick auf das künftige Rentenniveau) über eine Veränderung des permanenten Einkommens (bereits heute) Niederschlag in der Konsumnachfrage finden.

Lösung zu IV. Devisenmarkt und Wechselkurs

a)

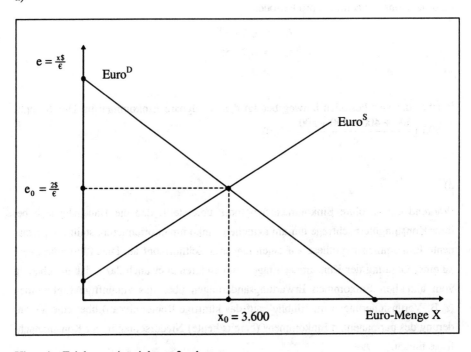

Hinweis: Zeichnung ist nicht maßstabsgetreu.

Im Marktgleichgewicht gilt:

Nachfrage nach Euro (D) = Angebot an Euro (S)

oder

$$\begin{aligned} 4000 - 200e &= 4000 - 800/e \\ -200e &= -800/e \quad / \cdot -e \\ 200e^2 &= 800 \quad / : 200 \\ e^2 &= 4 \\ e &= 2 \end{aligned}$$

(Hinweis: es gibt keinen negativen Wechselkurs)

Im Gleichgewicht beträgt der Wechselkurs $e_0 = \frac{x\$}{€} = 2$.

Die im Gleichgewicht gehandelte Euromenge beträgt $X_0 = 3.600$.

$$\text{Euro}^S = 4000 - 800/2 = 3.600$$
$$\text{bzw.}$$
$$\text{Euro}^D = 4000 - 200 \cdot 2 = 3.600$$

b)

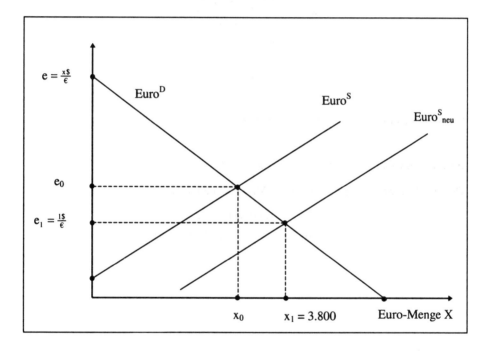

Hinweis: Zeichnung ist nicht maßstabsgerecht.

Im Marktgleichgewicht gilt:

$$\text{Euro}^D = \text{Euro}^S_{neu}$$
$$4000 - 200e = 4600 - 800/e$$
$$-600 - 200e = -800/e \quad / \cdot -e$$
$$200e^2 + 600e = 800 \quad / : 200$$
$$e^2 + 3e = 4$$

oder

$$e^2 + 3e - 4 = 0$$

Die Lösung der quadratischen Gleichung $a x^2 + b x + c = 0$ $(a \neq 0)$ lautet:

$$x_{1,2} = \frac{-b \pm \sqrt{b^2 - 4ac}}{2a},$$

wobei hier gilt: $a = 1$, $b = 3$ und $c = -4$.

Also:

$$\begin{aligned} x_{1,2} &= \frac{-3 \pm \sqrt{3^2 - (4 \cdot 1 \cdot -4)}}{2 \cdot 1} \\ &= \frac{-3 \pm \sqrt{25}}{2} \\ &= \frac{-3 \pm 5}{2} = \frac{2}{2} = 1 \end{aligned}$$

(Hinweis: es gibt keinen negativen Wechselkurs)

Im Gleichgewicht beträgt der Wechselkurs $e_1 = 1$.

Die im Gleichgewicht gehandelte Euro-Menge x_1 beträgt 3.800.

$$\text{Euro}^S_{neu} = 4600 - 800/1 = 3.800$$
$$\text{Euro}^D = 4000 - 200 \cdot 1 = 3.800$$

c)

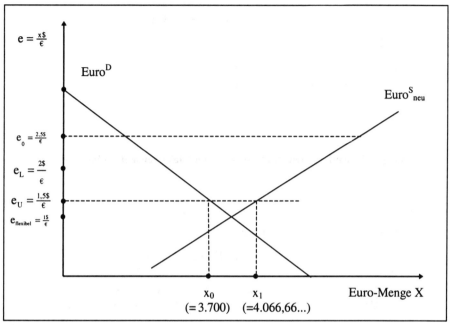

Hinweis: Zeichnung ist nicht maßstabsgetreu.

Als Folge der Verschiebung des Angebots an Euro am Devisenmarkt (auf $Euro_{neu}$) würde sich bei flexiblen Wechselkursen ein Wechselkurs von $e_{flexibel} = \frac{1\$}{\mathcal{E}}$ am Markt herausbilden (siehe Aufgabe b). Da nun aber die Zentralbank gezwungen ist, den Wechselkurs innerhalb der Bandbreite von +/- 25 % um den Leitkurs von $e_L = \frac{2\$}{\mathcal{E}}$ zu halten ($e_{obereGrenze} = \frac{2,5\$}{\mathcal{E}}$; $e_{untereGrenze} = \frac{1,5\$}{\mathcal{E}}$), muß die Zentralbank intervenieren. Bei einem Wechselkurs von $e = \frac{1,5\$}{\mathcal{E}}$ (untere Grenze) werden am Markt

$$Euro^S_{neu}(1,5) = 4600 - 800/1,5$$
$$= 4600 - 533\ 1/3 = 4066\ 2/3\ \mathcal{E}$$

angeboten

und

$$\text{Euro}^D (1,5) = 4000 - 200 \cdot 1,5$$
$$= 4000 - 300 = 3.700 \text{ €}$$

nachgefragt.

Die Zentralbank muß also das Überangebot an € in Höhe von 366 2/3 € (4.066 2/3 – 3.700) ankaufen und dafür US-\$ verkaufen.

Lösung zu V. Einkommensmultiplikator und Gleichgewichtseinkommen

a)

Für die gesamtwirtschaftliche Nachfrage gilt:

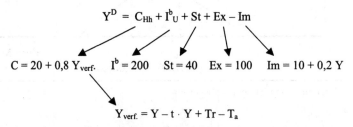

Das verfügbare Einkommen der privaten Haushalte errechnet sich, indem vom zugeflossenen Einkommen (Y) die einkommensabhängige Steuer (t · Y) und die „Kopfsteuer" (T_a) abgezogen und die Transferzahlungen (Tr) hinzugezählt werden.

Eingesetzt in die Nachfragefunktion kann also geschrieben werden:

$$Y^D = 20 + 0{,}8\,(Y - 0{,}25\,Y + 100 - 100) + 100 + 40 + 100 - (10 + 0{,}2\,Y)$$

$$\underbrace{\phantom{20 + 0{,}8\,(Y - 0{,}25\,Y + 100 - 100)}}_{C_{Hh}} \quad \underbrace{}_{I^b_U} \quad \underbrace{}_{St} \quad \underbrace{}_{Ex} \quad \underbrace{\phantom{-(10 + 0{,}2\,Y)}}_{Im}$$

$$= 0{,}8\,Y - 0{,}8 \cdot 0{,}25\,Y - 0{,}2\,Y + 250$$
$$= 0{,}4\,Y + 250$$

Die gesamtwirtschaftliche Nachfragefunktion lautet also $Y^D = 0{,}4\,Y + 250$.

b) und c)

Im Gleichgewicht gilt:

$$Y^S = Y^D$$
$$\text{oder}$$
$$Y = Y^D$$
$$= 0{,}4\,Y + 250$$
$$Y - 0{,}4\,Y = 250$$
$$Y\,(1 - 0{,}4) = 250$$
$$Y = \frac{1}{0{,}6} \cdot 250$$
$$= 1{,}666.... \cdot 250$$
$$= 416{,}66....$$

Der Einkommensmultiplikator beträgt also 1,666..., das Gleichgewichtseinkommen 416,66.... .

d)

Wenn die Exportnachfrage um 100 (von 100 auf 200) steigt, beträgt die Summe der autonomen Nachfragekomponenten 350 (250 + 100). Somit ergibt sich ein neues Gleichgewichtseinkommen in Höhe von

$$Y_{neu} = 1{,}666.... \cdot 350$$
$$= 583{,}33....$$

Lösung zu VI. Arbeitsmarkt

a)

Bei Gewinnmaximierung gilt:

$$\frac{\ell}{P} = \frac{dY_r}{dA}$$

Das Grenzprodukt der Arbeit ($\frac{dY_r}{dA}$) erhält man, indem die Produktionsfunktion

$$Y_r = 0{,}1 \, A^{0,5} \cdot K^{0,5}$$

oder bei K = 100

$$Y_r = 0{,}1 \, A^{0,5} \cdot 100^{0,5}$$

$$Y_r = A^{0,5}$$

nach A abgeleitet wird.

$$\frac{dY_r}{dA} = 0{,}5 \cdot A^{-0,5} = 0{,}5 \cdot \frac{1}{A^{1/2}}$$

Bei Gewinnmaximierung gilt also

$$\frac{\ell}{P} = 0{,}5 \cdot \frac{1}{A^{1/2}}$$

Die Nachfragefunktion nach Arbeit ergibt sich, indem diese Gleichung nach A aufgelöst wird:

$$\frac{1}{2 \cdot A^{1/2}} = \frac{\ell}{P}$$

bzw.

$$\frac{1}{A^{1/2}} = 2\frac{\ell}{P}$$

bzw.

$$A^{1/2} = \frac{1}{2\,\ell/P}$$

bzw.

$$A = \frac{1}{(2\ell/P)^2}$$

Die Nachfragefunktion nach Arbeit lautet also:

$$A^D = \frac{1}{(2\ell/P)^2}$$

b)

Im Arbeitsmarktgleichgewicht gilt:

$$A^D = A^S$$

also:

$$\frac{1}{(2\ell/P)^2} = 128\,\ell/P$$

bzw.

$$\frac{1}{2^2 \cdot \ell/P^2} = 128\,\ell/P$$

bzw.

$$1 = 128 \cdot 4 \cdot \ell/P \cdot (\ell/P)^2$$

bzw.

$$1 = 512 \cdot (\ell/P)^3$$

$$\frac{1}{512} = (\ell/P)^3$$

bzw.

$$\ell/P = \sqrt[3]{\frac{1}{512}}$$

$$\ell/P = \frac{1}{8}$$

Im Marktgleichgewicht beträgt der Reallohn 1/8.

Bei einem Reallohn von 1/8 liegt das Beschäftigungsvolumen bei 16:

$$A^D = \frac{1}{(2 \cdot \frac{1}{8})^2} = \frac{1}{(\frac{1}{4})^2} = \frac{1}{0,0625} = 16$$

$$A^S = 128 \cdot \frac{1}{8} = 16$$

c)

Bei einem Kapitalbestand von K = 400 gilt für die Produktionsfunktion:

$$Y_r = 0,1 \, A^{0,5} \cdot 400^{0,5}$$
$$= 0,1 \cdot A^{0,5} \cdot 20$$
$$= 2 \cdot A^{0,5}$$

bzw. für die Ableitung nach A:

$$\frac{dY_r}{dA} = 0,5 \cdot 2 \cdot A^{-0,5} = \frac{1}{A^{0,5}}$$

Bei Gewinnmaximierung ergibt sich daher eine Nachfragefunktion nach Arbeit von

$$A^D = \frac{1}{\ell/P^2}$$

(Die Herleitung erfolgt analog zu a).

Vergleicht man beide Nachfragefunktionen nach Arbeit [Fall a) und Fall c)], so zeigt sich, daß aufgrund des höheren Kapitalbestandes (400 gegenüber 100) die Arbeitsproduktivität nun gestiegen ist, so daß bei jedem Reallohn mehr Arbeitskräfte nachgefragt werden.

Weiterführende Literaturhinweise:

Makroökonomie allgemein:

Obstfeld, M./ Rogoff, K.: Foundations of International Macroeconomics, Cambridge, Mass. 1998.

Romer, D.: Advanced Macroeconomics, 2. Auflage, Boston u. a. 2001.

Taylor, J. B./Woodford, M. (Hrsg.): Handbook of Macroeconomics, Vol. I - III, Amsterdam u.a. 1999.

VGR und Zahlungsbilanz:

Brümmerhoff, D.: Volkswirtschaftliche Gesamtrechnungen, 7. Auflage, München – Wien 2002.

Brümmerhoff, D. / Lützel, H.: Lexikon der Volkswirtschaftlichen Gesamtrechnung, 3. Auflage, München – Wien 2002.

Eurostat, Europäisches System Volkswirtschaftlicher Gesamtrechnungen – ESVG 1995, Brüssel/Luxemburg 1996.

Geldpolitik und Geldtheorie

Görgens, E./ Ruckriegel, K./ Seitz, F.: Europäische Geldpolitik, 2. Auflage, Düsseldorf 2001.

Mishkin, F.S.: The Economics of Money, Banking and Financial Markets, 6. Auflage, Reading u. a. 2001.

Walsh, C.E.: Monetary Theory and Policy, Cambridge, Mass. u. a. 1998.

Arbeitsmarkt:

Eichhorst, W./Profit, S./Thode, E.: Benchmarking Deutschland: Arbeitsmarkt und Beschäftigung, Berlin-Heidelberg-New York 2001.

Franz, W.: Arbeitsmarktökonomik, 4. Auflage, Berlin u.a. 1999.

Wagner, T./ Jahn, E.: Neue Arbeitsmarkttheorien, Düsseldorf 1997.

Konjunktur und Wachstum:

Aghion, P./Howitt, P.: Endogenous Growth Theory, Cambridge, Mass. u. a. 1998.

Assenmacher, W.: Konjunkturtheorie, 8. Auflage, München - Wien 1998.

Frenkel, M./ Hemmer, H.-R.: Grundlagen der Wachstumstheorie, München 1999.

Tichy, G.: Konjunkturpolitik, 4. Auflage, Berlin u.a. 1999.

Stichwortverzeichnis:

A

Abschreibungen *14*
absolute Einkommenshypothese *66*
adaptive Erwartungsbildung *201, 228*
administrierte Preise *221*
aggregierter Arbeitsmarkt *169*
Akzelerationshypothese *229*
Akzelerator *84*
Anbindungsfunktion der Mindestreserve
.... *132*
Angebotsdrucktheorien *218*
Angebotsverhalten *172*
Anspruchslohn *172, 177*
Arbeitsmarktgleichgewicht *172*
Arbeitsnachfrage *169*
Arbeitsproduktivität *61, 170*
Attentismus *198*
Aufwertung *91*
Ausgabenkonzept *20*
Außenbeitrag *33, 86*
autonomer Gewinndruck *218*
autonomer Kostendruck *219*

B

Balassa-Samuelson-Effekt *220*
Bargeldquote *106, 115*
Bargeldumlauf *104*
Basistender *133*
Begrenzungsfunktion der
    Mindestreserve *133*
Beharrungseffekt *69*

Bestandsgrößen *8*
BIP-Deflator *30*
Bruttoanlageinvestitionen *16*
Bruttoinlandsprodukt *30*
Bruttoinlandsprodukt zu Marktpreisen
.... *28*
Bruttoinvestition *16, 26*
Bruttonationaleinkommen *29*

C

crowding out *86, 154, 183*
crowding-out-Effekt *156, 225*

D

Depression *237*
Devisenmarkt *87*
Domar *241*

E

Effektivzins *123*
Effizienzlohntheorie *174, 191*
Einkommens- und Vermögenssteuern ....
.... *15, 17*
Einkommenseffekt *65, 153*
Einkommenselastizität *148*
Einkommenselastizität der
    Geldnachfrage *160*
Einkommenskonto *11*
Einkommensmechanismus *91*
Einkommensmultiplikator *139*
Einlagefazilität *134*

Einseitige Transaktionen 9
endogene Wachstumstheorie 243
Entstehungsrechnung 30
ESVG 1995 12
Ex-ante-Analyse 50
Exogenität der Geldmenge 141
expansive Fiskalpolitik 211, 213
expansive Geldpolitik 211, 213
Ex-post-Analyse 50
externer Effekt 243

F

Faktoreinkommen 14
Faktorleistungen 14
feste Wechselkurse 211
fiktive Transaktionen 9
Finanzierungskonto 12
Finanzierungssaldo 11, 27
Finanztransaktionen 10
Fisher-Gleichung 137
Fiskalpolitik 155
flexible Wechselkurse 93, 213
Friedman 71, 122, 181
friktionelle Arbeitslosigkeit 181
Frühindikatoren 239

G

Geldangebot 105
Geldbasiskonzept 109
Geldhaltung 120
Geldmengenabgrenzungen 104, 129
Geldpolitik 155
geldpolitische Strategie 127
Geldschöpfung 105

Geldschöpfungsmultiplikator 109
Geldvermögensrechung 41
gesamtwirtschaftliche
  Finanzierungsrechnung 41
gesamtwirtschaftliche
  Nachfragefunktion 157, 161
gesamtwirtschaftlicher Arbeitsmarkt .....
  175
gesamtwirtschaftliches Sparen 32
Geschäftsbanken 105
Geschäftsbankengeld 104
geschlossene Volkswirtschaft 32
Giralgeldschöpfung 106
Gläubiger-Schuldner-Hypothese 231
Gleichgewicht 51
Grenzleistungsfähigkeit des Kapitals
  .... 82, 101
Grenzprodukt der Arbeit 169
Grenzproduktivität 169
Grenzproduktivität des Kapitals 101

H

Haavelmo-Theorem 86
Harmonisierter Verbraucherpreisindex
  127
Harrod 241
Hauptrefinanzierungsgeschäfte 133
Haupttender 133
Haushaltssatellitensystem 34
Höchstlohn 172

I

Identität 32
importierte Inflation 215

Indirekte Steuern *14*
Individualkonsum *20*
Inflationserwartungen *223*
inhärente Stabilität *4, 74*
Inländerkonzept *28*
Inlandskonzept *28*
Input-Koeffizienten *40*
Input-Output-Tabellen *38*
Insider-Outsider Theorie *174, 191*
interner Zinsfluß *75*
Investitionsgüternachfrage *138*
Investitionsquote *242*
IS-Kurve *135*

K

Kapazitätsauslastung *235*
Kapazitätseffekt *240*
Kapitalproduktivität *61*
Kapitalstockanpassung *85*
Kassenhaltung *120*
Kassenhaltungsdauer *120*
Kassenhaltungskoeffizient *120, 162*
Kaufkraftparitätentheorie *94, 220*
Keynes *63*
Keynes-Effekt *159*
Keynesianismus *4*
klassisches System *161*
Kollektivkonsum *20*
Konjunkturindikatoren *238*
Konjunkturpolitik *238*
Konjunkturschwankungen *235*
Konsolidierung *21*
konstituierende Prinzipien *244*
Konsumausgaben des Staates *18*

Konsumgüternachfrage *64*
Kreditschöpfungsmultiplikator *117*
Kreislaufanalyse *7*

L

Lagerbestandsveränderungen *16*
längerfristige Refinanzierungsgeschäfte
.... *133*
langlebige Konsumgüter *74*
Learning by Doing *243*
Lebenszyklushypothese *73*
Leistungstransaktionen *10*
Liquiditätseffekt *153*
Liquiditätsfalle *193*
LM-Kurve *141*
Lohndifferenzen *178*
Lohndifferenzierungen *178*
Lohn-Lag-Hypothese *231*
Lohnstarrheit *177*
Lohnstruktur *177*
Lohnstückkosten *220*

M

Makroökonomik *1*
makroökonomisches Gleichgewicht ... *54*
marginale Importquote *99*
marginale Konsumquote *65, 99*
marginaler Kapitalkoeffizient *241*
marginaler Steuersatz *99*
Markttransaktionen *9*
Marktzinssatz *123*
Mengentender *133*
menu costs *190*
Mikroökonomik *1*

Mindestlohn..................................172
Mindestlohnarbeitslosigkeit..............178
Mindestreserve........................107, 132
Mobilität.......................................177
modifizierte Phillipskurve................226
monetäre Konjunkturtheorien..........236
monetäre Nachfragesogtheorie........216
monetäre Ströme................................7
Multiplikator..............................96, 98
Multiplikator-Akzelerator-Modell....238
Mundell-Flemming-Modell..............210

N

Nachfrage des Staates........................85
Nachfragesogtheorien......................215
NAIRU..230
natürliche Arbeitslosenquote...........228
natürliche Arbeitslosigkeit...............181
natürlicher Zins.......................101, 185
Neoklassik..3
neoklassische Wachstumstheorie.....242
Neoquantitätstheorie........................122
Nettoinlandsprodukt zu Faktorkosten 29
Nettoinlandsprodukt zu Marktpreisen 29
Nettoinvestition.........................16, 26
Nettonationaleinkommen..................29
Nettoposition..........................10, 22, 27
Neue Keynesianische Makroökonomik
....190
Neue Klassische Makroökonomik201, 238
nichtmonetäre Nachfragesogtheorie 217
nichtproduziertes Naturvermögen......36
nominaler Wechselkurs.....................87

Nominallohnsatz..............................169
Nominalzins.....................................123
Normalzins......................................124
Notenbank.......................................105

O

offene Volkswirtschaft.......................33

Ö

Ökoinlandsprodukt.....................36, 61

O

optimaler Kapitalstock......................82
Output-Koeffizienten........................40

P

Phillips-Kurve..................................226
Pigou...197
Pigou-Effekt.....................................197
Policy-mix.......................................212
Politikineffektivität..........................209
Portfoliokalkül.................................126
Post-Keynesianer...............................82
postkeynesianische Wachstumstheorie
....242
Präsensindikatoren...........................239
Preisindex der Lebenshaltung..........214
Preismechanismus.............................90
Primäreinkommen.............................30
Primärstatistiken...............................12
Produktions- und Importabgaben......14
Produktionsfaktoren..........................61

Produktionsfunktion 61
Produktionskonto 11
Produktionspotential 62, 130, 186
Produzentenreallohn 169

Q

Quantitätsgleichung 162
Quantitätstheorie 122, 162

R

rationale Erwartungen 201, 229
Rationierungsgleichgewicht 190
Real Business Cycle Theory 238
reale Konjunkturtheorien 236
reale Ströme 7
realer Wechselkurs 221
Realkasseneffekt 197
Realkassenhaltung 122
Reallohnsatz 169
Realzins 82
Rechenfunktion 103
Referenzwert 131
relative Einkommenshypothese 69
Repogeschäfte 130
Restriktion für das Geldangebot 106
Rezession 237
Ricardianisches Äquivalenztheorem .. 86

S

Saysches Theorem 62, 187
Schattenwirtschaft 34
Schuhsohlen-Kosten 232
Sekundärstatistiken 12

Selbstversorgungswirtschaft 34
Sozialabgaben 17
soziale Indikatoren 37
Sozialleistungen 19
Sparen 11
Spätindikatoren 239
Speisekarten-Kosten 233
Spekulationsmotiv 122
Spill-Over-Effekte 243
Spitzenrefinanzierungsfazilität 134
Staat 18
Staatskonsum 85
Stabilisierungskrise 201, 238
Stabilisierungspolitik 238
Stagflation 59
Stagnation 67
Ständige Fazilitäten 134
Steuern 19
Stromgrößen 7
strukturelle Arbeitslosigkeit 181
strukturelle Inflation 218, 219
Subsistenzwirtschaft 35
Substitutionseffekt 65
Subventionen 15, 19
System of National Accounts 12

T

Tobin's q 83
Transaktionen 9
Transaktionsmotiv 122
Transferzahlungen 19

Ü

Überschußreserve 115

U

Umlaufsgeschwindigkeit *121, 162*
Umlaufsgeschwindigkeit des Geldes *128*
Ungleichgewichtstheorie *190*
Unterbeschäftigungsgleichgewicht .. *188*
Untergrundwirtschaft *34*
ursprünglichen Phillipskurve *226*

V

Verbrauchskonzept *20*
Verflechtungsmatrix *38*
verfügbares Einkommen *15, 17, 65*
Vermögensänderungskonto *11*
Vermögenseffekt *64, 198*
Vermögensrechnung *40*
Verteilungsrechnung *30*
Verwendungsrechnung *30*
Vorleistungen *14*
Vorratsänderungen *16*
Vorsichtsmotiv *122*

W

Warenkorb *214*
Wechselkursmechanismus *93*
Wechselkurssystem *87, 211*
Wendepunkte *235*
Wertaufbewahrungsfunktion *103*
Wertschöpfung *15*
Wettbewerbspolitik *219*

Z

Zahlungsbilanzgleichgewicht *210*
Zahlungsmittelfunktion *103*
Zentralbank *105*
Zentralbankgeld *104*
Zinselastizität *138*
Zinselastizität der Geldnachfrage ....
.... *149, 160*
Zinselastizität der
  Investitionsgüternachfrage *78, 160*
Zinstender *133*
Zweiseitige Transaktionen *9*
Zweitrundeneffekt *222*

Veröffentlichungen des P.C.O.-Verlages

Bodenseering 73, 95445 Bayreuth
Tel.: 0921/3 02 56, Fax: 0921/3 94 03
Internet: www.pco-verlag.de

Lehrbücher

- **Peter Oberender**, Grundbegriffe der Mikroökonomie, 7. Aufl., (ISBN 3-931319-55-5) 248 S. € 12,70.

- **Peter Oberender**, Lösungen der Übungsaufgaben zur Mikroökonomie, 3. Aufl., (ISBN 3-931319-29-6) 54 S. € 4,00.

- **Egon Görgens, Karlheinz Ruckriegel**
  Grundzüge der makroökonomischen Theorie, 8. Aufl., (ISBN 3-936299-10-2) 280 S. € 21,80.

- **Günter Neubauer, Roland Bantle, Alois Mages, Peter Rehermann, Christian Schallermair**, Grundzüge der Volkswirtschaftslehre. 2. Aufl., (ISBN 3-931319-52-0) 356 S. € 20,40.

- **Klaus Vollert**, Grundlagen des strategischen Marketing. 2. Aufl., (ISBN 3-931319-42-3) 471 S. € 21,90.

- **Klaus Schuberth**, Arbeitsmarkt und Beschäftigungspolitik. (ISBN 3-931319-37-7) 148 S. € 11,70.

Veröffentlichungen des P.C.O.-Verlages

Bodenseering 73, 95445 Bayreuth
Tel.: 0921/3 02 56, Fax: 0921/3 94 03
Internet: www.pco-verlag.de

Schriften zur Nationalökonomie

(Hrsg.: Prof. Dr. Ulrich Fehl und
Prof. Dr. Peter Oberender)

6   Karl-Wilhelm Giersberg, Innovative Lösungen der Schuldenkrise.
(ISBN 3-925710-34-5) 230 S. € 15,30.

7   Michael Leckebusch, Sicherung der individuellen Freiheit.
(ISBN 3-925710-22-1) 273 S. € 15,30.

8   Peter Oberender, China auf dem Weg zur Marktwirtschaft!
(ISBN 3-925710-23-X) 274 S. € 15,30. (vergriffen)

9   Frank Daumann, Zur Notwendigkeit einer Harmonisierung im Gemeinsamen Markt. (ISBN 3-925710-48-5) 251 S. € 15,30.

10   Sabine Büttner, Wettbewerbssituation in der feinmechanischen und optischen Industrie. (ISBN 3-925710-52-3) 258 S. € 15,30.

11   Uwe Sewerin, Transaktionskosten und Marktevolution.
(ISBN 3-925710-58-2) 149 S. € 12,80.

12   Wolfgang Kerber, Die Europäische Fusionskontrollpraxis und die Wettbewerbskonzeption der EG. (ISBN 3-925710-35-3) 278 S. € 15,30.

13   Frank-Ulrich Fricke, Wirtschaftliche Entwicklung und individuelles Verhalten (ISBN 3-925710-80-9) 266 S. € 17,90.

14   Peter Mauch, Lebensversicherung und Steuerrecht
(ISBN 3-925710-62-0) 275 S. € 17,90.

15   Eckhard Freimann, Zinsdifferenz und Wechselkurserwartung
(ISBN 3-925710-89-2) 194 S. € 15,30.

16   Klaus Pappenberger, „Sequencing" und „timing" im Transformationsprozeß.
(ISBN 3-925710-74-4) 240 S. € 17,80.

17   Hilko Holzkämper, Forschungs- und Technologiepolitik Europas, Japans und der USA. (ISBN 3-925710-85-X) 245 S. € 17,80.

18   Markus Brinkmann, Ordnungspolitik und Transformation.
(ISBN 3-925710-76-0) 233 S. € 17,80.

19   Thomas Birner, Analogien zwischen Ökonomie und Biologie: Möglichkeiten und Grenzen. (ISBN 3-925710-84-1) 186 S. € 15,30.

20   Eva-Maria Reißmann, Großunternehmen, Konzentration und Kartelle: Eine ökonomische Zwangsläufigkeit?: Eine markttheoretische Analyse der deutschen Farbstoffindustrie. (ISBN 3-925710-90-6) 255 S. € 17,80.

21   Marc Kanzler, Verbraucherkreditgesetz: Eine ökonomische Analyse.
(ISBN 3-925710-96-5) 259 S. € 17,80.

22 Silke Baumann, Strukturpolitik in den neuen Bundesländern - Die Problematik eines Erhalts industrieller Kerne. (ISBN 3-931319-04-0) 253 S. € 17,80.

23 Udo Maier, Der Wirtschaftsstandort Deutschland im globalen Wettbewerb. (ISBN 3-931319-19-9) 232 S. € 19,90.

24 Peter Oberender/Frank Daumann/Stefan Okruch, Theorie und Praxis der Transformation von Wirtschaftssystemen. (ISBN 3-931319-31-8) 251 S. € 17,80.

25 Markus Thomas Münter, Wettbewerb und die Evolution von Industrien. (ISBN 3-931319-34-2) 342 S. € 20,40.

26 Markus Thielbeer, Deregulierung in der privaten Krankenversicherung. (ISBN 3-931319-36-9) 301 S. € 18,90.

27 Adrian Overberg, Die wirtschaftliche Entwicklung des Kleinunternehmertums in Tansania. (ISBN 3-931319-47-4) 284 S. € 18,90.

28 Jens Hermsdorf, Finanzderivate und Geldpolitik. (ISBN 3-931319-53-9) 292 S. € 18,90.

29 Holger Held, Außenwirtschaftsförderung für mittelständische Unternehmen in Deutschland. (ISBN 3-931319-57-1) 220 S. € 18,90.

30 Holger Dümler, Steuersysteme im Standortwettbewerb. (ISBN 3-931319-62-8) 311 S. € 20,40.

31 Martin Zeitler, Politische Ökonomie von Kollektivphänomenen. (ISBN 3-931319-67-9) 230 S. € 18,90.

32 Peter Oberender, Osterweiterung der EU und Transformation als Herausforderung. (ISBN 3-931319-73-3) 300 S. € 20,40.

33 Ulrich Fell, Vertikale Integration und vertikale Gegenmacht. (ISBN 3-931319-76-8) 225 S. € 18,90.

34 Harald Stricker, Wirtschaftliche Entwicklung und Umweltqualität. (ISBN 3-931319-79-2) 237 S. € 18,90.

35 Christian Seltsam, Kommunale Wirtschaftsförderung: Ziele, Instrumente, Erfolgskontrolle. (ISBN 3-931319-92-X) 292 S. € 19,40.

36 Matthias Schoder, Die Finanzverfassung der Bundesrepublik Deutschland im interessengeleiteten Reformprozeß. (ISBN 3-931319-95-4) 290 S. € 19,40.

37 Alexander Keck, Freiwilliges Ökolabelling als Verzerrung des freien Welthandels. (ISBN 3-931319-91-1) 209 S. € 18,90.

38 Wolfgang Beyer, Zur säkularen Expansion der Staatstätigkeit. (ISBN 3-931319-97-0) 192 S. € 18,90.

WERNER FACHLITERATUR
Aktuell

Neuauflage!

Prof. Dr. Egon Görgens
Prof. Dr. Karlheinz Ruckriegel
Prof. Dr. Franz Seitz
17 x 24 cm
ca. 488 Seiten
29,90 Euro
WKN 6412
ISBN 3-8041-1821-6

Europäische Geldpolitik

Theorie, Empirie, Praxis

Das vorliegende Werk ist das einzige deutschsprachige Buch, das umfassend, anschaulich und praxisnah über alle wesentlichen Aspekte der europäischen Geldpolitik informiert. Die 2. Auflage wurde vollkommen überarbeitet und stark erweitert. Den Autoren ist es dabei in vorbildlicher Weise gelungen, die theoretischen Grundlagen der europäischen Geldpolitik mit den praktischen Erfahrungen zu verknüpfen. Besondere Beachtung finden die seit Beginn der Währungsunion erfolgten Neuerungen und die aktuelle Diskussion der angemessenen geldpolitischen Strategie. Vergleiche mit dem Federal Reserve System in den USA machen konzeptionelle und institutionelle Besonderheiten des Eurosystems besonders deutlich.

Das als Lehrbuch konzipierte und bereits an vielen Hochschulen erfolgreich eingesetzte Werk ist auch für Finanzexperten in Banken, Unternehmen und Verbänden sowie in der Wissenschaft und in der Politik ein kompetenter Ratgeber.

Themen des Werkes sind:
- Auswahl der Teilnehmerstaaten
- Aufbau, Stellung und Aufgaben des Eurosystems
- Geldpolitische Strategie
- Geldpolitisches Instrumentarium
- Geldmarkt als Operationsfeld
- Transmission monetärer Impulse
- Störpotentiale für die Geldpolitik (Finanzpolitik, Lohnpolitik, Wechselkurspolitik)

Die Autoren:
Prof. Dr. **Egon Görgens** lehrt Volkswirtschaftslehre (Wirtschaftspolitik) an der Universität Bayreuth.
Prof. Dr. **Karlheinz Ruckriegel** lehrt Volkswirtschaftslehre an der Georg-Simon-Ohm-Fachhochschule in Nürnberg.
Prof. Dr. **Franz Seitz** lehrt Volkswirtschaftslehre an der Fachhochschule Amberg-Weiden.